スターバックス再生物語

つながりを育む経営

ハワード・シュルツ
＋ジョアンヌ・ゴードン 著　月沢李歌子 訳

Onward

Howard Schultz with Joanne Gordon

How Starbucks Fought for Its Life without Losing Its Soul

徳間書店

妻のシェリ、娘のアディソンと息子のジョーダンへ。
すべてはみんなの愛と理解のおかげだ。

そう。ぜひ流れに逆らって泳いでほしい。
わたしはほかの人たちに、若い人たちに、
一生懸命働くこと、向上すること、
自分の店あるいは作業場をもつこと、
そして、金儲けのためでなく、
着想の余地のために、
優れたよく売れるものを生み出す活力の根を伸ばすために
それを大きくすることの素晴らしさを伝えたい。

作業場を、店を、ビジネスを失えば、生き方も失ってしまう。

アルド・ロレンツィ/コルテレリア・G・ロレンツィ店長
『モンテナポレオーネ通りのあの店』著者

Exclusive Japanese translation rights arranged with
William Morris Endeavor Entertainment
through Tuttle-Mori Agency, Tokyo.

序

「その日はわたしにとって特別の日だった」。わたしは小さなレストランで、まわりに座っているバリスタや彼らの店長に言った。「二八年前の一九八二年九月七日、わたしはパイクプレイス・マーケットにある一号店で働きはじめた」

わたしはポケットに手を入れ鍵を引っ張り出した。「いまでも正面玄関の鍵を持っているんだよ」

スターバックスのCEO（最高経営責任者）がそんなことを、と思うかもしれない。それは、常に会社の伝統とわたしの前にスターバックスを立ち上げた人たちに対して敬意を払うという責任を思い出させてくれるのだ。一九七一年のオープン以来、一号店の正面玄関はロゴも含めて変わっていない。

数週間前、店長のチャド・ムーアが、八週間連続で記録的な売り上げを達成したとチームを讃えるメールを送ってきた。わたしはとても感銘を受け、チーム全員をディナーに招待した。他店のバリスタやディストリクトマネジャーが店に応援に来てくれたので、二七人全員が参加して、この暖かいシアトルの夜にレストランを借り切ったのである。

食事のあいだ、わたしはそれぞれのテーブルをまわった。メンバーは二八歳から四〇歳、気さくで和やかな会話。そのとき、わたし自身の話をしてほしいと頼まれた。思わず顔がほころんだ。

わたしはニューヨーク州ブルックリンの貧しい団地で育ち、働きながら大学を卒業した。妻のシェリとワシントン州シアトルに移ったのは、スターバックスという小さなコーヒー会社のマーケティング責任者となるためだった。最初の何週間かはパイクプレイスの店でお客様のために新鮮な豆をすくって小さな袋に詰め、コーヒーについて学んだ。その後、イタリアへ出張したとき、これこそがわたしが求めていたと思うものに巡り会った。

ミラノとヴェローナで小さなエスプレッソバーをいくつも訪れたとき、カップ一杯のコーヒーを楽しむだけで、人々とつながり、コミュニティを築くことができる力に魅了されたのである。そして、その瞬間から、アメリカに一流のコーヒーとイタリアのエスプレッソバーのロマンを持ち込もうと決意した。それは人々の生活を豊かなものにする体験だと信じた。多くの人はわたしのビジョンを信じてくれなかった。当時、スターバックスは飲み物を販売せず、コーヒー豆や豆を挽いた粉を売っていた。そこで、わたしは同社を離れ、自分の会社イル・ジョルナーレを設立し、シアトルに二つ、カナダのバンクーバーに一つ店を開いた。

一九八七年、わたしの元上司たちの六つの店と焙煎工場を買い取る機会が訪れた。わたしには資金がなかったが、何人かの支援者に助けられた。そして、二つの会社を合併し、スターバックス・コーヒー・カンパニーの名前を残した。その年の終わりに、スターバックスの店は一一に、従業員は一〇〇人になり、国民的ブランドになる夢を描いた。

二〇一〇年秋、わたしたちの最盛期は終わったと言う批評家に反して、スターバックスは過去四〇年間で最高の業績を達成した。しかし、単に世界中に新しい店舗をオープンすることで、健全な利益ある成長を実現できたわけではない。お客様との結び付きを強め、新しい商品を導入し、販路を拡大してきたのである。今日、スターバックスの収益は年間一〇〇億ドル、五四カ国一万六〇〇〇店で週当たり六〇〇〇万人のお客様を迎えている。会社の顔となるのは、パートナーと呼ばれる二〇万人の従業員だ。こうした数字はわたしたちの成功を測るものさしのひとつではあるが、わたしはこれがスターバックスの真の成功だとは考えていない。

企業リーダーとしてわたしが求めるのは、金儲けだけではない。常に利益と社会的良心を両立させようとする、優れた永続的な企業を築くことである。株主を大切にするには、まず会社に関わる人々に尽くさなければならない。わたしたちにとって、それは、コーヒー栽培農家の人々、バリスタ、お客様、地域の人々に尊敬と尊厳をもって接することだ。人間性を犠牲にすることなく利益を達成するというのは、高すぎる望みと思われるのはわかっている。しかし、わたしはそれをあきらめたことはない。スターバックスとわたしが道を見失ったときでさえも。

何十年もスターバックスの株主とパートナーは成功を収めてきた。アメリカの企業として初めてパートタイムの従業員に健康保険とストックオプション（自社株購入権）を与え、素晴らしい職場と評されてきた。二〇〇〇年、わたしはCEOを引退し会長になって、日常の業務ではなく、海外戦略や拡大へ注力するようになった。その後、スターバックスは成長を加速させ、自信を強めた。株価は、四半期ごとに売り上げや利益の増大とともに上昇した。

しかし、ある四半期はそうではなかった。

二〇〇七年、スターバックスは道を見失った。成長に固執するあまり業務から目をそらし、中核となるものから離れてしまったのだ。一つの決定や戦略や個人が悪かったのではない。セーターの糸が少しずつほつれていくように、崩壊はゆっくりと静かで漸進的だった。決定を下すたびに、店をつくるたびに、お客様を失うたびに、スターバックスを特徴づけるものが消えてしまった。悪いことに、みずから招いた問題に加え、外ではこれまでに世界が経験したことのない事態となっていた。

景気後退は大規模な金融危機に変わり、何兆ドルという個人資産が失われ、信用縮小が起こり、住宅バブルが破綻し、失業率が上昇し、最終的に世界が不況に陥った。同時に、お客様の行動も大きく変わった。出費に対して敏感になると同時に、環境保護、健康志向、倫理的行動への意識も高まった。お客様は、スターバックスを含め、より高い規範をもった企業を支持していた。

デジタル革命も情報の流れを大きく変えた。オンラインメディアとソーシャルネットワーク、ブログの発達。リアルタイムに、スターバックスが行動を起こすたびに、世界中で意見や情報が交わされるように思えた。時同じくして、国際企業や独立系コーヒーハウスなど、新たなライバルとなるコーヒーやエスプレッソ企業が市場に参入し、スターバックスを標的としておおっぴらな批判を行った。どの企業にとっても大きな挑戦だっただろう。わたしは個人的にとても恐怖を感じた。スターバックスはわたしの血である。失うわけにはいかない。多くの人が従業員や株主に応えるために努力し、何年ものあいだ素晴らしい商品とスターバックス体験《エクスペリエンス》を提供してきたのだ。

会長として、わたしはわたしたち自身がつくってしまった問題の責任をとらなければならなかった。わたしたちを押さえつける外的な圧力にいかに取り組むべきかはわからなかったが、日常業務を管理しなければ、スターバックスを衰退から救うことはできないのはわかっていた。

そこで二〇〇八年一月、多くの人を驚かせて、わたしはＣＥＯに復帰した。

本書はその後の物語である。

目次

第2部　信頼――Confidence

第3部 痛み——Pain

第4部 希望——Hope

装丁　岩瀬 聡
本文レイアウト　アーティザンカンパニー
編集協力　Chronicles
写真　Aaron Leitz, Touch Worldwide, Young Lee

第１部

愛

――Love

第1章　真実のコーヒー

二〇〇八年二月のある火曜日の午後、米国スターバックスは、国内にある七一〇〇店舗全部を一時的に閉鎖した。七一〇〇の入り口のドアには鍵がかけられ、次のような知らせが貼られた。

完璧なエスプレッソを作るための研修中です。
エスプレッソを作るには訓練が必要です。
わたしたちはそのための技術を磨いています。

何週間か前のことだった。わたしはシアトルのオフィスで、表面化しはじめた多くの問題に早急に対処するため、次から次へと打ち合わせを行っていた。あるチームが、完璧なエスプレッソを作るために、一三万五〇〇〇人のバリスタを、短期間で、再研修する方法を考え出していた。

エスプレッソを作るのは芸術だ。素晴らしいエスプレッソを作るには細心の注意が必要である。バリスタがただ手を動かすだけだったり、心配りが足りずにエスプレッソが薄すぎる、あるいは苦すぎるものになったりすれば、スターバックスは四〇年前の創業の精神を失うことになる。つまり、人々の気持ちを明るくすることができなくなるのだ。ただ一杯のコーヒーには大きすぎる使命だということはわかっている。しかし、商人とはそういうものだ。靴やナイフやコーヒーといった日用品に新たな命を吹き込み、自分たちが作り出すものがほかの人たちを感動させることを信じている。自分たちが感動したように。

スターバックスはコーヒーを売るだけの企業ではない。しかし、コーヒーがおいしくなければ、わたしたちの存在意義はなくなる。

「あらゆる選択肢を検討しました」。わたしのまわりに座っていたチームのメンバーは言った。「全員を三月までに再研修するには、全店舗を一斉に閉めるしかありません」

わたしは椅子に深々と腰かけ直した。力強いメッセージにはなるだろう。しかし、そんなことをやった小売業は聞いたことがない。「大がかりなことになるな」。わたしはそう答え、リスクの大きさを考えた。売り上げと人件費で数百万ドルの損失を出すのは避けられない。ライバルたちはこれに乗じて、お客様を取り込もうとするかもしれない。批評家を喜ばせ、皮肉屋をにんまりさせ、予測不可能なメディアの監視によって面目を失うことになるかもしれない。わが社の株価はさらに下がりかねない。最も危険なのは、再研修を大々的に行えば、スターバックスの質の低下をわたしたち自身が認めていると考えられてしまうことだ。しかし、正直なことを言えば、それは事実だった。

わたしは唇をすぼめてから言った。「よし、やろう」

わたしがスターバックスと従業員のことを考えるとき、浮かんでくるのは、「愛」という言葉だ。

わたしはスターバックスを愛している。わたしたちがやろうとしてきたことはすべて人間的なものだ。

尊敬と尊厳
情熱と笑い
思いやりとコミュニティと責任
本物であること

これらはスターバックスにとっての試金石であり、誇りでもある。

多くの人がパソコンの画面に向かってひとりで過ごす時代に人と人とのつながりを大切にし、多くの人が多くの問題によって対立している時代に人と人との関係を築くことを求め、無駄なことは当たり前のように切り捨てられる時代に、たとえコストがかかっても倫理的に行動する。これは誇るべき探求であり、スターバックスの根幹だった。

三〇年以上ものあいだ、コーヒーはわたしを魅了してきた。コーヒーを飲むのは個人的な体験であると同時に、地域社会に関わることでもある。ルワンダの栽培農家、二つの大陸にある六つの工場で働く八〇人の焙煎マスター、五四カ国で活躍するバリスタ。コーヒーの力は、その魅力を伝える一握りの人たちの手に託される。農園の土壌づくりからカップに注がれるまでのあいだに、すべてが思い通りにいくとは限らない。しかし、すべてがうまくいけば、素晴らしいコーヒーができ上がる。コーヒーは嘘をつかない。つくことができないのだ。ひと口ひと口が、技術と人間の力によって生み出された芸術の結晶なのである。

二〇〇八年初頭、わたしはすべての従業員にスターバックスへの愛を思い出してほしいと切に願った。だからこそ、反対意見が集中したにもかかわらず、アメリカにある全店舗を閉めることにしたのだ。トランプをめくるときのようになにが出てくるのかはわからなかったが、怖くはなかった。コーヒーを完璧なものにすること以上に、お客様のためにわたしたちスターバックスで働くもの全員に必要な、仕事に対する情熱や献身を取り戻さなくてはならないと確信していたからである。これから先の長い道のりを進むには、まず一歩下がるしかなかったのだ。

時計の針が五時半を示すと、お客様に丁寧に退出をお願いし、アメリカ中のスターバックスが扉を閉めた。グリーンのエプロンを着けたバリスタたちは、店内で、短い研修用フィルムを見た。シアトルのコーヒーエキスパートたちが数日のうちに作り上げ、七一〇〇台のDVDプレーヤーとともに七一〇〇の店舗へ配布したものだ。その日上映されたのは、まじりけのない真実ばかりだ。

抽出口からショットグラスへ、蛇口から水が出てくるように速く注いでしまうと、エスプレッソは風味が弱く、コクのないものになります。豆を細かく挽きすぎれば、抽出が遅くなり、苦みが出てきます。理想的なのは、スプーンから蜂蜜が落ちる速さです。濃く、キャラメルのように甘いエスプレッソになります。

エスプレッソの出来が悪かったらぜひ作り直してほしい、とわたしは動画を見ているバリスタたちに語りかけた。

それからミルクだ。

スターバックスのクリーミーで甘いエスプレッソベースのドリンクを作るのになにより大切なのは、ミルクを泡立てることである。残念なことに、効率化の名のもとに、バリスタの間では悪い習慣ができ上がっていた。ミルクを正しく泡立てるには、正しいやり方で空気を含ませ、温めなければならない。バリスタの多くは、その訓練を十分に受けていなかった。さらに、一部のバリスタは、お客様の注文を受ける前から、大きなピッチャーでミルクを泡立ててそのまま置いておき、必要なときにふたたび泡立てるようになっていた。しかし、ミルクは一度泡立てると分離が始まり、甘みを失う。こうした行為を改めて、より高い規範を取り戻さなければならない。

ビデオカメラを介して従業員たちに話しかけるとき、わたしは原稿を用意しなかった。ただ心から語りかけたのである。

「会社とか、ブランドとかではありません。皆さん自身が大切なのです。お客様に出すのにそれで十分かどうかを決めるのは皆さんです。わたしは皆さんの力になります。そして、なにより、皆さんを信用し、信頼しています。完璧なエスプレッソを淹れて、わたしたちの行動力を示しましょう」

あちこちの街で、報道陣は閉鎖したスターバックスの店にカメラを向け、レポーターたちは困惑するお客様に取材をした。「スターバックスがない世界?」と《ボルチモア・サン》紙が見出しで問い、ニューヨークでは、「スターバックスの閉店に困り果てるニューヨーカー」と報じられた。

インターネット上では、一日中、賛成・反対の意見が交わされ、テレビでは、CNN、ABC、NBC、CBS、FOXニュースなどが、夏に雪でも降ったかのような珍事件として、スターバックスの閉店を報道した。深夜のお笑い番組でも酷評された。わたしはシアトルの自宅で、スティーヴン・コルバートがカフェイン抜きで三時間をつらい思いをしながら過ごし、最後にコーヒーとミルクの泡とシナモンを体中に浴びるのを見た。そして、この何カ月かで初めて笑いながら眠りについた。

その日、すべてがうまくいったわけではない。予想通り、大きな損失を出した。およそ六〇〇万ドル。あるライバル企業は、わたしたちのお客様を引き抜こうと、エスプレッソベースのドリンクを九九セントで提供した。スターバックスに問題があるのをわたしたち自身が認めてしまったことで、ブランドに永久に消えない傷をつけたと言う評論家もいた。しかし、わたしは正しいことをしたと信じていた。従業員への投資が間違いのはずはない。

閉鎖の日から何週間かのうちに、スターバックスのコーヒーの質は改善され、わたしのもとにはいろいろな話が寄せられるようになった。フィラデルフィアのあるバリスタはこう言ってきた。

今朝、来店した男性客が言われました。

「エスプレッソを試してみたいのだが、苦すぎるのではないかと心配でね」

わたしは答えました。「完璧なのをお作りしますよ。でも、アメリカーノも用意しましょう」

それから、エスプレッソのことやその起源、どうすれば完璧なエスプレッソを楽しめるかについて、二人で話しました。お客様はとても楽しまれたようで、「また来る」と。一生涯のお客様を得ることができたと思います。

わたしの決断は正しかった、と思うにはこれで十分だった。

人生には決断しなければならないときがある。たとえ、理屈や常識や信頼する人たちの忠告に反するとしてもだ。リスクを負い、理性に逆らっても進もうとするのは、選ぼうとする道が正しく、最善だと信じるからだ。結果がどうなるかわからなくても、傍観者ではいたくない。

ロマンスの引き金になり、闘いに勝ち、大それた夢を追いかける活力になるのは、こうした熱い気持ちだ。自分自身を信じ、正しいことを信じれば、障害を乗り越え、人生を切り開くことができる。「人生はすべての選択の総和である」とアルベール・カミュは述べている。大きかろうと小さかろうと自分の行動が、自分の未来をつくる。その過程で、ほかの人を勇気づけることができればさらに望ましい。

最終的に、一斉閉店は象徴的な役割を果たした。パートナー――スターバックスでは従業員をこう呼ぶ――たちを刺激するイベントになると同時に、急成長を追い求めるうちに失いかけていた信頼と心の絆を改めて確立するための支柱となったのである。大胆に行動を起こすことによって、スターバックスがふたたび決意を新たにしたことを示したのだ。

その火曜日以降、スターバックスではエスプレッソが何千杯も、蜂蜜が滴るごとく抽出されるようになったはずだ。しかし、そうした象徴的な行動や三時間の研修だけでは、累積した問題を解決できない。先はまだ長い。CEOとして戻ってきたときは、これほどまでとは想像していなかった。二〇〇八年の冬、わたしたちは生き残りをかけた闘いを始めた。それは厳しい試練というほかなかった。とはいえ、わたしはそれまでの一年をその準備のために費やしてきたのだった。

第2章　ラブストーリー

なにかを愛すると、その気持ちに突き動かされる。

それは起業家にとって才能《ギフト》であり、日々、直面する挑戦である。夢を描いて、一から築き上げた会社は、自身の一部であり、個人的な感情を抱かせる。家族であり、命でもある。しかし、誰もが起業家に向いているわけではない。もちろん、成功すれば心が躍るし、見返りはわくわくするほど素晴らしい。だが、うまくいかなければ、胸が張り裂けそうになる。起業家は自分のしていることを愛している。犠牲を払い、ときには痛みにも耐えなければならないが、ほかのことは想像すらできない。

だから、二〇〇七年二月の朝、わたしの心は重かった。わたしは長いキッチンテーブルに向かって、ひとりで、スターバックスのシニアリーダーたちの大半に宛ててメモを書いていた。

雨がしとしと降っているのが窓から見えた。明るくなるまでには、二時間はあるだろう。妻のシェリとわたしがシアトルに住みはじめて、もうすぐ二五年。引っ越しの前に、ニューヨークの友人たちからは、天気がひどいところだと忠告された。彼らの予想は誇張されていたし、西海岸の起伏に富んだ美しさや健全な生活にくらべて霞んで見えただけだ。わたしはシアトルの冬が気に入った。実際は、雨というよりどんよりとした日が多い。こんな雨のそぼふる朝は考えごとには最適だ。わたしは書きはじめた。

「わたしの考えを皆さんにお伝えしたい」

ビジネス哲学や、思いや、計画していることを一緒に働く仲間に率直に語るのは、一九八六年以来、わたしの習慣となっていた。それについてはあとで語ろう。とにかく、その日、わたしがテーブルに向かい、世間の論議を引き起こすと同時にスターバックスとわたしの未来を変えることになるメモを書くようになった経緯は何年も前にさかのぼる。


わたしのコーヒーへの思い入れは、スターバックスと呼ばれる小さな会社の四つの店舗のマーケティング責任者として働きはじめたときから始まった。一九八二年のことだ。しかし、コーヒーがもつ魔法の力を本当に知ったのは、一年後、イタリアのミラノを訪れたときだった。その訪問が種となって、現在のスターバックス・コーヒー・カンパニーが花開いたのである。

ある日の朝早く、ホテルから見本市の会場へ向かう途中で、わたしは小さなバールに立ち寄った。「おはよう《ボンジョルノ》」。カウンターの向こうから、年配の痩せた男性が声をかけてくれた。まるでわたしがなじみの客であるかのように。そして、優雅に、正確な動きでコーヒー豆を挽き、ミルクを泡立て、エスプレッソを抽出し、カプチーノを作り、カウンターに並んで立っている客と言葉を交わした。小さな店にいる誰もが知り合いのようだった。毎日交わされる日常の儀式なのだろう。

「エスプレッソかい?」カウンターのなかの男性がわたしに向かって言った。

わたしはうなずいた。男性はわたしのために儀式を繰り返した。エスプレッソマシンがシューっと音を立ててうなった。男性は顔を上げて笑みを浮かべた。わたしは思った。これは仕事ではない。彼が情熱を傾けているものだ、と。

〝バリスタ〟と呼ばれるイタリアの上品な紳士が、ブルックリンの学校の運動場でサッカーをして育ったわたしに、わたしのために作ったコーヒーを白い陶器のデミタスカップに入れて渡してくれた。言葉にならないほど感動した。ここはただコーヒーを飲んで一休みする場所ではない。劇場だ。ここにいること自体が素晴らしい体験《エクスペリエンス》なのだ。

エスプレッソの豊かな風味で心が温かくなった。わたしはバリスタとレジ係に礼を言って、見本市の展示会場へ向かったが、途中、さらに何軒かのバールに寄った。一ブロックに少なくとも一軒はある。どの店もカウンターのなかにひとりかふたり熟練のバリスタがいて、エスプレッソや、カプチーノや、わたしがまだ飲んだことがない飲み物を、客というよりは友人のような人々のために作っていた。どの店でも、コミュニティのざわめきが聞こえ、エスプレッソを飲んでいると、人生のゆとりを感じるような気がした。

バリスタの熟練した技《わざ》、人と人とのつながり、淹れたてのコーヒーの温かい香りと心を浮き立たせるような風味はわたしの心を震わせた。胸がどきどきした。わたしの未来とスターバックスの未来が見えたような気がした。当時のスターバックスは、コーヒーの豆と粉を袋に詰めて家庭用に売っているだけで、飲み物は提供していなかったのだ。

見本市が終わってアメリカへ戻ったわたしは、ミラノで経験したことを興奮して話した。しかし、わたしの尊敬する上司であるスターバックスの創立者たちは、バールでの体験をシアトルで再現したいというわたしの夢を理解してくれなかった。わたしは落胆したが、思いは強く、スターバックスを退社して、一九八六年に地元の投資家から集めた資金で小売りのコーヒー会社を設立した。それをミラノの新聞にちなんでイル・ジョルナーレと名づけた。

その年、イル・ジョルナーレは、シアトルで最も新しく、最も高いビルだったコロンビアセンターに第一号店をオープンした。広さは七一〇平方フィート(約六六平米)。当時、わたしにはなんの資産もなかったので、賃貸料を個人的に保証しなければならなかった。人件費を抑えるために、わたしも、ふたりの同僚——コーヒー調達責任者のデイブ・オルセンとジェニファー・エイムズ・カレマン——も、ときどきカウンターのなかでバリスタたちと一緒に働いた。エスプレッソを抽出し、ミルクを泡立て、飲み物をブレンドしたのである。

社員宛てのメモも初めて書いた。そのなかで、会社の使命《ミッション》と目的、そして、いかにそれを達成するべきかを説明した。わたしには自信があった。わたしの情熱は信念に支えられていたからだ。わたしは信じていた。メモには若い起業家としてのわたしの意欲や熱意が表れている。

イル・ジョルナーレは地球上で最も素晴らしいコーヒーバーになります。仕事に行くお客様が明るい気持ちで一日を始め、その日ずっと明るい気持ちでいられるようにコーヒーとフードを提供するのです。お客様にコーヒーのことをもっと知ってもらい、利益の名のもとに倫理観や誠実さを失うことはありません。わたしたちのコーヒーバーは飲み物に対する概念を変えるでしょう。そして、わたしたちは、お客様に認められ、贔屓《ひいき》にしていただけるよう、イル・ジョルナーレの店舗一軒一軒を、質の高い、優れた、価値あるものにしていくのです。

「感謝を込めて」といった結語ではなく、「未来へ《オンワード》」という言葉で結び、署名した。

その言葉を使ったのはそれが初めてだったのかどうかはわからない。しかし、その瞬間、突然その言葉が浮かんだ。わたしたちの小さな企業が立ち向かう、困難で、しかし、心躍る冒険の旅にふさわしい号令だと思った。前のめりになって、すばやく、まっしぐらに。必ずや成功するという決意で、頭をまっすぐに伸ばして前に進もう、という気持ちを込めた。

実際、大変な旅になった。

一六カ月後、わたしは以前の雇い主たちから会社を買うことになった。スターバックスの所有者であるジェリー・ボールドウィンとゴードン・バウカーが、シアトルの店舗と焙煎工場と素晴らしい社名の売却を決めたのだ。長い間、尊敬してきた会社を買うのはわたしの運命のように思えた。だが、ほかにも買収に名乗りを上げるライバルがいたので、気持ちでも、交渉でも負けそうになった。わたしを信じてくれる投資家からすぐに三八〇万ドルを集めることができなければ、スターバックスはわたしの指の間をすり抜けていってしまう。

しかし、わたしはスターバックスを手に入れることができた。そして、一晩のうちに、わたしの会社の店舗は三店から一一店に増えたのだ。

まず決めなければならないのは、ビジネスの手本としている「イル・ジョルナーレ」の名前を残すか、あるいはスターバックスの名前とロゴを引き継ぐか、だった。イル・ジョルナーレは愛着ある名前だったが、あきらめるべきなのはわかっていた。スターバックスのコーヒーはすでに高品質で、ユニークなものとして評判を確立していた。また、ハーマン・メルヴィルの『白鯨』に登場する一等航海士スターバックにちなんだ名前には、親しみやすくも神秘的な響きがあり、わたしたちの商品、サービス、そして、わたしたちがお客様に提供しようとしているものを表しているように感じられた。その直感を信じ、イル・ジョルナーレとしてスタートした会社は、そのときからスターバックスとして知られるようになった。

こうして三四歳のわたしは、一〇〇人の従業員を得た。わたしには夢があった。全米に通用するコーヒーのブランドを確立することだ。のちに、〝スターバックス体験《エクスペリエンス》〟とわたしが呼ぶようになったものである。アメリカのコーヒーの質を向上させたかった。スターバックスの成功も信じていた。コーヒーがおいしいからだけではない。わたしたちには従うべき原則があったからだ。わたしはこれまでにない会社をつくろうと思っていた。株主の価値を大切にし、責任をもって利益を出す会社を。そして、それを達成するためには、社会的意識をもって行動しなければならないこともわかっていた。

コーヒーについては、スターバックスは偉大なる歴史を継承した。何世紀にもわたって、コーヒーは、詩的であり、政治的でもあった。ロマンチックであると同時に、様々な議論もあった。ずっと飲まれてきたのは、コーヒーに魔法があるからだ。コーヒーの実は、最もエキゾチックな地に起源をもつ果実である。豊かな風味をもつ豆を育てるには、大変な手間をかけなければならない。

スターバックスがコーヒーやエスプレッソベースの飲み物を作り出したわけではない。しかし、多くの人をコーヒーの虜にしたといっていいだろう。

それが商人の仕事である。商人は、ありふれたものに感情と意味を吹き込み、その物語を何度も何度も語るものだ。ときには言葉を使わずに。

一九八〇年代以前は、アメリカや他の多くの国でも、エスプレッソやカフェイン抜きのラテを、泡立てたミルクを多めにして頼む人はほとんどいなかった。エスプレッソは、大半の人にとって、四つ星レストランでのディナーのあとやヨーロッパでバカンスを過ごすときに楽しむ贅沢だったのだ。

　また、驚いたことに、一九八〇年代まで、いや一九九〇年代半ばでさえ、アメリカでは、自分たちの家以外で、本を読んだり、友人とおしゃべりをしたり、忙しい一日を過ごしたあとで一息ついたりできるのは、食堂《ダイナー》や数少ない地元のコーヒーショップやレストランや図書館しかなかった。

　今度、コーヒーショップの前を通りかかったら、店内をのぞいてみてほしい。様々な人が列に並んでいたり、座っていたりするのが見えるだろう。ビジネススーツに身を包んだ男女、ベビーカーを押す両親、勉強中の大学生、くすくす笑いをする高校生、新聞を読んだり政治について語ったりする定年退職者。

　多くの人がノートパソコンを前に検索をしたり、ダウンロードをしたり、音楽を聴いたり、本を読んだり、原稿、ブログ、仕事の企画書、履歴書、手紙、電子メールを書いたりと思い思いのことをしている。一心不乱にキーボードを叩き、紙ナプキンにアイデアを書き付けている人たちのなかから、次のグーグルやアリババやフェイスブックの発案者、小説家、音楽家が誕生するかもしれない。

　あるいは、隣に座った人と恋に落ちる可能性もある。

　自宅が人と人がふれあう第一の場《ファーストプレイス》で、職場を第二の場《セカンドプレイス》とするならば、カフェ――たとえばスターバックス――などいわば公共の場所を、わたしは第三の場《サードプレイス》と呼んでいる。自宅と職場のあいだにあり、公共性と個人性を併せ持つ環境、ほかの誰かとつながり、自分自身を再発見する場。スターバックスは、当初から、そうした大切な機会を提供したいと考えてきた。

　スターバックスのコーヒーが手の届く贅沢だと言われれば、そうかもしれないと思う。しかし、より正確には、スターバックス体験、つまり人とのつながりは、手の届く必需品だ。

二〇〇〇年までに、スターバックスは、わたしが達成できると信じたものを達成した。人々とコーヒーの関係を進化させたのだ。なにを飲むかから始まって、どこで、いつ飲むかを変えた。わたしだけでなく、パートナーも、株主たちも、それについては胸を張ることができる。また、創業当初、たとえ損失が出ても、当時、他社には見られなかったパートナーのための福利厚生を二つ確立した。すべての従業員に健康保険を適用し、ストックオプションを与えたのだ。これは米国ではとても珍しいことだった。週に二〇時間以上勤務するすべてのパートタイマーにまで適用範囲を広げた企業はほかにはなかった。

わたしが知る限り、未公開企業で——のちには株式を公開した企業で——スターバックスだけだった。従業員を大切にすることによって、スターバックスは魅力的な職場となり、優秀な人材を引きつけることができた。さらに従業員とのあいだに信頼を築くことができ、結果として、株主たちにとって長期的な価値を創り出すことになった。

企業内に、そして店内にこれまでになかったコミュニティを創り出す試みは、スターバックスを他に類を見ない小売業にした。スターバックスはお客様が気づくことも、気づかないこともいつも大切にしてきた。

第3章　見せかけ

仕事には個人的感情を抱かなければならない。芸術家や起業家だけでなく、すべての人がそうあるべきだ。会計士であっても、工事現場で働く人であっても、技術者であっても、管理者であっても、事務職員であっても。

しかし、一方通行では、仕事に目的と意味を吹き込むことはできない。自分の仕事を愛すると同時に、企業にも愛し返してもらう必要がある。商人としてのわたしの望みは、常に、お客様に元気になってもらうと同時に、お客様の期待を超え、わたしたちに対する信頼を築き、維持することだ。そして、雇用主としてのわたしの務めは、それをカウンターのなかで働くパートナーたちに対して行うことである。彼らに対する責任が、長い間、わたしの原動力となってきた。

七歳のときのある冬の日、学校から戻ると、父がギプスで腰から足首まで固定されて、ソファに横たわっていた。父は無学の退役軍人で、立派な人だったが、ひとところに落ち着くことができなかった。家族を養うために、ブルーカラーのきつい職場を転々とした。それでも、収入は年に二万ドル以下だった。トラックの運転手、工場での労働、いっときはタクシーの運転手もやった。しかし、当時の仕事は最悪だった。トラックで布のおむつを届け、回収する仕事だったのだ。その週、父は道路に一面に張った氷で足を滑らせて転び、腰と足首を骨折した。当時、ブルーカラーの労働者には労災保険がなかった。健康保険もなかった。解雇手当もなかった。

父は怪我をしたあと、すぐに家に帰らされて、そのまま解雇された。そのときに、わたしがいつか別のやり方で会社を経営しようと思い立ったわけではない。ただ、両親に対する扱いは不当で、誰ももっと敬意をもって扱われるべきだと強く感じた。父は一九八八年に肺癌で亡くなった。貯金も年金もなかった。しかし、同じくらい痛ましいのは、父が達成感を抱くことも、仕事に意義を見出すこともできなかったことだとわたしは考えている。

父には働くチャンスが与えられなかったような企業を、わたしは築き上げたいと思った。しかし、完璧なコーヒーを淹れるのと同じように、感情的な結び付きを育て、互いを尊重し、信頼し合うことができる企業文化はひとつの結果からは生まれない。目的とプロセスと心が必要で、それを常に微調整しなければならない。うまくいったときもあったし、いかなかったときもあった。スターバックスの従業員は、オフィスでも、店舗でも大変熱心に働いている。目標を高く設定しているので、ストレスは相当なものだろう。しかし、一日の終わりには、それぞれが達成感を抱きながら帰途についてほしい、とわたしは願っている。

二〇〇〇年末までに、わたしは新しい挑戦に取り組む準備ができていた。

一五年近く、スターバックスの日常業務を管理してきたが、わたしのなかではなにかが変わってきていた。会社の業績はとても好調だった。一三カ国にある二六〇〇店の売り上げは二〇億ドル近く。一九九二年以来、年平均成長率は四九パーセントを達成していた。しかし、わたしの気持ちは沈んでいた。ときには塞ぎ込むほどだった。妻のシェリと話し合い、自分の心の底を探った結果、以前ほど仕事にやりがいを感じられなくなっているのに気づいた。スターバックスに対する情熱は変わっていないが、その一方で、少し惰性的になっていたのだ。

もちろん、会社を離れるつもりはなかった。しかし、会社の繁栄のためにも、必要以上に経営に関わるのをやめ、日常業務を監督する務めから退くべきときが来たと感じた。後任のCEOとして、取締役会とわたしは、当時、社長兼最高執行責任者だったオーリン・スミスを指名した。

一九九〇年に最高財務責任者としてスターバックスにやって来たオーリンは、賢く、思慮深く、愛想の良い人物だった。

オーリンはわたしのビジョンを理解し、パートナーや投資家に尊敬され、複雑な問題を的確な判断に基づいた手法で解決した。わたしは彼を信頼し、彼もわたしを信頼してくれた。一〇年間、ふたりで様々な意思決定をしてきた。スターバックスを内からも、外からも知っている彼なら、中核となる事業を強化し、成長のための投資を続けてくれるだろう、と。

オーリンはCEOとして五年間、会社に尽くしてくれた。わたしはスターバックスの店舗網を世界に広げることに注力した。一九九六年に北米外の最初の店舗を東京にオープンして以来、他国でも店を開きたいという要望が殺到した。そして、いまや、スターバックスができることは、街にとっても、住民にとっても「成熟の証し」と考えられていた。当時、スターバックスは、遠くニュージーランドや中国を含めて、米国以外に五二五店舗を展開していた。その後、スペイン、フランス、ロシアにも進出することになった。

会長兼グローバル戦略責任者としてのわたしの新しい役目は、主に、それぞれの地域でスターバックスを運営する地元企業を選ぶ手伝いをすることだった。海外の提携パートナーの決定は慎重に行われた。わたしたちが大切にするものを理解してくれる経営陣がいる企業だけを選んだ。文化の違いを超えてブランドの一貫性を確実に維持するために、地元の経営陣にわたしたちの使命《ミッション》を植え付けるのも〝スターバックス大使〟としてのわたしの役割だった。

わたしは、わたしと会社の未来の可能性に夢中になった。そして、その後の数年間、世界中で、何百という店舗をオープンさせた。世界の国々を訪れる間に、創造力に富んだ企業や人にたくさん出会った。彼らが自分たちの商品や仕事を愛していることは、店に足を踏み入れた瞬間にすぐにわかった。

わたしが会長を務めているあいだ、米国では次から次へと新店舗がオープンし、海外でも、二万店舗の目標達成を目指して、拡大が続いた。ドバイや香港へも進出した。サウジアラビアやオーストラリアにも店を開いた。最も成長が見込まれる地域として、中国にも店をつくってオープンした。二〇〇三年、アジア太平洋地域で一〇〇〇軒目となる店舗が北京でオープンしたのだ。翌年には、パリで最初の店舗を開き、その後、バハマ、ブラジル、エジプト、アイルランド、ヨルダン、北アイルランド、ルーマニア、ロシアへと出店を続けた。

最も感動的な出来事は、二〇〇一年に日本を訪れたときに起こった。一九九六年に開店した日本の第一号店は、スターバックスが初めて北米以外の地域に進出した店舗だ。その日本で、北米以外で初めて、フルタイムのパートナーもパートタイムのパートナーも対象にしたストックオプション制度が導入されたのだ。株主総会でこれを発表したときのことは忘れられない。出席していたパートナーのなかには泣いている者さえいた。

株主になることで、パートナーたちは大きな自負心を抱くことができる。それは、日本のパートナーに限ったことではないだろう。会社が成功をともに分かち合いたいと思うほど、従業員を大切にしていることを示したのである。発表後、日本の店舗で働いているパートナーたちがわたしのところへやって来て、通訳を介して言った。早く家へ戻って両親に話したい、両親は株など持ったことがない、と。謙虚で、満たされた気持ちになれた一日だった。スターバックスがコーヒー以上のものを提供していることを思い出させてくれた。

皮肉なことに、シアトルに戻ると、わたしは元気を失ってしまうことが多かった。

会長として使っていたのは、ＣＥＯだったときと同じシアトルの地平線が見渡せる部屋だったが、わたしはなぜかユタ街にある九階建てのビルにいても、居場所を失ったような気がしていた。会長は日々の意思決定には関わる必要がない。かつてはわたしの日程にはミーティングや企画会議が詰め込まれていたが、そういったものにも参加することはなかった。オーリンを信頼し、尊敬していたので、彼と彼のチームに意思決定を任せれば安心していられたが、その一方で、扉の閉まった会議室の前を通り、窓から内部をのぞき見るときは、文字通り部外者のような気持ちになった。

オーリンがＣＥＯとして在任した五年のあいだに、スターバックスの拡大は勢いを増し、店舗数はおよそ三倍の九〇〇〇店舗に達した。新たな市場、新たな土地のやや小さな都市や郊外へ次々と新たな店を開いた。大都市では確実に成功を収め、ライバル店はわたしたちのあとを追いながら市場シェアを増やそうとしてきた。しかし、コーヒーショップが増えれば増えるほど、スターバックスの店に並ぶ人の列は長くなった。

この頃から、スターバックスはお客様の要望をより良く理解しはじめるようになった。お客様はあらゆる面で利便性を求めていた。ラテを買うために列に並ぶのはいやだが、何ブロックか先まで歩いて、あるいは何マイルか先まで車を走らせて、別の店に行くのもいやなのだ。待ち時間を減らすためにスターバックスがとった方法は、さらに多くの店をつくることだった。そのため、都市部でも積極的に拡大を続けた。簡単なことではない。大変な仕事だった。しかし、店舗デザインの柔軟性が高かったために、そうした成長も管理可能だと思われた。また、立地は熟練の不動産専門家が最適な場所を選んでいたし、質の監督をする優れたリージョナルマネジャー、ディストリクトマネジャー、店長《ストアマネジャー》がいた。

店舗以外でもスターバックスのコーヒーを提供する機会を創出したのも、オーリンの時代だ。ハイアットおよびマリオット系のホテルは、宿泊のお客様にスターバックスのコーヒーを提供することになった。これまでも「店のなかの店」というコンセプトで書店バーンズ・アンド・ノーブルのなかに店舗を構えていたが、それを拡大して、セーフウェイ、クローガー、パブリックスといったスーパーマーケットチェーンの何百という店舗のなかに独立型の店をつくった。こうした新規の販売網が新たな収益源となった。

しかし、オーリンのCEO在任期間のおそらく最も重要で、あまり知られていない大きな歩みは、より深く社会的責任を引き受けるようになったことだろう。

人を大切にし、地球を大切にして事業を行おうと、スターバックスはそれまでも努力していた。それはわたしたちのDNAの一部だ。しかし、一九九〇年代後半に始まった企業の社会的責任（CSR）活動は、ビジネスを行ううえでも欠かせないものになった。

たいがいの人は、尊敬し、信頼する企業の製品を買うものだ。とはいえ、そうした尊敬や信頼を得るのはますます難しくなっている。アメリカでは、環境問題と人権に対する関心が、教育の分野でも、メディアにおいても高まりを見せていた。一九九四年にルワンダで起こった大虐殺を伝える映画『ホテル・ルワンダ』（二〇〇四年）やアル・ゴアの地球温暖化に関するドキュメンタリー映画『不都合な真実』（二〇〇六年）が、地球規模の問題に対する意識を呼び起こし、積極的に関わろうとするお客様をつくる一助になった。

これまで以上に、環境と商品に関わる人々に敬意を払うやり方で生産され、包装され、輸送される――そして、廃棄される――商品を使いたいと考える人が増えているのだ。

スターバックスは、こうした動きに応えるだけでなく、みずから積極的に取り組んだ。二〇〇〇年から二〇〇五年のあいだに、会社も、パートナーたちも、米国やカナダで行われているジャンプスタートを含む、世界中にある青少年の学習を支援する団体に四七〇〇万ドルを寄付した。また中国の田舎町によりよい教育の機会を提供したり、アメリカ同時多発テロ事件、二〇〇四年のスマトラ沖地震による津波、二〇〇五年のハリケーン・カトリーナ等の犠牲者の救済を支援したりした。寄付や何千時間にもなるボランティア活動によって、パートナーたちは自分たちが働く地域の慈善活動や改善事業に協力したのである。

また、スターバックスは、環境保護の必要性を訴えるグローバルグリーンUSAにも企業として参加した。二〇〇五年にイーソスウォーター社を買収したときは、世界のより多くの子どもたちが清潔な水を飲めるようにするという同社の使命《ミッション》を尊重することに同意した。また、再生可能なエネルギーの使用、節水、省エネなどによって店舗が環境に与える影響を大幅に減らす努力を始めた。さらに、地球の大切な資源を保護するために、企業や政策立案者と連携して活動するコンサベーション・インターナショナルなどの国際的組織との継続的な提携を通して、生態系の維持を積極的に支援するためのプログラムに参加したり、気候変動といった問題についてお客様に知ってもらう努力もしている。

おそらく最も重要なのは、倫理的に調達されたプレミアムコーヒーを買い付けるための具体的な取り組みを始めたことだろう。

コーヒーの買い付けにおいては、コーヒー農家に対して、購入代金だけでなく、健全で、持続可能な栽培環境育成を支援することで報いたいと常に考えてきた。それが当初からスターバックスの哲学だったのだ。

しかし、一九九〇年代、この問題に興味と関心をもつグループから非難されるようになった。そこで、彼らがなにを問題にしているかに耳を傾けた。そして、すでに多くの取り組みはしていたが、わたしたちの意図をよりはっきりとした形で示すことにした。コンサベーション・インターナショナルのほかに、フェアトレードの認証団体であるトランスフェアUSAなどを中心に、フェアトレードを支持する組織との関係を確立した。フェアトレード認証とは、最低価格を保証したり、グローバル市場への販路を提供したりすることによって、小規模生産者の生活を向上させるための認証システムだ。

二〇〇一年、スターバックスはフェアトレード認証のコーヒーを一〇〇万ポンド（約四五〇トン）買い付けた。その後まもなく、買い付けは一〇〇〇万ポンド（約四五〇〇トン）にまで増加し、スターバックスは北米で最大のフェアトレード認証のコーヒー豆の買い付け、焙煎、小売業者となった。

それだけではない。二〇〇一年には、ふたたびコンサベーション・インターナショナルと提携して、スターバックスが買い付けるコーヒー豆が、倫理的に栽培され、公正な価格で取引されることを確約するための包括的な調達手順を示すガイドラインを策定しはじめた。これはC.A.F.E.プラクティスと名づけられ、スターバックスと取引するコーヒーサプライヤーが順守しなければならない環境的、人道的な基準を定めている。特徴的なのは、品質と透明性が必須条件ということだ。

さらに、労働者の権利から節水・省エネまで、わたしたちの基準がきちんと守られていることを外部の独立組織が確実に検証している。基準はたいがい守られている。スターバックスは最高級のアラビカ種だけを、プレミアムコーヒーにふさわしい最高の値段で買い付けているので、多くの栽培農家がこのプログラムへの参加に同意している。

これまでずっと、スターバックスの事業は拡大を続けてきた。そして、オーリンがCEOを辞したときには、スターバックスの時価総額、つまり発行済み株式の価値は七二億ドルから二〇〇億ドルへと成長していた。

オーリンの後任として、取締役会はジム・ドナルドをCEOに選んだ。ウォルマートの食料品部門を率い、のちにセーフウェイとパスマークの業績を改善させたという経歴は見事だが、それだけでなく、彼のリーダーとしてのやり方にわたしたちは引かれた。

ジムほど優しい人はいない。組織のどの地位にいる人とも良い関係を築くことができる才能を生まれながらに持っている。二〇〇二年に北米事業の統括者としてやって来た彼は、スターバックスの価値を体現したような人物で、学ぶことのできない希少なものを持ち込んでくれるものと誰もが思った。つまり、ハート、良心、感情的知性である。最初の二年間、ジムはスターバックスの文化を受け入れ、スターバックスも彼を受け入れた。ジムのやり方は社員と人間的なつながりを築くことで、それは誰もが気に入っていた。彼は従業員の働きに感謝するメモを頻繁に書いて送った。店舗を訪れ、バリスタと話をするのを楽しんだ。オフィスでは、一時間の会議を四五分たったところで終わらせ、残りの一五分でふだん連絡をとっていない人に電話をかけるように言った。

ジムがCEOになったとき、スターバックスの株価は二五・八三ドルだった。ウォール街が、わたしたちに与えたハードルは高かった。売上高と利益の年間成長率は最低でも二〇パーセントを維持しなければならず、プレッシャーは四半期ごとに大きくなった。あまりに高い目標で達成不可能だという者もいたが、わたしはあえてそうした。

当時、わたしたちは中核であるコーヒーの販売だけでなく、エンターテインメントの分野にも事業を拡大していた。それまでも店舗で流す音楽のオムニバスCDを販売してはいたが、まもなく、多くのミュージシャンのアルバムを店に並べるようになった。いくつかの店で実験的に音楽バーを設け、お客様が音楽をダウンロードしたり、オリジナルCDをつくったりできるようにした。コンコード・レコードと共同制作したレイ・チャールズの「ジーニアス・ラヴ〜永遠の愛」はその年のグラミー賞において、最優秀アルバム賞を含む八部門で受賞した。米国で販売された三二五万枚のおよそ四分の一は、スターバックスの店舗で売れたものだ。米国以外での売り上げは二〇〇万枚を超えている。

また、書籍の販売ではベストセラーを何冊か出して、無名の作家たちの名を世間に知らしめた。

こうした成功によって、わたしたちは流行をつくり出していると感じはじめ、書籍や音楽同様に映画をつくって当てることもできるのではないか、と思うようになった。そこで、映像の分野にも積極的に進出し、家族向けの娯楽作品を大々的に宣伝して、DVDを販売した。次々と訪れるビジネスチャンスに夢中になり、最も意欲的に推進していたのはわたしだった。しかも、製作会社が宣伝のために金を支払ってくれるのだ。そうした契約によって、損益計算書には大きな数字が加えられた。

エンターテインメント部門への拡大進出には利点もあった。しかし、それは自分たちが無敵だという考えから生まれた思いあがりの兆しだということにわたしが気づくのは、まだ先のことだった。

わたしとジムとの関係は複雑になっていた。

わたしは会議に出席せず、自分の意見をすべてではないがいくぶん差し控えて、彼が自由に仕事ができるようにしたつもりだった。しかし、長いつきあいだったオーリンのときとは異なり、口を出さずにいるのはかなり難しかった。

ＣＥＯを退くにあたり、ほかの人の決定に基本的に従うことに同意してはいた。たとえ、その決定が賢明ではないと感じたとしても。子どもたちがみずから選択するのを一歩下がって見守る両親のように、創業者兼会長としての役割には、もどかしさがついてまわる。

さらに、会長になってからは、新店舗が多くオープンしているのはどこかとか、重役の地位に誰をつければいいかとかいった個々の業務上の決定についてはよくわからなくなっていた。わたしとジムの意見の食い違いのひとつは、影響力の大きい地位に誰をつけるのが一番いいかということだった。

ついに、二〇〇六年の終わり頃になると、長年スターバックスで働いてきたパートナーたちが、わたしのところへこっそりやって来るようになった。彼らは会社の方向性について、様々な不安を訴えた。成長のみを追い求める考えに疑問を抱いたのだ。しかし、そうした考え方が育った一因はわたしにもあった。

わたしはジレンマに悩まされた。ジムの決定を支持し、さらなる成長の目標に向かって進んでいきたいと思う一方で、店舗における体験の質の低下など、わたしたちの基盤にひびがはいっているように感じられるのがとても気になった。また第三者からも不安を聞かされた。わたしは板ばさみになった。スターバックスへの愛と、パートナーや株主に対する責任がさらにわたしを苦しめた。

二〇〇六年にはいると、スターバックスの業績がわずかに悪化しはじめた。お客様一人ひとりがわたしたちの店で使う金額が、減りはじめたのだ。二〇〇七年の夏、来店客数の伸びは、過去にないほど落ち込んだ。その年、スターバックスの株価は四二パーセント下落した。

スターバックスでの経験が二年しかないCEOが、会社を築き、何年ものあいだ率いてきた前任者の影に惑わされずに役割を果たすのは難しいし、それを期待するのも酷というものだろう。とくに、わたしは社内でも目立ち、大きな影響力をもっていた。いま思えば、オーリンが退任したときに備えた準備を、もっときちんとしておくべきだったのだ。

スターバックスを率いるのは、ここで何年も働いた経験がある人から選ぶべきだった。創業当初から、わたしたちは将来の成長を見越した投資を行ってきた。たとえば、新しい焙煎工場や物流設備などを実際に供給が必要になる前に建設した。しかし、店舗を増やし続けるうちに、投資のペースが追いつかなくなった。また、店舗ではお客様の体験の質が低下しているのを目撃したし、同僚たちからは不満を聞かされた。わたしは行動に出ることにした。

そして、二〇〇七年二月、わたしはスターバックスの会長として、キッチンのテーブルでジムやスターバックスの経営陣に宛ててメモを書いたのだ。

過去一〇年間、成長と拡大と発展を実現して、一〇〇〇軒に満たなかった店舗を一万三〇〇〇軒へと増やす過程で、わたしたちは多くの決定を下してきた。しかし、それらはいま思えば、スターバッ

クス体験の質を低下させ、ブランドをコモディティ化してしまった。
そうした決定の多くは、おそらく当時は正しいものだったのだろう。また、それ自体が体験の質の低下を招いたわけではない。しかし、残念ながら、それが積み重なって有害なものになってしまった。

非難や攻撃のつもりではなかった。水面下から顔をのぞかせ、姿を見せようとしている問題の責めは、わたしたち全員にある。問題は、主にみずから招いたものだ。経営陣全員に、わたしと同じような危機感を抱いてほしかった。なぜなら、スターバックスの敵は、わたしたち自身だったからだ。

優れたブランドは様々な無形資産が集まって確立される。そうした資産は、企業の収益や利益には、表向きには現れないが、企業のもつ特質をつくり上げる。それを失うことは、ささいなことながらも、組織全体にわたる損害をもたらすことになりかねない。

人と人とのつながりや変わることのない関係を築くことがスターバックスの最も素晴らしいところだとわたしは常々言っている。それがわたしたちのブランドの特質であるが、簡単に実現できるものではない。様々な積み重ねがそうした感情を引き起こすのだ。スターバックスは個人の生活と強く結び付いている。歯磨きのほかに、毎日、多くの人が習慣のように行っているのはなんだろうか。それはコーヒーを飲むことだ。同じ時間に。同じ店で。同じ飲み物を。わたしたちのブランドと、パートナーと、店と、コーヒーと何百万という人々が特別な絆を結んでいる。こうした絆を維持するのは、ありがたいことであると同時に、大きな責任でもある。

二〇〇六年、世界中の店舗を何百と訪れるうちに、創業者であり、商人であるわたしは、スターバックスがなにか本質的なものを見失ったのを感じた。全体的な雰囲気や精神だ。最初ははっきりとわからなかった。ひとつの問題がわたしたちから魂を奪い取ったのではない。スターバックスを特徴づけていたいくつかのものがなくなってしまったことで意図せぬ結果が起こり、そのせいで自信がいつのまにか失われていたのだ。

メモのなかで、わたしはそうした懸念を記した。

店舗に導入された新たなエスプレッソマシンによって効率性が改善された。しかし、この機械はかなり高さがあった。そのため、お客様からはカウンターのなかにいるバリスタが飲み物を作るのが見えなくなってしまった。また、わたしがミラノで見たときのようなやり方で、バリスタがお客様に対応することができなくなってしまっていた。これについてもメモに書いた。

自動エスプレッソマシンを導入したことによって、サービスの迅速性や効率性といった大きな問題は解決された。しかし、ロマンチックで劇場的な要素を失ったという事実を見過ごしていた。

また、店舗では、挽きたてのコーヒーから立ち上る重厚な、誘うような、豊かな香りがほとんどしなくなっていた。これは主に、挽いたコーヒーの粉を出荷し、保管する方法に変えたためだった。コーヒーの香りがなければ、日常を抜け出しコスタリカやアフリカといった遠い国へ誘う物語を語ることはできない。わたしが入社して以来、コーヒーの香りを楽しんでもらうために、喫煙は禁止し、パートナーには香水をつけないように言ってきた。おそらくコーヒーの香りはスターバックスの最も感覚に訴える要素で、世界で最高の品質のコーヒーを提供するというわたしたちの基軸を強化してきた。

これについても、メモにはっきり書いた。

わたしたちは焙煎したてのコーヒーを袋詰めにすることに成功した。しかし、これによってなにを失っただろうか。コーヒーの香りだ。コーヒーの香りは、お客様にここがスターバックスの店であることを示す最も強力なシグナルだ。新鮮なコーヒー豆を計量スプーンですくい、お客様の前で挽くことをしなくなったために、スターバックスの店舗の伝統と遺産が失われてしまった。

最後に、店舗デザインだ。雰囲気をつくり出すうえでとても重要なのにもかかわらず、温かさがなく、近所の人たちが集まる場所という居心地の良さを失っているように思えた。内装がどこも同じだとか、創造性に欠けると言われたこともあった。

規模の効率性を実現するために、店舗デザインを簡素化しなければならなかった。しかし、その結果、魂を失ってしまった。

感覚的な誘因がなくなってしまったために、スターバックスを訪れるときに得られたなにかが失われた。独特の光景や香りや、スターバックスが市場に持ち込み、ブランドを特徴づけることになった魅力。コーヒーがわたしたちの中核であるなら、スターバックスが提供する体験《エクスペリエンス》はわたしたちの魂だ。

わたしたちは中核に立ち戻り、真のスターバックス体験《エクスペリエンス》を提供するために必要な遺産と伝統と情熱を呼び起こさなければならない。

ライバルたちがすぐうしろに迫ってきていることも書き加えた。

わたしも、パートナーたちも、これまでずっと懸命に働いてきたのだ。いまさら凡庸の海を漂うようなことになるのはいやだった。どうしても耐えられなかった。だから、心から訴えた。

スターバックスの成功は当然のものとして与えられたわけではない――わたしは、過去二〇年間、そう言い続けた。そして、それがいま実際に証明されている。中核に立ち戻ろう。イノベーションを推し進め、スターバックスをふたたび比類なきものにするために必要なことをしよう。パートナーや彼らの家族はわたしたちを頼りにしている。わたしたちは彼らに対して大きな責任があるのだ。

電子メールには「スターバックス体験のコモディティ化」とタイトルをつけた。

この手書きの原稿は、二〇〇七年のバレンタインデーに、長年のアシスタントであるナンシー・ケントがパソコンに入力し、わたしが少し修正を加え、ジムと彼のチームに電子メールで送った。わたしの心からの訴えが、誠実で、刺激的な対話を引き起こし、みずからを振り返って、基本精神に立ち戻ることができるように願った。

しかし、このメモは国民的な騒ぎを引き起こしてしまったのだ。

第4章　秘密は存在しない

二月二三日金曜日、オフィスの自席にいたわたしのところへあるパートナーがやってきて、呆然とした顔で言った。「誰かがあのメールを外部へ漏らしました」。わたしは口をあんぐりと開けた。そして、困惑して額に皺《しわ》を寄せた。

「いまなんて言った？」自分の耳が信じられなかった。

「インターネットに載ってます」

わたしは椅子を回して、世界のニュース、市場データ、電子メールが一日中映し出されているパソコンの三つのスクリーンに向かった。グーグルですばやく検索する。あった。「スターバックス体験のコモディティ化」。誰もが見られるゴシップサイトだ。投資家も、ライバル企業も、ジャーナリストも、スターバックスのパートナーたちもこれを見るのだ。スクリーンを見つめながら、わたしは言葉を失った。わたしの批判のメールが公になったからではない。動揺し、腹を殴られたような衝撃を受けたのは、漏洩の事実だ。いったい誰がこんなことをしたのだろう。

これは裏切り行為だ。

わたしはこれまで、忠実と信頼に大きな重きを置いて生きてきた。個人的な関係でも、スターバックスの文化のなかでもそれらを大切にしてきた。ともに働くために、お客様との絆を築くためには不可欠なものだからだ。もちろん、スターバックスにも、わたしにも足りないところはある。わたしたちの決定のなかには受け入れてもらえないものもあるだろう。しかし、常に信頼というものを大切にしていたし、間違いがあれば正すようにしてきた。

スターバックスはマーケティングや伝統的な宣伝広告の手法でブランドを確立したのではない。心温まるスターバックス体験を創出することで成功してきたのだ。そして、それは主に、従業員、栽培農家、地域社会とのつながりをつくることで実現してきた。社内では、二〇年以上にもわたって、暗黙の信頼があったので、公の場でパートナーを励ましたり、会話をしたりすることができた。情報は会社の利益のために使われるという前提があったからだ。

その信頼が裏切られるとは思ってもみなかった。わたしに近しい誰かが、スターバックスの内部にいる誰かが、あからさまに、計画的に、わたしやジムや他の経営陣を軽んじたのである。目の前が暗くなった。飲み込むまでに時間がかかった。

しかし、選択肢はない。すでに起こってしまったのだから。

ニュースは広がり、メディア専用の電話が点滅している。記者たちが話を聞きたがっていた。あのメールは本当か？　本当だ。ハワードにインタビューできるか。否《ノー》。独占インタビューは無理だ。感情を抑えることができないだろう。そのかわり、危機管理部門責任者（当時）のヴァレリー・オニールと協力して、わたしの考えを的確に表明した声明文を作成した。

メモは本物です。スターバックスが拡大を続ける一方で、真のスターバックス体験を守るために必要な情熱や責任について思いを寄せたものです。わたしたちは、成功とは当然の権利ではなく、日々の努力の結果だと考えています。現状に満足せず、改革を推し進めます。これはお客様の期待に応え、お客様の気持ちを明るくできるようなスターバックス体験を提供するための、わたしたちの長期にわたって変わることのない哲学です。


声明文は発表された。

こうした混乱のなかで、思いもよらぬ人がわたしのオフィスにやって来た。ワンダ・ハーンドンだった。彼女は率直にものを言い、ユーモアを愛する賢い女性で、一九九五年から二〇〇六年にかけて、スターバックスのグローバル・コミュニケーション部門を率い、退職後、コンサルタント会社Wコミュニケーションズを設立した。ほかの元従業員と同じように、彼女もしばしば会社を訪ねて来てくれた。わたしは彼女と肚を割って話したことが幾度もあったので、オフィスに寄ってくれた彼女の顔を見てほっとした。そして、ドアを閉めるように頼んだ。

「メモのこと聞いたかい?」いまだに信じられない思いで言った。ワンダは、ええ、聞きました、と言って、わたしのデスクの前の椅子に腰を下ろした。わたしは首を横に振り、信頼を裏切られてどれだけ傷ついているかを彼女に話した。

「ハワード」。ワンダは思っていた通り、淡々とした口調で言った。それがありがたかった。「秘密なんてもうないわ。それが新しい現実です」

ワンダは以前にもそう言ったことがある。ある考えを文書にしようとしたわたしを止めたことさえあるのだ。しかし、ワンダはわたしについてふたつのことを知っている。思ったことをそのまま正直に伝えたがること。それから、人が正しいことをすると期待して生きているということだ。多くを経験したにもかかわらず、そうではないことが起こると、わたしはいまでもびっくりしてしまう。

「騒ぎはすぐに収まります」。ワンダは言った。「少しの辛抱ですよ」

その日は彼女のおかげで気持ちが落ち着き、事件を大局的に見ることができた。やがて、メモを外に漏らした人物を見つけ出して解雇したい、という気持ちは消えていった。スターバックスの内部で、そして外で起こった結果に比べれば、誰がやったのかは大して重要ではなくなったからだ。犯人を責めるよりも、前に進むほうが大切に思えてきた。

どの組織にも記憶がある。目標の達成。失敗。思いもよらぬ出来事が、従業員がその意味をみずから形づくることによって、継続的な対話へとつながる。様々な解釈が織り上げられて、組織の未来を告げ、ときに組織を未来へと導く。その二月のわたしのメモは、スターバックスの従業員が共有する記憶になった。

わたしの意見に猛反対するパートナーもいた。結局のところ、成長は続いていたからだ。一九九二年に株式を公開したときの時価総額は二億五〇〇〇万ドル。それが二四〇億ドルになっていた。一九九二年にスターバックスの株を買った人の投資額は五〇〇〇パーセント増えたのだ。一週間の来店者数は四五〇〇万人。世界で最もお客様が多い小売業だ。

どこに不満がある？　陰でそうつぶやく者もいた。

また、わたしの懸念は理解しても、困惑し、侮辱されたと感じたパートナーもいた。会社の業績を伸ばし、成長目標を達成するために必死に働いてきたのだ。しかも、その目標は、わたしが支持している。自分たちは務めを果たしただけではないのか？　そう感じていた。さらに、わたしのメモをいつものことだと考えたパートナーもいた。また、ハワードが熱く語っているな、と。

しかし、わたしが「正しい」と言うパートナーも多くいた。とうとう暗い秘密が暴かれてしまったのである。もうその秘密に気づかずにいることはできない。近視眼的な効率性の追求やスターバックス体験を犠牲にした急成長など、これまでタブーとされてきた話題が突然、公に話し合われるようになった。廊下には、まるで、さざ波のように皆がつく安堵のため息が聞こえるようだった。

シアトルのサポートセンター――スターバックスでは本社をこう呼んでいる――や店舗の従業員たちが、わたしの言葉を読み解く一方で、わたしは自分の感情に折り合いをつけなければならなかった。仕事ぶりを公に批判され、ジムが個人的に攻撃されたと誤解していないかが心配だった。公的にも私的にも、わたしは誰かを責めようとしたわけではない。スターバックスがこうなってしまった責任は、わたしにもあるのだ。

さらに、わたしはジムが大好きだった。わたしたちのあいだに違いはあるものの、彼の成功を願っていた。メモが公になってしまったことで恥ずかしい思いをさせたなら申し訳ない、と彼に謝った。しかし、残念ながら、わたしたちの関係はさらに込み入ったものになり、溝はこれまで以上に深まった。仕方のないことなのかもしれない。その後何カ月かのうちに、わたしにメールを送ったり、こっそり会いに来たりして、自分たちが感じる不安を伝えに来るパートナーが増えた。一方、わたしをビジネス感覚を失った気難しい元ＣＥＯと軽視して、故意に避けるパートナーもいた。

どちらもスターバックスにとって良いことではなかった。

社外では、公になったメモが独り歩きをしていた。

最初は、スターバックス・ゴシップというそれほど有名ではないブログに掲載されただけだった。スターバックスをテーマにした第三者による多くのブログのひとつで、公表されたニュースや記事や会社について主に匿名の意見を載せている。

しかし、メモの内容が公開された翌日、大手のメディアがものすごい勢いでそれを取り上げた。《ウォールストリート・ジャーナル》《ニューヨーク・タイムズ》《フィナンシャル・タイムズ》の各紙、共同通信、ブルームバーグ、ロイター。インターネット上の金融ニュースのサイトや個人ブログ。メモを引用したり、わたしの言葉を解釈したりした記事が、スターバックス内に問題が起こっていることを暗に、あるいは直接示す不愉快なタイトルをつけて掲載された。読者がそれに次々とコメントをした。多くは辛辣なものだった。

メモが外部に漏れたことには衝撃を受けたが、それをきっかけに様々な意見が交わされたことやスピードにも驚いた。お客様も、パートナーも、アナリストも、記者も、内部関係者も、経営の専門家も、誰もがメモの内容や、真意や、スターバックスの未来にとってどんな意味があるかや、わたしのリーダーとしての資質について意見があるようだった。

反応は二つに分かれた。創業者が会社を救うために大胆な行動に出た、と褒めたたえる人もいれば、みずからの批判が正しいことを示すためにわたしの批判を利用する人もいた。彼らもまた、スターバックス体験の価値が損なわれたのは、ルーツであるコーヒー事業以外に手を広げすぎたためだ、と考えていた。

金融アナリストたちは、ある人は成長のためには急拡大が必要だったと認め、別の人はわたしのメモは、スターバックスが成長の速度を抑制するという戦略的なシグナルだと解釈した。しかし、そのときのわたしはそんなことは考えていなかった。メモが公にされることを予想しなかったのが悪い、とわたしを責める匿名の投稿もあった。メモの漏洩は派手な宣伝行為だという主張もあった。

こうした騒ぎのなか、《ニューヨーク・タイムズ》紙とのインタビュー記事がわたしたちの苦境を言い表していた。「問題はどのようにバランスを保つか」――。

それこそがわたしのメモが問いかけたことだった。バランスは常にスターバックスの課題だった。財務的な責任を果たしながら慈善活動に注力し、株主価値を重視しながら社会的良心を大切にし、利益を上げながら人としての情を大事にし、世界規模の拡大を果たしながら地元の風合いを生かしてきた。いま、あらたな課題は、成長への欲求と伝統の継続とのバランスをとることだ。

ニュースで取り上げられ、意見を言われ、間違った噂が広まるのは苛立たしかったが、いま思えば、そのおかげでふたつの大切で目に見えない目的が果たされた。

まず、現実を知ったことだ。スターバックスやわたしの動きは秘密にはできないのである。インターネットはその事実を増幅させたにすぎない。今後は、スターバックスも、わたし自身も発言の内容や場所をきちんと考えなければならないだろう。率直であり続けたいとは思うが、言葉は選ばなければならない。

また、バーチャルな世界の威力に、よりうまく対応できるようになった。

わたしのメモをめぐるネット上での論争は過熱し、スターバックスはそれをコントロールすることができなかった。過去にもそういうことはあったが、それ以上だった。わたしたちは完璧ではない。

しかし、わたしたちの良いところも、わたしたちを特徴づけてきた価値や行動も公の議論のなかで忘れ去られていった。栽培農家と共同的な取り組みを行い、地域社会に何百万ドルも投資し、パートタイムの従業員にも健康保険加入の機会と株式を与えた。会社にとっては大きな費用負担だ。こうした取り組みに関しては正しいことをしているだけだと信じていたので、公式な発表をしたことがないのは事実だが、その実績を認めてもらえなかったのだ。

スターバックスにはネット上の論争に効果的に参加するためのツールがないのは明らかだった。美しくデザインされたスターバックスのウェブサイトには、コーヒーの紹介とニュースや財務データが掲載されているが、基本的には一方通行で、デジタル時代には十分に対応していなかった。スターバックスはネット上における対話型の手法を備えていなかったのだ。わたしたちの声を、お客様や投資家やパートナーに、直接伝え、相手からも意見を言ってもらうことができなかった。わたしたちがなにを大切にしているかを伝えることができなかった。つまり、店舗においても、外の世界においても、わたしたちの物語を語ることができなくなっていたのである。店舗のお客様や、ふたりの子どもたちを見ていると、新しい行動様式が生まれているのがわかる。若者たちの多くが、ノートパソコンや携帯電話で会話をしたり、メールを送ったり、写真を交換したり、音楽をダウンロードしたり、映画やドラマや動画などを見て時間を過ごすようになっていた。

わたし自身はハイテク恐怖症ではない。ただ、直接的なふれあいをしたいと思っている。収支表を見ているよりは、店舗を訪れるほうがいい。キーボードを叩くより、ペンを持つ感覚が好きだ。そして、電話よりも、直接、顔を合わせて目を見ながら話したい。パソコンやブラックベリー（携帯情報端末）も、電子メールやニュースを読むくらいで、ほかの人ほどは使わない。しかし、周囲で起こっていることを無視するわけにはいかなくなっていた。

メモが公になったことで、情報がどのように伝えられ、どのようなことが議論されるかがこれまでと大きく変わったのがはっきりとわかった。テクノロジーの発達によって、人と人との関係や時間の過ごし方が変わったのだ。こうした基本的な社会変化は、スターバックスのパートナーやお客様にも影響を及ぼしている。メモが漏洩されて、わたしもようやくそれを実感したのだ。

わたしがメモの原稿を書く一週間前に、アップルが初代ｉＰｈｏｎｅを発売していた。四カ月前の二〇〇六年一一月には、グーグルがＹｏｕＴｕｂｅを推定一二億ドルで買収した。さらに、五カ月前には、フェイスブックと呼ばれるウェブサイトが、一三歳以上であれば誰でも——選ばれた人だけでなく——参加できるソーシャルネットワークを正式にスタートした。

時代は、スターバックスの内でも外でも変化している。わたしたちの物語も店舗で語るだけではだめなのだ。

二度目の挑戦のときが来たのを感じた。社内に累積した問題に取り組むのに加えて、デジタル分野でお客様に触れ、絆をつくる方法を見つけるための改革を実行しなければならない。どこから手をつければよいのか具体的にはわからないが、なにかをしなければならなかった。

経営陣が企業の基盤を破壊する問題を無視すれば、企業は大きな痛手をこうむることになる。それはスターバックスも同じだ。

メモの内容は公にするつもりのものではなかったが、公になってしまったあとは、それを書いたのは間違いではなかったと思うようになっていた。わたしは心からの思いを訴えた。スターバックスへの情熱と、勝者であるうちに、足りないものが負債にならないうちに改革と自己再生を進めたいという強い願いがあるからこその批判だった。過去二六年間、何百というメモを送ってきた。内容は一貫していた。卓越《エクセレンス》を追求しているか、現状に甘んじていないかを自分自身に問うてほしいということだ。それがリーダーとしてのわたしの哲学の基軸だった。

スターバックスの務めはお客様の期待を超えることである。つまり、こうあるべきと自分たちが考えたことが実現できていなければ、それは認めなければならない。そして、わたしの役割と義務は、わたし自身を含めてスターバックスがより良い企業になれるよう話し合い、みずからに挑戦するためのきっかけをつくることだ。とくに、予想外の成功を収めているときはそれが重要だろう。

パートナーはわたしがそうするものだと信じている。

わたしの考えを率直に伝えなければ、その信頼を裏切ることになるのだ。

第5章　マジック

まだ一〇歳にもなっていない頃、叔母がニューヨークのラジオシティミュージックホールへ連れていってくれた。ショーが終わったあと、自動販売装置によるセルフサービスのレストランへ行った。そのような場所は初めてだったので、わたしは夢中になった。壁の端から端まで小さな窓が並び、その向こうにはそれぞれ異なる食べ物がある。ターキー・サンドイッチ、容器に入ったゼリー。わたしはアップルパイを選んだ。叔母は機械に小銭を入れ、上部が蝶番で留まっている窓を開け、パイを取り出した。するとすぐに次のパイが出てきて、わたしたちのパイがあった場所に収まった。叔母は、手品師が隠れているのよ、と言った。当時のわたしは、広い壁の向こうにたくさんの料理人や給仕人がいて、新しい客のために常に食べ物を補充しているのを知らなかったのだ。

わたしが商人になろうと具体的に考えたのは、その体験のおかげだった。そのとき以来、わたしはいつもマジックを探し求めている。

世界のどこにいても、わたしはよくタクシーや徒歩で他の小売店を訪れる。これまで何度そうしたかわからない。おそらく何百回もだろう。個人経営の店であろうと大きなチェーン店であろうと出かけてゆき、その店がどのように商品を陳列し、どのようにお客様に接しているかを見るのが好きなのだ。わたしはスポンジのように、店舗デザイン、レイアウト、販売員の行動を吸収する。また、ずっと以前から、コーヒーとは関係のない店舗にも関心をもってきた。

ニューヨークで石けんの店に入ったとき、店員が入り口近くにある美しい磁器の流し台で手を洗うようにすすめてくれたときには驚いた。客はみな手を洗うように言われたのである。この小さな行為によって、ショッピング体験は始まる前から素晴らしいものとなった。一瞬にして、わたしは魅了された。その店は商品を特別なものに思う気持ちを見事に顧客に伝えたのである。こんなに素敵なものはどうしても買いたくなる。

パリで好んで訪れるのはコレットだ。母娘が所有し、経営する立派な三階建てのセレクトショップである。コレットは世界中から洗練された稀少な一風変わった品々を集めて、顧客を楽しませている。本、スニーカー、おもちゃ。一〇〇種類の異なる水を提供するバーもある。オーナーはキュレーター（目利き）たちで、コレットでの買い物は発見の旅をしているようなものだ。

商人が成功するかどうかは、物語をいかに語ることができるかにかかっている。売り場に足を踏み入れたときに見たり、聞いたり、嗅ぎ取ったりするものが感情を導き、商品を素晴らしいと思わせる。わたしはずっと直感的にそれを理解していた。だからこそ、二〇〇六年と二〇〇七年は、わたしたちのコーヒーの良さが感じられず、スターバックスの店舗を訪れるたびに心が沈んだのだ。お客様にはもっと素晴らしい体験をしてほしかった。

メモが漏洩されてから何カ月かたつうちに、社内ではなにが悪かったのかを率直に話し合うことが多くなった。事業拡大を達成するために妥協をしすぎたという意見が大勢であることにわたしは安堵した。

二〇〇七年春、シアトルのエッジウォーター・ホテルで、様々な部門のリーダーやパートナーが集まり、一日かけてブレーンストーミングを行った。そのときも別の人たちから、会社に対する懸念を聞かせてもらい、厳しい質問をされた。

株価やバリュエーションはスターバックスの方向性を決める要素なのか。お客様への対応をより良いものにするにはどうしたらいいか。金銭的な成功によって大事なことを忘れてはいないか。財務面でうまくいっているとき、わたしたちはいかに近視眼的になったのか。未来が不確かだからといって、確かなことを考えるのをやめていいのか。拡大意欲を保ちつつ、いかに正しい経営判断をするか。スターバックスについて話し合いたいときにはどうすればいいか。中核となる精神を失わずに成長を続けるにはどうしたらいいか。成長を続けつつ、巨大企業にならずにいられるか。スターバックスの精神とはなにか――。

商品がなんであれ、売り上げの伸びの速さを喜ぶという悪循環にとらわれていたことを、わたしたち皆が認めていた。一日六店舗のペースで開店をし、四半期ごとにウォール街から――そして、社内から――既存店売上高の伸びが前年を上回ることを期待されていたからだ。

解決策は、できるだけ速く、より多くの店を開くこと。

わたしたちの戦略は過去にうまくいったことをさらに頻繁にやるというものだった。

しかし、それを改善したり、違った形でやろうとしたりすることはなかった。つねに改善を続けたわけではなかった。エンターテインメントなどの関連のないビジネスに手を広げた。中核となるコーヒーからあまりに離れた商品に力を入れた。あるパートナーが言った。わたしたちは走り続けているが、なんのために走り続けているかわからない、と。まさにその通りだったのだ。

ブレーンストーミングでは、円を描くように座って、スターバックスの未来について考えた。スターバックスが転換点を迎えていると言った者もいた。ジムは「重大な岐路に立っている」と、それを表現した。しかし、わたしは状況をもっと深刻にとらえていた。スターバックスは真価を試されようとしている。わが身を振り返り、おのれの欠点を認め、たとえ破壊的なものであっても変化を受け入れなければ、この試練を乗り越えることはできないだろう。

二〇〇七年の夏頃になると、わたしの苛立ちは募り、シアトルにいる重役たちと話し合いをするだけではおさまらなくなってきた。そこで、みずから店舗を訪れ、店長やリージョナルマネジャーと話をした。バリスタとも話した。スターバックスの問題点についてパートナーたちと語り合えばジムが気を悪くするのはわかっていたが、店舗でのスターバックス体験の質の低下について直接話し合うのがわたしの務めだと考えた。

スターバックスが伝統を逸脱し、魔法《マジック》を失っていることを最も象徴的に示す、最も重大な例は、ブレックファスト・サンドイッチだとわたしは思った。

サンドイッチの販売を始めたのは二〇〇三年だった。それから何年も、ベーグル・サンドイッチをはじめ様々なタイプのものを試してきた。二〇〇六年には、ソーセージ、ターキー、ベーコン、ハムエッグなどをイングリッシュマフィンに挟み、温めて提供した。チーズが入っているのがほとんどで、わたしたちはこれをブレックファスト・サンドイッチと呼んだ。サンドイッチが売れるのはわかっていた。長いあいだ、お客様はわたしたちの店でライバル店の商品を食べたり、コーヒーだけ買ってよそへ行ったり、朝食がある店で質の劣るコーヒーを買ったりしていたからだ。サンドイッチはニーズを満たした。その結果、売り上げは伸び、利益は増え、既存店売上高の伸び率も上昇した。

しかし、わたしは当初から温かいサンドイッチの販売には抵抗があった。改革には賛成だったが、お客様がスターバックスへサンドイッチを求めてやって来るとは思わなかったのだ。しかし、おいしくてボリュームがあるブレックファスト・サンドイッチは、多くのお客様に好まれた。忠実なファンもたくさんいた。ファンが増えれば、バリスタがオーブンでサンドイッチを温めることも多くなる。するとサンドイッチの中身がオーブンのなかに落ちて焼け、においを発する。店舗内には、濃厚で力強いコーヒーの香りがあるとはいえ、モントレージャック、モッツァレラ、とりわけ強烈なチェダーといったチーズの焦げたにおいにはかなわない。チーズのにおいがわたしたちの物語を台なしにしてしまったのだ。焦げたチーズのどこに魔法《マジック》があるというのか。

チーズのにおいほどわたしを怒らせるものはないということは、長い知り合いであれば、誰もが知っている。わたしにとって、イタリアのバールのロマンからこれほど遠いものはないのである。

わたしには耐えられなかった。

ある日、シアトルのスターバックスの店に足を踏み入れて愕然とした。ここでもまた、店全体にチーズのにおいが漂っていたのだ。店長と話をした。しかし、彼女はわたしの懸念を理解できないまま、こう言った。「わたしたちの店では、既に今週のサンドイッチの売り上げ目標を大きく上回っています」。暗い気持ちで店を出た。次はなんだろう。ハッシュドポテトか？

ブレックファスト・サンドイッチは、スターバックスが道を見失ってしまったことをまさしく示していると思った。「サンドイッチの販売をやめてくれ！」

当時、何百という新店舗に導入中だったにもかかわらず、グローバルプロダクツの責任者だったミシェル・ガスにはっきりそう言ったことがある。一時間後、ジムはミシェルに、スターバックスにはサンドイッチが必要であり、販売をやめるつもりはない、と言った。ジムのもとには、サンドイッチは人気商品で、毎朝のコーヒーと一緒にサンドイッチを食べる客が増えているという調査報告があったからだ。

当然ながら、ミシェルや他のパートナーは、ふたりのリーダーの板挟みになった。ジムもわたしも会社のためを思っていたし、目指すものはそれほど異なってはいなかった。ただ、どう実現するかについての意見が違ったのだ。サンドイッチの販売をやめれば、売り上げは落ち込み、お客様をがっかりさせることになるかもしれない。しかし、長期の利益のためなら、短期の損失も我慢できるとわたしは考えた。だが、ジムやほかの人たちはそうではなかった。

わたしの断固とした主張は、新商品を作り出すために何年も努力してきたフード部門のパートナーたちを落胆させただろう。サンドイッチの開発のために、何カ月もかけて企画、調査、テストを行い、ソーセージやベーコンのにおい、そして、もちろん、焼けたチーズのにおいを最小限にとどめるために何百時間も費していたのだ。「におい対策特別チーム」まで編成された。

様々なオーブンも試された。

オーブンの掃除をもっと頻繁に行うようバリスタの再研修を行った。

サンドイッチの下に敷くクッキングシートも変えた。

チーズが流れ落ちるのを防ぐために調理時間を短縮した。

換気口からにおいが漏れないようにオープンを直してほしい、とメーカーに依頼した。また、オペレーション部門の社員が店内の暖房、換気、空調設備を脱臭が可能になるように改良した。

しかし、どれもうまくいかなかった。

サンドイッチはスターバックスに利益をもたらすという意見とスターバックスのブランドを傷つけるという意見が対立し、経営上層部のあいだで緊張が続いた。メモが外部に漏れたときと同じように、いや、それ以上に議論は分かれた。差し迫った問題は、顧客データとわたしの直感のどちらに従うかということだった。この件に関しては、わたしは妥協するつもりはなかった。

わたしをさらに落胆させたのは、スターバックスの本質を損ねたのが、サンドイッチだけではないということだった。コーヒーの香りがしなくなったこと、ミルクを泡立て直すようになったこと、背が高すぎるエスプレッソマシンを導入したことなど数えればいくらでもあった。縫い目がほどけるように次から次へと出てくる問題は、スターバックスを破滅に導きかねないものだった。

わたしは問題を見た。感じ取った。無視することはできなかった。


創業者には独特の視点がある。

会社をつくり上げた起業家として、わたしはスターバックスや市場を、学校で知識を学んだ経営者とは違うレンズを通して見ている。

そのレンズには、強みも弱みもある。

創業者の強みは、会社の基礎となるブロックの一つひとつを知っていることだ。会社を活気づけるのはなにか、そのためにはどうすればいいかがわかっている。その知識が、その歴史が、成功のために必要な情熱を呼び起こし、なにが正しくて、なにが間違っているかを判断する直感につながる。

しかし、ときには状況に巻き込まれすぎてしまうことがある。感情や、自分の会社への愛情のせいで目が曇り、外側から新鮮な視点で見ることができなくなってしまう。

サンドイッチに対するわたしの意見が正しいか間違っているかというのはどうでもよかった。とにかくサンドイッチの販売をやめたかったのだ。それほどわたしの苛立ちは大きかった。スターバックスを買収して二〇年。わたしは自分の船が沈んでいくのを感じる船長のような気持ちになっていた。沈没から逃れるためにとった反射的な行動が、サンドイッチをメニューからなくすことだった。しかし、それはひとつの穴を必死で埋めようとしていたにすぎない。実は、穴はほかにもたくさんあいていた。

二〇〇七年秋、メモを書いてから六カ月たっても、社内にも、店舗にも大きな変化はなかった。日を追うごとに、わたしの失望は怒りへと変わり、ときには恐怖へと変わった。スターバックスは魔法《マジック》を取り戻すチャンスを失ってしまうかもしれない。

ＣＥＯに戻るべきときが来たのか――。わたしは真剣にそう考えはじめた。

第6章　ロイヤルティー

創業当時のことはいまでもまだ覚えている。毎日が生き残りのための闘いだった。やらなければならないことはなんでもやった。シャツの袖をまくりあげ、利己心は捨てた。小さなことを大切にした。スターバックスの成功の多くは、パートナーと彼らがつくり出す文化によるものだった。

わたしたちはコーヒーの魅力を伝え、絆をつくることが大切だと信じ、わたしたちにはそれができることを疑わなかった。多くのお客様を相手にそうしたいと願った。その自信に後押しされて、無謀とも思える目標を夢中で追いかけた。成功は当然の権利だとは思わなかった。

しかし、そう思う人が現れたのだ。

成功は小さな欠点を隠してしまう。スターバックスの社員の多くが、成功に呑み込まれてしまい、予期せぬことが起こった。みずからの欠点に気づかなかったり、知らん顔を決め込んだりしてしまったのである。

スターバックスは、すべての四半期において売上高成長率の目標値を達成するために、新店舗を次々につくったが、選んだ場所があまり良くなかったり、新たに雇ったバリスタに適切な研修をしなかったりすることがあまりに多くなった。新店舗をオープンするときは優秀な店長を送り込んだが、後任として昇進させたバリスタが訓練不足なこともあった。こうした問題が放っておかれ、飲み物の質の低下といった、とらえにくい、しかし、累積されていく負の影響が無視された。手元の数字はすべて事業が順調であることを示していたからだ。スターバックスでは、もう何年も、既存店の売り上げが伸びていれば、新しい店舗を開いていた。

年月がたつうちに、スターバックスに対する情熱は、成功を当然の権利と思う気持ちに変わっていった。少なくともわたしにはそう見えた。自信は傲慢に変わった。そして、ある時点で混乱に変わり、スターバックスはいったいなにを目指しているのだろうか、と疑問を抱く人が現れた。音楽？　映画？　既存店売上高の伸び？　目標に到達しようと懸命に努力をしても、かつてのような喜びや創意工夫や自尊心は見られなくなっていた。

二〇〇七年半ば、わたしは会議に出て部屋のうしろで黙って様子を見ていた。なにも決まらず、なんの提案もないことに驚いた。口を出さずにいられなかった。ジムを軽んじるつもりはなかったが、悲しかったのだ。わたしたちはこんなものではないはずだ。一九九二年に株式を公開する直前、オーリンもハワード・ビーハーも――ふたりはスターバックスを築き上げるのに手を貸してくれた元リーダーである――わたしも、スターバックスのパートナーの務めは、お客様の期待を超えるものを提供することだと好んで語ってきた。しかし、いま、パートナーたちは主にウォール街からの期待に応えることに注力しているようだった。

あまりに多くの企業がだめになってしまうのはそのためだろう。市場で負けるのではなく、みずからに負けるのだ。

メモの内容が外部に漏らされてから七カ月たった九月に、ボストンで行われた取締役会で、わたしは、パートナーたちから聞いたことやわたしが目にしたことを話した。上層部だけが参加した話し合いでは、スターバックスで起こっている問題について率直に話し合った。もしこれ以上問題が悪化するなら、状況が改善しないなら、CEOとして復帰する心づもりがあることを初めて伝えたのだ。オーリンにも内密に相談した。わたしの気持ちを聞いた彼は、CEOへの復帰は正しい決断だと言ってくれた。反対ならはっきりそう言ったはずだ。

CEOに戻ることになるとは思ってもみなかった。しかし、自分が目にし、耳にしたものには責任をもたなければならない、とわたしは常に言ってきた。スターバックスがありきたりの企業へと落ちぶれていくのを黙って見ているわけにはいかなかった。わたし自身がそれに加担し、責任の一端はわたしにあったのだから。

二〇〇七年度の業績はそれほど悪くなかった。しかし、内部で起こっている問題、経済環境の悪化、新たなライバルたちの出現によって、見通しは明るくないことはわかっていた。会社の利益にとっても、スターバックスというブランドにとっても。

一一月一五日、スターバックスは九月三〇日に終わる会計年度の決算発表を行った。収益は二一パーセント増の九四億ドル、純利益は約七億ドルで、これも前年と比べて増加した。ウォール街に示していた一株当たり利益の見通しを実現し、既存店売上高は一六年間連続で前年比五パーセントを超える成長率を達成した。どこから見ても素晴らしい業績だ。景気が低迷していることを考えるとなおさらだろう。しかし、長い間、高成長を続けてきたので、来店客数の減少、新店舗オープンによる既存客の食い合い、利益率の縮小といった数字が四半期ベースであまり良くなかったことなどが、ウォール街の不安を引き起こし、より厳しい目にさらされることになった。

その日、《ウォールストリート・ジャーナル》紙の見出しはこう謳った。「スターバックス、多すぎ？　急ぎすぎ？」記事にはこう書かれた。

「スターバックスの既存店売上高と来客数が縮小している。『米国のスターバックスはついに飽和状態に陥ったかもしれない』とアナリストのジョン・グラスは語った。同社は魅力あるドリンクの商品開発に遅れをとり、ブレックファスト・サンドイッチもあまり好材料にはならなかった」

わたしは、毎朝、目を覚ますと、過去二〇年間ずっとそうだったように、自分用にコーヒーを作り、それから、パソコンに向かって既存店売上高を確認した。これまでずっと収益、来店客数、既存店売上高を見て、スターバックスの健全性と勢いを確認してきた。しかし、二〇〇七年一一月になると、画面を見ては落胆し、首を横に振るようになった。既存店売上高がこれまでになかった水準まで落ち込んでいたのだ。

ついに取締役会も本当に改革が必要だと感じはじめ、わたしも異論はなかった。スターバックスはなにかを失った。本社でも、支社でも、店舗でも、効果的な経営ができなくなっていた。手直しは必要だが、心臓部を入れ替える必要はない。そこまでひどくなってはいなかった。コーヒー豆の質は妥協したことはなかった。皮肉なことだが、これまで以上に質の高いコーヒーを調達し、購入し、焙煎していた。また、わたしたちの文化の核となるもの、つまり企業目的、使命《ミッション》、価値はまだかすかに息づいていた。

しかし、どうやって問題を解決したらいいのだろうか。

CEOとして改革を行った経験はなかった。これまでずっとなにもないところから築き、本来のビジョンを実現しようとすることで追い風に乗ることが多かったのだ。いま、スターバックスは新しいビジョンを必要としている。わたしがそれを示さなければならない。わたしが先に立たなければならない。CEOとして復帰したその日からやらなければならないのは、これがただの転換点ではないことをパートナーや株主に理解してもらうことだ。スターバックスは前が見えなくなっている。改革への道程をわたしが示さなければならない。

しかし、誰に話せばいいのだろうか。クリスマスが終わって経営陣の交代を社員や株主に発表するまでは、内密にしなければならない。その一方で、わたしは計画を進める必要がある。相談できる人が必要だ。わたしのCEO復帰を発表するだけでなく、自信とビジョンを確実に示すための客観性と戦略的な助言がいる。

マイロン・〝マイク〟・アルマンは、当時の、そしていまも、スターバックスの社外取締役でJ・C・ペニーのCEOだ。R・H・マーシー&カンパニーや、高級品ブランドLVMHモエ・ヘネシー・ルイ・ヴィトンを率いたことがあるだけでなく、わたしが知っているなかでも最も優しい人物だ。その稀少な組み合わせがスターバックスにぴったりだった。彼は、この期間、わたしの力になり、相談に乗ってくれた。これから行う改革について社内の人間に話すことができないのを理解してくれたし、彼が長い間、一緒に仕事をしてきたニューヨークにある企業を使ったほうがいいと強くすすめてくれた。

わたしはマンハッタンを訪れ、マジソン街にあるオフィスビルへ行き、エレベーターに乗って、ケクスト・アンド・カンパニーのオフィスがある一九階で降りた。会議室で、目の前に座ったのは、眼鏡をかけた初対面の男性だった。名前をジム・フィンガロスといった。わたしは自分の周囲には、会社に価値を与えてくれる人がいてほしいと思っている。経験やスキルに加えて、価値観が近い人を求めているのだ。第六感で、そういう人はすぐにわかる。ジムにスターバックスの文化と価値について話したとき、彼が反発することなく、理解し受け入れてくれるのがわかった。スターバックスの文化に合った改革を、細やかな心配りと人間性をもって進めるのをジムが助けてくれなければ、わたしはパートナーたちの信頼を失うことになるだろう。

わたしはすぐにジムと親しくなった。彼は感じが良くて、賢かったが、控えめな人だった。ケクスト・アンド・カンパニーの社長として、約四〇年間、危機、合併、経営陣の突然の交代等に直面する大手上場企業や金融機関の相談に乗ってきた。社外相談役として、取締役会や経営陣に陰で協力してきたのである。

話をしていても、ジムは他の顧客の秘密は決して漏らさない。とても思慮深い男なのだ。だから、わたしはこの会社の名前を聞いたことがなかったのだろう。人に気づかれないように振る舞うことも価値のひとつである。

ジムはこれまで企業を研究し、働いてきた。状況はわたしにとって厳しいと彼は考えていた。創業者が自分の会社の改革をやり遂げられることはめったにない。立て直し《ターンアラウンド》となればなおさらである。ジムは二〇〇七年二月にわたしのメモが漏洩されたことに眉をひそめ、それ以後、ずっとスターバックスのたどる道を見てきたという。正直にそれを言ってもらえたことが嬉しかった。話の途中で、彼のふたりの同僚に紹介してもらった。モリー・モースとジェレミー・フィールディングだ。ジムと彼のチームはわたしの協力者として最適だ、とわたしは感じた。また、マイクが強く推薦してくれた人なので、外部に相談するという不安は消えていた。わたしは肚を割って、これまで何年も抱いていた苛立ちや不安について話した。ジムはじっくりと耳を傾け、いくつかの重要な質問をしてくれた。

わたしのほうもたくさん質問があった。一月に本格的に始動する前に何をすればいいのか。シニアリーダーたちに経営陣の交代をいつ、どう伝えるべきか。いかに公式に発表して、株主たちに報告するべきか。わたしの復帰には様々な反応があるだろう。喜んでくれる人もいるだろうし、わたしが最適かどうかを疑う人もいるかもしれない。混乱や不安が起こるのは避けられないだろうが、それを最小限に抑え、同時にスターバックスが変わることを知らせるにはどうすればいいのか。そして、変化のためにわたしが考えていることをどう伝えればいいのか。

わたしの最大の悩みは、いつ、どうやってジム・ドナルドに伝えるかということだった。彼に伝えるのが怖かった。彼は良い人だし、スターバックスを愛してくれているのは間違いない。彼の人生をひっくり返すことになってしまうのがなによりも不安だった。しかし、やらなければならない。ジム・フィンガロス、モリー、ジェレミーがわたしを支えてくれるだろう。

わたしはシアトルに戻り、ケクスト・アンド・カンパニーにスターバックスに関する箱いっぱいの資料を送った。彼らは、スターバックスの歴史について学び、過去のスピーチのＤＶＤを見て、株主総会の記録を読み、過去のレター、年次報告書、報道発表に目を通した。わたしの最初の本も読んでくれた。

彼らが初めてシアトルに来たとき、スターバックスの一号店であるパイクプレイスマーケットへ連れていった。オープンは一九七一年。わたしが会社を買収し、イル・ジョルナーレと合併する一六年前のことだ。店内にはいって、二〇年以上前にこの店がいかにわたしの想像力を刺激したかをもう一度話した。また、ライバルであるシアトルの独立系コーヒーハウスも何軒か訪ねた。それから、そっとジムと彼のチームをサポートセンターへ連れていった。スターバックスの文化をじかに感じ取ってもらうためだ。シアトルのダウンタウンの南にある九階建てのビルは、もとシアーズ・ローバック社のカタログ部門があったところで、地域社会を招き入れると同時に刺激できるように設計されている。雰囲気はコーヒーハウスに似ている。キッチンにはエスプレッソマシンがあり、壁にはわたしたちのコーヒーが育つ国々からインスパイアされたアート作品が飾られている。コスタリカ、グアテマラ、ケニアなどだ。傾斜した廊下や吹き抜けの階段など、遊び心にあふれたオフィスを歩くうちに、天窓からの光で育ったコーヒーの木、コーヒーテイスティングが行われるカッピンググルーム、オープンスペースにあるソファや椅子でパートナーたちが緊急のミーティングを行っているところを通りすぎた。これもまたカフェのようだ。

小さな打ち合わせは、ほとんどわたしのオフィスの大きな長方形のコーヒーテーブルで行っている。ジム・フィンガロスは腰を下ろすとこう言った。「社内で協力してくれる人を指名してほしい」

わたしが信用できて、経営陣のことも業務のこともよく知っていて、これから起こることを知っても務めに支障をきたさない人。

わたしは椅子に深く腰掛け直した。信頼し、尊敬している人はたくさんいる。信用して秘密を打ち明けるのに最適なふたりの名前が浮かんだ。

ある日、わたしはチェット・クチナードに声をかけた。淹れたてのスマトラコーヒーを飲もう、と。

　チェットは当時、人事部門のナンバーツーで、わたしと一緒によく海外出張へ行った。訪れた街の通りを早朝にしばしば一緒にジョギングした。シアトルでは昼休みによく一緒に走った。オフィスからパイクプレイスマーケットまで行ってまた戻ってくるのだ。

　チェットは取締役とも定期的に接触があり、シニアリーダー、業務面、日々の業績などにも通じている。彼のビジネス上の判断力とパートナーたちへの心配りにわたしはいつも感心していた。また、思ったことは躊躇せずに口にする。敬意を忘れず、しかし信念をもって。わたしがあまり聞きたいと思わないことをいくらでも言うのだ。最初は面食らったが、やがてありがたいと思うようになった。

　スターバックスの株価が上がり続けていた頃、チェットと走っていたときに冗談まじりながら言われたことがある。「ハワード、あなたはみんなを金持ちにさせすぎです」

　スターバックスのパートナーの多くは、持っている株の価格が上昇し、何年かのうちに株式分割を繰り返したために純資産を増やしていた。

「ずっと好調が続くんじゃないかとみんな思いはじめてますよ」。彼の言葉には真実があった。ようやくわたしも会社の繁栄や成功の実績がつくり上げてしまった傲慢さに気づいたのだ。

　チェットには、いつも正直な意見を言ってもらえることがわかっていた。彼の気質やスターバックスの文化に対する鋭い感覚を頼ることにした。

　わたしはコーヒーカップを置いて身を乗り出した。「ＣＥＯに戻ろうと思っている」。そうチェットに言った。「力を貸してほしい。きみを難しい立場に追い込むことになるかもしれないが」

　チェットはジム・ドナルドと一緒に働き、彼を尊敬している。わたしたちふたりが緊張状態にあることにも気づいていた。詳しいことは話さず、わたしは言った。「週末じっくり考えてほしい」

日曜日、チェットはわたしの携帯に電話をしてきた。「協力します。ハワード」

次の日、チェットにオフィスへ来てもらい、コーヒーを飲みながら事情を説明し、ジム・フィンガロスに連絡をとらせた。

もうひとりの協力者として選んだのはワンダだった。ジム・フィンガロスとチェットとわたしがこれからやらなければならない仕事には、プレスリリースや発表の日に社内に流す通知の原稿の用意も含まれる。手伝ってもらうにはワンダが最適だと思った。彼女はもうパートナーではないが、スターバックスの文化やわたしの考えがわかっている。一〇年間一緒に働いた間柄だ。彼女なら信頼できる。

ワンダとは二月に漏洩したメモについて話したきりだった。一二月に、シアトルのダウンタウンにあるレストラン〈ローラ〉で朝食を一緒にとる約束をした。わたしたちは軽く抱擁し、狭く、騒がしいレストランの仕切り席のテーブルに着いた。コーヒーで卵料理を食べながら、ワンダに家族の様子といまどんなプロジェクトに関わっているのかを聞いた。わたしも子どもたちやシェリのことについて話した。そして、さりげなく話題を変えた。

「スターバックスの仕事を手伝ってくれる気はないかい?」

計画の重要性や性質を悟られないように気をつけた。「年末にある発表があって、助けが必要になるかもしれないんだ」。ワンダはにっこり笑って、なんの躊躇もなく、「喜んで」と言ってくれた。驚きはなく、ただ嬉しかった。

高揚した楽観的な気持ちで店を出た。チームができあがろうとしていた。

第7章　信じる

二〇〇七年一二月の終わり、ハワイへ毎年恒例の家族旅行へ出かけた。家族はわたしの人生で最も大切なもので、この旅行は年に一回、家族四人が揃って忙しい日常から抜け出し、絆を確認する唯一の機会だ。しかし、年が明けてから自分がやろうとしていることを考えると、わたしはとても休暇を楽しむ気分にはなれなかった。毎日、シアトルにいるチェットやニューヨークにいるジム・フィンガロスと電話で話し、改革のための計画を立てるだけでなく、何日、何週間、何カ月後かに起こることについても計画を立てた。

明確な答えはなかった。みんなで新しい経営体制をどのようにするか、様々な役割をどう変えるかを話し合った。わたしの決断のひとつは、新設された最高執行責任者を廃止し、経営陣を直接わたしの管轄下に置くことだった。サプライチェーンから店舗デザインまですべてを、わたし自身が見られるようなはっきりした系統をつくりたかったのだ。一部のリーダーの入れ替えや解雇は避けられない。

それまでの二年間、スターバックスが道を踏み外していくのを目撃し、嘆いてきたことを思えば、それを正す計画はわたしの励みとなった。アイデアも、優先事項も、ずっと長い間考えてきたことだった。お客様との絆をふたたび結ぼう。官僚的な面をなくし、組織を効率的にする。アメリカでの成長は持続可能なペースへと抑制し、かわりに中国を中心とした海外へ出店を増やす。さらに、数はわからないが、何店かを閉めなければならない。

しかし、わたしの悩みは、わたしが優先することをいかに伝えるか、だった。パートナーたちに自信を吹き込みつつ、彼らの支持を取りつけながら、これまでと同じようにはやれないことを示さなければならなかった。

偶然にも、ハワイ滞在中に、デル社の創業者であるマイケル・デルが近くにいて、一緒に過ごすことができた。彼は長年の友人で、一一カ月前に引退し、CEOの職を二年前から選んであった後継者に譲っていた。どことなく状況が似ていたし、コーヒーとコンピュータと業種はまったく異なったが、引退した創業者として、独特の見方と見識をもっていた。

わたしたちはコナの海岸を自転車で三時間走るのを日課にしていた。ある日、わたしは彼に打ち明けた。「CEOとして戻らなければならない」

マイケルは驚かなかった。ふたりでわたしが直面する兵站《ロジスティクス》と戦略の問題について話し合った。ウォール街の反応、士気の維持、景気不安、消費意欲の冷え込み、日々の業務をふたたび指揮する不安なども。マイケルの家まで行って、前年彼がデルでやったことを順を追って話してもらったうえ、寛大にも当時の書類も見せてもらった。

とくにそのうちのひとつはスターバックスにも使えると思った。マイケルが変革《トランスフォーメーション》に向けたアジェンダと呼ぶものだ。当時、スターバックスでは使われていない用語だった。しかし、わたしの気持ちにぴったりだった。〝変革〟はスターバックスが行わなければならない変化の大きさを前向きに表現しているし、〝アジェンダ〟はやるべきことの枠組みを示してくれる。これが鍵だ。まず最初に、緊急に正しい決定をしなければならないことを示そう。

頭のなかではスターバックスの未来が結晶しつつある一方で、当時の状況がわたしを不安にさせた。ハワイにいても、毎朝、日々の売り上げを確認せずにはいられなかった。

自分が見ているものが理解できなかった。

既存店売上高が前年比でマイナスを記録している。しかも二桁台だ。これまでにもマイナスになったことはある。しかし、これほど大幅な減少が連続して起こったことはなかった。売り上げが急速に落ち込んでいるのだ。毎日、アメリカ中の店舗がお客様を失っていた。来店したお客様も以前ほど多くは買ってくれなくなっている。

スターバックスだけではなかった。その年のクリスマスシーズンはアメリカの消費者支出が過去四年間で最低水準まで落ち込んだ。だとしても、わたしは絶望的な気分になった。シアトルに電話をかけ、米国すべての地域の既存店売上データを問い合わせた。数字は極端に悪く、無力感に襲われた。どうしていいかわからなかった。朝食も食べられない。家族と一緒にいるのも楽しめない。動くこともできなかった。恐れていたことがすべて現実になったかのようだった。

二〇〇七年一二月——すなわちスターバックスの二〇〇八年度第1四半期末——は、おそらく収益目標を達成できないだろう。わたしはCEOとして復帰するだけでなく、株式公開以来最悪の三カ月間の業績を記録した会社の梁《はり》を支えるために復帰するのだ。

年が明けてすぐ、わたしはシアトルに戻り、ジム・フィンガロスやわたしの復帰を知っているメンバーとふたたび会合を開いた。二〇〇八年一月七日月曜日の発表まで、準備は統率のとれたチェスのような手法で進められた。シアトルの冬の冷たい雨と灰色の空に包み込まれた日、わたしたちは、わたしの家のダイニングテーブルを囲み、ジーンズとトレーナーというくつろいだ格好で、発表をどのような形にするかを真剣に話し合った。スターバックスのCEOであるジム・ドナルド、何千という企業や店舗のパートナーたち、株主、金融界、ビジネス界や消費者向けメディア、ネットや新聞やテレビでニュースを見る人たちにどう伝えればいいのだろうか。

すべて情報開示規則と法律上の手続きを念頭に置いてやらなければならない。また、できるだけ多くの人に会って、あるいは電話で、直接伝えたいと思った。業務ができるだけ混乱しないように、正確に実行していかなければならない。まず、ジム・ドナルドと直接話をして、その後、取締役会を開き、経営陣の交代を承認する。公表の前に、スターバックスの株式が取引されているナスダック市場に警告を発しなければならない。公表後は金融アナリストと電話会議だ。また、ジムの退任を証券取引委員会に報告するための8-K書類を提出する準備も必要だ。

まもなく年次報告書の印刷に入る頃だったが、株主に向けた言葉を書き直す時間はまだあった。そこで、新しいCEOとして、スターバックスの新しいビジョンを語った。

また、わたしが本腰を入れることを示すために、ドリームワークスの取締役も辞任しなければならない。イーベイの取締役は既に退いていた。

パートナーたちがどう受け止めてくれるかがわたしにとっては最も重要だった。彼らの支持がなければ、成功は望めない。ジム・ドナルドが辞めるのを悲しむ人は多いだろう。反応を和らげ、不安を鎮めるために、経営陣との一対一の話し合いやパートナーたちを集めた会合なども行う必要がある。

わたしたちのコミュニケーション戦略にワンダの情報が役に立つだろう。一月七日の数日前に、わたしはなにも説明せずに彼女を自宅に招いた。家に入り、見知らぬ人たちがテーブルいっぱいにノートパソコンや書類を広げているのを見て、彼女はわたしが復帰するつもりであることを知った。

ワンダとわたしはスターバックスのウェブサイトに掲載する公式レターを書いた。わたしたちの遺産を呼び起こし、二五年前にスターバックスの一号店を見たときにわたしの情熱に火がつき、その火がいまでもまだ燃えていることを人々に伝えるものにしたかった。元来の使命《ミッション》は忘れてはいないが、わたしたちが試練のときにあり、早急に新しい考えを受け入れて取り組むべきだということを伝えるつもりだった。

大きな変化が起こるのだから、それが自分たちと自分たちの仕事にどんな意味があるかをみんなが知りたがるだろう。よって社員の主な関心事を予想して、Q＆Aの書類もつくった。従業員は誰も健康保険や自社株を失うことがないのを明らかにした。それに迷いはなかった。しかし、雇用の確保に関してはまだわからなかった。それについては約束できない。

海外にもわたしの意図をきちんと理解してもらえるよう、四六カ国でスターバックスを運営しているヴァイスプレジデントや合弁事業のパートナーと直接、話したかった。そこで、様々な地域のオフィスへの電話の予定が組まれた。

スターバックスが直面している真の問題を認め、うしろ向きの感情を好転させる一方で、透明性を失わず、自信とスターバックスの未来に対する希望を取り戻すのが全体の目的だ。過去を責めるのではなく、具体的な戦略と戦術を示して前へ進みたかった。そのために、スターバックスを活気づける力となる設計図、変革《トランスフォーメーション》に向けたアジェンダを導入したかった。

夜はあまり眠れなかった。真夜中によく考えた。新しいCEOとして初めてパートナーたちの前に立ったとき、なんと言おうか、と。七年ぶりだ。戻ることになるとは思ってもみなかった。あまりに長いときがたっている。みんながどんな反応を見せるか、その日、社内がどんな状態になるのかまったく予想できない。スピーチの原稿を用意するつもりはなかった。緊急性を訴えながらも未来への明るい希望をつなぐ言葉が、自然と浮かんでくるだろうと信じていた。

そう考えながらも、ときどき両親、とくに父のことを思い出さずにはいられなかった。父が仕事に恵まれなかったことが、若い頃のわたしを夢の実現に駆り立てた。CEOに復帰しようと決意した理由のひとつに父のことがあるのは確かだ。何万というパートナーを含め多くの人の生活と夢がスターバックスの成功にかかっている。あきらめるわけにはいかない。

わたしたちは何十もの書類を見直し、それからの予定を一時間ごとに確認していった。

ドミノの最初のひとつが倒れるのは日曜の午後。

ハードルは高いが、心の準備はできていた。わたしはスターバックスの復活を、これまで以上に素晴らしい企業になることを信じていた。スターバックスというブランドの力を、わたしたちが会社を設立した使命を、そして、パートナーたちを信じていた。

心から。

第２部

信頼

──Confidence

第8章　信頼の貯水池

二〇〇八年一月七日月曜日の夜明け前、わたしはシアトルの起伏のある並木道を、スターバックスの第一号店へ向かって車を走らせた。パイクプレイスマーケットの商人たちがちょうど起き出した頃だ。自分の鍵を取り出して、暗い店の扉を開けた。静かだった。

エスプレッソマシンはまだ眠っている。袋入りのコーヒー豆が棚に並び、その横に陶器のマグとタンブラーがあった。右手で創業当時からの木のカウンターを撫で、三〇年以上の歴史を指先で感じた。懐かしさが胸にあふれた。若い頃、この店でエスプレッソの作り方を学んだのだ。あれから長いときが過ぎた。子どもが生まれ、イル・ジョルナーレを設立した。スターバックスを買収し、株式を公開し、日本へ進出し、店舗もパートナーも大きく増えた。

暗闇のなかで、ふたつのことを自分に誓った。

まず、物語として名高いスターバックスの歴史を守るためにCEOに戻るのではないということ。ルーツに戻るべきなのは本能的にわかっていたが、伝統が改革や革新への気風に結び付かなければ成功は望めない。

次に、過去の間違いを責めないこと。それは非生産的な行為だ。また、売り上げや株価の下落が加速しているのを考えると、そんな時間はないはずである。スターバックスが直面している問題の責任は会長だったわたしにもあるし、失敗から学ぶこともできた。それに、いま一番大切なのは、わたしたちの未来に対して強い自信を持つことだ。自信がなければ良い仕事はできない。スターバックスの内部や周辺で不安が生まれているのは明らかだ。パートナーたちの神経質な表情や仕草からもわかる。お客様の声にもあった。株価の下落にも表れている。そうした不安を社内にはびこらせておけば、きつい仕事を遂行するために必要な目的意識が奪われ、創造性の息の根は止まり、大胆な行動をする勇気を失ってしまう。

戦略と戦術だけでは、この混乱を乗り越えることはできないだろう。とくにわたしがＣＥＯに復帰する当初は。なによりも必要なのは情熱だ。それは多くの経営者が軽んじているものである。パイクプレイス店の扉に鍵をかけ、まず何をすべきかを考えた。わたしたちの目的であり、存在理由である、スターバックス体験《エクスペリエンス》を提供するという強い思いを結集させ、急成長ではなくお客様を最優先にする。しかし、その思いを強制することはできない。それはパートナー一人ひとりが願い、日々、獲得していくものだからだ。

幸運なことに、スターバックスにもわたしにも歴史があり、それが信頼の貯水池のようなものになっている。創業したばかりの企業とは異なり、長い間、価値と勝利は文化の一部となってきた。会社として、個人として歴史的にやってきたこと――たとえば、お客様や同僚のために力を尽くすことなど――の記憶はまだ手に届くところにある。長年のあいだ、スターバックスとわたしは、充実した福利厚生制度と従業員に対する敬意という形で貯蓄をしてきた。これまでの蓄えを引き出すことができるだろう。しばらくの間は。

打ち負かされ、疑いに満ちた気持ちを、情熱のこもった自信あふれるものに変えるには、偽りのない、断固とした、具体的なメッセージを発する必要がある。それも、すべてのリーダーが、である。わたしだけではだめだ。

深く息を吐き、また吸った。それから車に戻り、社へ向かった。


その日の一二時四五分、ドアを締め切った重役会議室のなかで、わたしは長い会議用デスクの上座に立ち、最高財務責任者、最高執行責任者、アメリカおよび海外店舗運営、その他消費財、マーケティング、人事、物流、法務の責任者たちを前にして語った。

「業績好転を成し遂げる自信はあります。簡単なことではないでしょう。これまで以上に多くの努力が必要です。そして、スターバックスの使命を、成し遂げる自信があるかどうかを自分自身に問いただしてみてください。本気でやるつもりがあるのかどうかを」

真剣な、厳しい口調で言った。みんなから好かれるためにCEOに戻るのではない。それどころか、わたしの決定の多くは、様々な人の反感を呼び起こすだろう。「採決は必要ありません。必要なのはただひとつ。この家を建て直すことです。家は火事になっているのです。それからはっきり言います」。わたしは言った。「この業績は許しがたい」

そして、スターバックスとその中核となる使命を信じない者がこの部屋にいるのは耐えられない、と続けた。「そういう人は、わたしのところに来てください。しこりなく退社できるよう話し合いをしましょう」。強く望んだわけではないが、正直な気持ちだった。

その前日の日曜の夕方、ナンシーが経営幹部のメンバーに電話をかけ、内密の重要な会議があるので九時きっかりにわたしの家へ来てほしいと頼んだ。「他言はしないように」。ナンシーが説明したのはそれだけだった。

たいがいは週末の夜を家族と過ごしている時間だ。なんの説明もなく邪魔をするのは気が引けた。しかし、秘密保持のために、ナンシーは緊急性や他のメンバーも呼ばれているのを言うことができなかった。驚いたことに、ひとりが断り、三回目の電話でようやく了承した。

ひとり、またひとりと、スターバックスの幹部たちがやって来て、わたしの家の私道にタイヤを軋らせて車を停めた。居間へ足を踏み入れると、みんな同僚たちがいるのを見て驚いた。九時五分、全員が怪訝な面持ちでテーブルに着いた。

わたしはずばり言った。

「重大な話があります。ＣＥＯに復帰するつもりです。明日から」。まるで壁が崩れ落ちたかのようだった。「ジム・ドナルドは退任しました」

部屋は重い沈黙に包まれた。誰もが驚いていたのだと思う。温かい歓迎も、明らかな怒りも感じられなかった。わたしの口調から話し合いの余地がないことがわかったのだろう。すべて決まったことだ。闘いの準備は整った。あとは一致団結して前へ進むだけ。わたしは一人ひとりに報道発表の原稿、翌日の日程表、このあと四八時間のうちにそれぞれがやるべきことの概要を示したものを渡した。

公表の前に一晩の時間を与え、チームのメンバーにどう話すか、スターバックスが歩む新しい道は自分たちにどんな意味があるのかを考えてほしかった。ジムが招いたり、昇進させたりした者もいるし、彼は好かれていた。だから、わたしの復帰を簡単には受け入れられない者もいるはずだ。

しかし、翌日の重役会議室には、一致した決意のようなものが感じられた。「やります」という言葉が何度も繰り返された。それでも、誰もが山を登るのが好きなわけではないだろう。わたしが望むような旅に出る勇気がない者もいれば、すばやく、厳しい意思決定をするスキルがない者もいる。また、スターバックスやわたしを信じられない者もいるかもしれない。

四五分後の午後一時三〇分、八階と九階を吹き抜けの階段でつないだ、陽の光が差し込む共有スペースに集まった一〇〇〇人を超えるスターバックスのパートナーたちの前にわたしは立った。普段は話し合いをする小さなグループが見られるこの場所に、いまは部屋いっぱいに人が集まっている。今朝、全員参加の会議――スターバックスではオープンフォーラムと呼んでいる――の開催が知らされたために、誰もが好奇心でいっぱいだった。このフォーラムの内容は、世界中のオフィスや焙煎工場へ配信されることになっている。

スピーチの原稿は用意していなかったが、何を言うべきかは、わかっていた。

「こんにちは」。わたしは始めた。「日中に突然、集まっていただき、皆さんの予定を乱してしまって申し訳ありません。今日は重大な発表があります」

部屋は静まり返った。足を動かしたり、遅れた人がやって来たりする音が聞こえるだけだった。

「昨日、取締役会があり、わたしがCEOに復帰することが決まりました」

わたしが言葉を切ると、突然、拍手が起こった。わたしはほっとした。「ありがとう」。そう言って、にっこりと笑った。「こういう発表をするときは、どんな反応があるか気になるものです」。笑いが起こり、パートナーたちもわたしも少し緊張を解いた。

その後、三〇分間の目的は、主にスターバックスの存続が脅かされていることを認識してもらうと同時に、不安を取り除くことだった。スターバックスには立ち直る力があるという自信と、みんなで力を合わせて失敗を乗り越えられるとわたしが信じていることを示さなければならなかった。そして、ただ言葉で励ますだけでなく、わたしの立てた計画を発表した。

もちろん、まず、ジムのことを説明した。

前日、わたしの家で、ジムはわたしのＣＥＯ復帰を知らされた。週末にわたしの家で話し合いをするのはよくあることだったが、時間ぎりぎりになって同僚たちを集めることはめったにない。しかし、突然の呼び出しにもかかわらず、ジムは理由も聞かずにやって来てくれた。正面玄関のベルが鳴ると、わたしは扉を開け、互いに挨拶をし、玄関広間を通りながら、家族が休暇をどう過ごしたかを互いに尋ね合った。居間へ入り、ふたりで向き合って座った。

このシナリオをわたしは頭のなかで何度も繰り返していた。

何を言えばいいかはわかっていた。取締役会はスターバックスで起こっていることを見て、株主価値を回復しなければならないと考えた。そして、会長であり創業者であるわたしが直接、責任を取るべきだということになった。ＣＥＯに復帰し、改革を行うのがわたしにとっては直接責任をとることである、と。

一方、わたしの感情を伝えるのは難しかった。こんなことを言わなければならないのをわたしがどんなに残念に思っているか、彼を大変、プロ意識の高い、素晴らしい人だと思っていることをジムに知ってほしかった。そして、スターバックスで彼がどれほどみんなに認められ、愛されていたかを知っていることを願った。結局、会話はあっという間に終わり、わたしは何を話したかを覚えていない。ジムは驚きと、落胆の混ざった表情を見せると、用意してあった法的な書類をいくつか受け取り、帰っていった。

スターバックスを去っていく人に別れを言うのは、たとえ、それが会社にとって正しい判断だとわかっていても、簡単なことではない。とくにその人を尊敬しているときには。仕事を超えた友の場合は、こうしたことが起これば、個人的な絆も大きく傷つく。犠牲は受け入れるしかないが、完全に折り合うことはできない。もちろん、わたしにとって難しいだけでなく、去っていく者はもっとつらいに違いない。

わたしはキッチンへ行き、新しくコーヒーを淹れた。まもなく、スターバックスの経営陣がやって来て、この知らせを聞くことになる。

「まず、ジム・ドナルドに感謝の気持ちを述べたいと思います。彼は会社を去ります」

わたしはオープンフォーラムでマイクに向かって言った。「とてもつらく悲しいことです。ジムは五年間、ともに働いた仲間であり、友人でした。みんなに好かれ、賞賛され、尊敬されていました。残念ながら、ビジネスや責任は大きなものです。ジムよりも、わたしよりも、この部屋にいる誰よりも大きいのです。二〇万人のパートナー、その家族、株主に対する責任があります。そして、取締役会は変革が必要だと感じ、わたしも了承しました」

わたしはオープンフォーラムを二〇年前から世界中で行っている。シアトルで何百人ものパートナーに向かって話すときも、ロンドンの一店舗のスタッフが相手でも、たいてい原稿はつくらない。その日に話したいことを大まかに決めているだけだ。テーマはあるのか、と話をする前にワンダに訊かれたが、とくになかった。ただ、わたしが感じていることを正直に話し、パートナーたちの感情を理解していることを示したかった。

解散するときには、スターバックスは大丈夫で、苦境を抜け出せると誰もが信じられるようにしたかった。会社に起こっている問題よりも、わたしたちは力を合わせてそれを解決できることを訴えたかった。ＣＥＯの交代を告げるだけでなく、このフォーラムでわたしは闘いの開始を告げたのだ。

わたしたちは会社を築く過程で、なにかを失ってしまいました。それは誰のせいでもなく、誰かを罰したり、責めたりするつもりはありません。これがいまのわたしたちだからです。しかし、問題はこれからどうするか、どう修正していくかです。

わたしはこれを一時的な状況だとは思っていません。そして、取締役会で述べたと同じことをあなたたちにも言いたい。わたしは一〇〇パーセント本気です。スターバックスに対する情熱と献身は、家族を除いて、わたしの人生にとって一番大切なことなのです。この会社はわたしの二五年間の人生そのものです。そして、わたしはいま起こっていることに耐えられないのです。

単に過去へ逆戻りしようというのではありません。しかし、過去にはいま必要とされるものがあります。わたしたちの魂を、わたしたちの声を見つけ、よみがえらせるのです。

近いうちに経営陣に組織の再構築案を示します。スターバックスを以前のように素晴らしい企業するために、できることはなんでもやるつもりです。わたしひとりでできることではありません。全員で腕を組み、大切なことを成し遂げるためにふたたび全力を尽くさなければなりません。

不安や恐れを広めることだけはやめてください。それが目的で集まってもらったのではありません。真剣に取り組むべき問題があること、問題を真剣に解決する人が必要とされていることを、正直に、オープンに伝えたかったのです。そして、わたし自身が先頭に立って問題に立ち向かうつもりです。

社内でも社外でもニュースが乱れ飛んだ。東海岸では株式市場の取引が終了したとき、わたしたちの報道発表(「スターバックスが株主価値を高めるための戦略的構想を発表——ハワード・シュルツがCEOとして復帰」)がニュースで流れ、わたしのメモ(「スターバックスの変革」)が社内に電子メールで送信された。同時に、わたしの肉声のメッセージが従業員のボイスメールに送られ、お客様へのレターがウェブサイトに掲載された。

一方、ナンシーとわたしのもう一人のアシスタントであるティム・ドンラン——一九九一年にバリスタとして働きはじめ、ナンシー同様、スターバックスのかけがえのない資産となっている——は、海外でスターバックスを経営する企業と何十人ものヴァイスプレジデントにわたしとの電話会議に参加するようメールを送った。また、正式にはスターバックスとはつながりはないが、友人や家族と考えられる人たちにもメールを送った。八階では、ヴァレリー・オニールがメディアからのリクエストに応えて、CNBCのプロデューサーや主要紙やウェブ記者との独占取材の予定を組んだり、報道機関からの問い合わせに応じたりと忙しく働いていた。

その日のわたしたちの発表は、過ちを謙虚に認めると同時に自己修正の力があることをみずから信じていることを示したものだった。

オープンフォーラムの最後に、いつものようにパートナーからの質問を受け付けた。事前の打ち合わせ不要で、どんな問題を切り出してもいいことになっている。室内をぐるりと見渡すと、一人が手をあげた。彼の質問は、ジムについてでも、わたしについてでも、差し迫ったリストラのことでも、わたしが言及したばかりの新戦略についてでもなく、もうひとつの見逃せない問題、つまり、ライバル企業についてだった。

その日、《ウォールストリート・ジャーナル》紙が一面で、マクドナルドがスペシャルティコーヒーの市場に参入し、スターバックスもその影響を受けるであろうことを報じていたのだ。米国で八〇〇店舗のみが、エスプレッソとミルクを機械が自動的に混ぜ合わせて作ったエスプレッソベースの飲み物を提供するのだという。しかも、すぐに全米中にある一万四〇〇〇店舗で提供が始まり、一億ドルをかけた広告キャンペーンが予定されている。また、店舗の多くを「マックカフェ」へ改築する資金を一〇億ドル用意しているとのことだった。

スターバックスの弱体化は、マクドナルドやダンキンドーナツなどとの競争によるものではない。しかし、景気の後退によって個人消費が伸び悩めば、利便性と価格の面から、マクドナルドが間違いなく有利になる。スターバックスは独自にコーヒー豆を調達し、自社の工場で焙煎している一方で、マクドナルドやダンキンドーナツはアウトソースしている。わたしたちが淹れるコーヒーやエスプレッソの質が明らかに優れているのは間違いないが、ファストフード・チェーンは無視できない。

わたしは質問に答えた。「これまでアメリカ国内では、マクドナルドのような豊富な経営資源と強い影響力をもつ企業がコーヒー事業に深く関与することはありませんでした。しかし、わたしたちはそれに備えなければなりません」

ライバル企業にお客様を奪われる可能性は軽視できなかったし、するべきではない。接近戦は避けられない。市場での差別化を図るために全力を尽くさなければ。「スターバックス体験を守り、維持・強化し、わたしたちとお客様との関係はただの商取引ではないこと、わたしたちがファストフード店ではないことを本気で示し、わたしたちのコーヒーに語らせましょう。そして、勝ちましょう」

ただし、競争がわたしたちの目的となってはいけない。積極的に、前向きに行動し、価値を提供するというスターバックスの真価を理解してもらうのだ。スターバックスの一杯のコーヒーの陰には、倫理的な配慮のもとに生産された最高品質の豆、健康保険と自社株を有するバリスタ、公正に人間的に遇された栽培農家、すべての人々に敬意をもって接するという使命、他のコーヒー会社とは比較にならないほど多くの知識をもったコーヒーエキスパートたちの情熱がある。

わたしはこう結んだ。「もし、それができなければ、残念ながら、わたしたちのビジネスは奪われるのです」。マクドナルドのような企業に対する恐怖が刺激になってくれることを願った。自分たち自身と闘うよりも、ほかに相手がいるほうがいい。

ほかに質問がなかったのには少し驚いたが、わたしは最後に心からの感謝と励ましの言葉を伝えた。「スターバックスが尊敬され認められた理由はひとつ、従業員の質の高さです。皆さんのこれまでの貢献に感謝します。どうか新しい取り組みを支持し、スターバックスを取り戻し、わたしたちの声を、魂を発見し、お客様や同僚であるパートナーにスターバックスと関わることを誇りに思ってもらえるよう全力を尽くしてください」

パートナーたちのざわめきからは、前向きな姿勢が感じられた。わたしは、二時三〇分から行われる金融アナリストとの電話会議に向かった。たくさんの質問が待ち受けているに違いなかった。

シアトルの本社では熱意を感じることができたが、アナリストや機関投資家からの冷笑は覚悟していた。彼らは、スターバックスのカップは半分が空っぽだと考えている。前年に株価が五〇パーセント下落したためだ。

スターバックスは三つのグループによって構成されている。パートナー、お客様、そして株主だ。株主が後回しというわけではない。しかし、長期にわたって株主のための価値を確立するには、まず最初に、パートナーとお客様のための価値を創出しなければならない。しかし、残念ながら、ウォール街は常に同じ考えというわけではなく、長期であるべき投資を短期間でとらえ、企業の価値を貶める。スターバックスがウォール街の片棒を担ぐようになったおもな原因は、こうした精神構造を受け入れてしまったからだ。とくに、過去二年間、わたしたち――特定の個人を責めたくないので、あえてわたしたちと言おう――は、持続可能な成長を維持するために投資をするのではなく、急成長するためにできるだけ速いペースで新店舗を開店させてきた。

売り上げは急増した。しかし、様々な理由で維持が不可能なものだった。それに景気後退というマクロ要因が重なった。

金融界の人々と話をするときは、セールスマンにならないように気をつけなければならない。できない約束をしてはいけない。問題が存在し、解決には時間がかかることを認めるべきだろう。解決策を隠し持っているわけではない。あるのは長期的な価値をつくり出すための地図と決意なのだ。

およそ一時間のあいだ、スターバックスの株価の動きに影響力をもつ金融機関の質問に答えた。

「他の小売業と同じように御社の業績も悪化しはじめていますが」と、ウィリアム・ブレア＆カンパニーのシャロン・ザクフィアが言った。「原因は景気、あるいは御社自体の問題のどちらでしょうか。また、今後、不況下でいかに自分たちを守っていきますか？」景気悪化の影響を受けない企業はほとんどない。七月以来、消費者信頼感は下がり続け、一一月に二年ぶりの低水準に落ち込んだあと、一二月にわずかに上昇したところだった。わたしはシャロンに――また電話会議に参加しているパートナーやお客様やメディアに――対して答えた。景気を言い訳にするつもりはない、わたしたちは景気後退と商品価格の上昇といった逆風に対抗するために、わたしたちのブランドにお客様の気持ちをふたたび引きつけると同時に関連性の高い新製品をつくり出す。

UBSのデヴィッド・パルマーからは、新商品には三塁打、あるいはホームランはあるのかと尋ねられた。「共感を呼ぶことができたアイデアは久しくなかったと思うのですが」。デヴィッドの言う通りだった。五年以上前から、スターバックスの新商品と言えば、コーヒーとは無関係だったり、既存商品の延長だったりで、フラペチーノやスターバックスカードのような画期的なものではなかった。わたしは自分が信じている通りのことを言った。「わたしたちがいまやるべきことは、スターバックスの伝統に沿ったものを市場に提供することです」。詳細には説明しなかった。しかし、具体的に考えていることはあった。

ベア・スターンズのジョー・バッククリーからは最難関の質問が飛んできた。米国で新規店舗オープンのペースを緩やかにする一方で、過去と同水準――公開企業として一五年間二〇パーセントの売り上げの伸び――の成長率をどうやって維持していくのか、ということだった。その日は、ジョーの質問に対する具体的で、戦略的な答えは用意していなかった。わたしは会社の価値を取り戻すための特効薬をもってCEOに復帰したわけではない。新たな航海に出るための構想があるだけだった。あとは、信念のみ。しかし、ウォール街というのは、信念を評価しない。「これだけ大きな変更があるのに財務的な分析をされていないのはおかしくないですか」。ドイツ銀行のマーク・グリーンバーグが言った。「投資家がこの話を聞いて、はたして食いつくでしょうか。利益は？　コストは？　収益率は改善させるんですか？　数字が大切なのに、それがなにもないなんて」。スターバックスは四半期決算発表前の沈黙期間――公表できる情報を制限する期間――に入っていたので、一月三〇日までは詳しく話せないこともあった。

わたしなりに答えさせてください。わたしがスターバックスに来て二五年以上になります。この会社の成長と発展の各段階を見てきましたが、現状に対しては、おそらくこれを聴いている誰よりも強い不満を抱いています。わたしの評判も、わたし自身も危険にさらされているのです。わたしがここに来たのは、わたしたちは全力を尽くすという約束をするためです。つまり、皆さんとの財務的な立場からの関係について言えば、わたしたちの株主であることを誇りに思い、長期的に見て正しい戦略的な決定を行い、これまでできなかったことを行うために断固たる行動をとることを認めてもらうことです。

アナリストたちはわたしやスターバックスについてどう思っただろうか。おそらく、半信半疑だったのだと思う。いずれにしても、わたしの言葉はそれほど重要ではないのだ。金融界にとって大切なのは、わたしたちがこれからの何カ月、あるいは何年の間に、なにを実行し、達成できるかということである。数字が大事で、数字を欲しがっている。もちろん、望むものを差し出すつもりではいるが、それには時間がかかるだろう。

一方、スターバックスのパートナーたちにとっては、わたしの言葉は重要だった。彼らに自信と、実行し達成するために必要な刺激を与えることができたからだ。


その日、わたしたちが発表したもの——報道発表、社内向けのメモとボイスメール、パートナー、新聞記者、ウォール街の関係者とのミーティング——には、スターバックスが即座に実行するべき三つの取り組みが含まれていた。わたしがクリスマス休暇でハワイにいるときに考えたものだった。

一つ目は、米国の店舗ビジネスの現状を改善することだ。これはわたしたちの燃える足場《バーニングプラットフォーム》である。米国の店舗売り上げは、会社全体の収益の多くを占めている。二〇〇七年はおよそ七〇パーセントだ。さらに、この業績によって世界のスターバックスに対する見方が決まる。グローバル・ブランドである以上、米国で起こったことは米国だけにとどまらないのだ。そのことをもっとよく認識して、申し分のない成果を出し、店舗レベルでの経済状態を改善するためにすぐに行動に移らなければならない。そのためには、新規出店のペースを落とすべきだろう。また、評価を行って、業績が悪いところは閉店する。これは劇的なことだ。これまで閉店という事態は数えるほどしか起こらなかった。

二つ目は一つ目ほどわかりやすくはないが、同じように重要なものだ。つまり、お客様との感情の絆を取り戻すことである。他のコーヒー小売店と異なり、店に足を踏み入れた瞬間からお客様がそれぞれに体験するものがスターバックスの価値なのである。コーヒーの香り。仲間意識。バリスタとの関係。スターバックスのコーヒーを買うことによって当社の高い規範と社会的責任を支持していると気づくときの誇らしい気持ち。スターバックス体験を生き返らせることによって、ライバル企業との差別化を意味ある形で図ることができるだろう。

三つ目は、ビジネスの基盤に対して長期的な改革をすぐに始めるということだ。組織構造を再検討し、業務を丹念に調べて、コストを大幅に減らし、顧客サービスを改善させるための改造を行う。情報技術——店舗のレジは、一九九〇年代初めに導入された時代遅れのものだ——から肥大化したサプライチェーンまで、すべてが総点検を必要としている。しかし、どんなに反対をされても、手を入れるつもりがないものが二つある。従業員の健康保険とコーヒーの質だ。

この三つの戦略的柱は成功への確実な鍵ではないが、当面の舵取りのための青写真である。ここからより包括的で、理解しやすい変革に向けたアジェンダがつくられることになる。また、三つの柱は、わたしのCEOへの復帰には権力の移動以上の意味があることを伝えている。これはスターバックス復興の第一歩なのだ。


一日が飛ぶように過ぎ、気がつくとオフィスの外には、北西部の冬の早い日暮れがやって来ていた。最後の何時間かは記者やパートナーたちと話したり、続々と入ってくる電子メールを読んで過ごしたりした。株主からの祝辞を嬉しく思い、友人や他社のCEOからの応援に元気づけられた。ジェームズ・ディーンが雨のタイムズ・スクエアを歩いている写真を添付したメッセージもあった。「しばらくは雨のなかをひとり寂しく歩くことになるだろうが、きみならやれる」。リーダーであることの現実を理解している友人からだった。こうした励ましは本当にありがたかった。

とりわけ、スターバックスのパートナーからのメールは嬉しかった。多くはわたしの復帰を歓迎してくれたが、やみくもにではなく、問題が起こっていることと、わたしがそれに対処すべきであることを鋭く指摘していた。

南フロリダのリージョナル・コーディネーターであるサンディ・トレンテはこう書いた。

バリスタとして入社してから八年になりますが、この一年は大変でした。仕事はずっと大好きでしたが、この一年はそうではありませんでした。身分が保障されたパートナーたちが辞めていくのを見て、楽観的な気持ちにはなれなくなりました。店舗のパートナーたちは一生懸命働いています。会社を支えているのは彼らです。しかし、店に足を踏み入れると悲しくなります。伝統のサービスや挨拶はもう存在しないのです。カウンターのなかで働いているバリスタたちのせいではありません。スターバックスの文化を維持し、成長させ、繁栄させるのは経営陣の責任です。復活のための道程は厳しいものになるでしょう。そのために全力を尽くす仲間の一人になれることを嬉しく思います。今日は希望に満ちた日になりました。ありがとうございます。

その晩、家までひとりで車を走らせて帰った。

巨大な野球場と、眠っている電車の車両の横を通り過ぎた。謙虚な気持ちでありながら、気力は満ちていた。早くやりたい。復帰後に起こることにどう対応するかは、これまで十分考えてきたので不安はなかった。ただ、そわそわと落ち着かなかったのだ。ベンチをようやく出ることができた選手のように、勝ちたい、自分たちならできる、と思っていた。そして、そう信じるのがわたしだけでないのをありがたく思った。

第９章　新しい見方

シアトルにあるイベント会場パレス・ボールルームへ向かった。なんとなく胡散臭いとは思いながらも、サンフランシスコのコンサルティング会社が主催する三日間のブレーンストーミングに参加するためだ。わたしは以前から経営コンサルタントが大好きというわけではない。スターバックスになにが必要かを部外者に教えてもらおうとしたことはほとんどなかった。

ＣＥＯに復帰して何週間かたっていた。会場に入ると、黒いマジックペン、白いｉＰｏｄ、小さな四角いカードの束を渡された。ほとんどがジーンズにセーターという姿の何十人という参加者が既に来ていたが、意外なことにざわざわとした話し声も聞こえず、静まり返っていた。指示に従って、ｉＰｏｄをベルトにつけ、イヤフォンを耳にさした。「カム・トゥゲザー」の曲のリズムが聞こえ、一月の寒い朝だったが、気持ちが明るくなった。

おもしろい。そう思いながら、ポスターのコラージュのようなものが広げてある大きなテーブルへ向かった。みんなテーブルの近くにいて、音楽を聴きながら、カードになにかを書いている。熱心になにをしているのだろうかと思いながら、わたしは身を乗り出した。

ビートルズがやって来るヤァ！　ヤァ！　ヤァ！
イエロー・サブマリン
アビー・ロード
ミート・ザ・ビートルズ！

テーブルの上にあったのは、ビートルズの広いジャンルにわたる長年の素晴らしい音楽活動から選んだ、十数枚のカラフルなレコードのジャケットや写真の拡大コピーだった。今朝から二度目の気持ちよい驚きだった。もらったカードに書いてある言葉を読んだ。
「時代の象徴を再発見するとはどんなことか」
なんと。岐路に立つスターバックスにぴったりの問いではないか。わたしも答えられるかどうかわからなかった。

CEOに復帰して二日目、スターバックスの株価は前日より八パーセント上昇し、一九・八六ドルになった。メディアでは、メモの漏洩のときと同じように、創業者がふたたび実権を握った世界最大のコーヒー会社になにが起こるのか、と意見や臆測が飛び回っていた。《ビジネスウィーク》誌は「ハワード・シュルツの大きな挑戦《グランデ》」という見出しで、創業者はより自由な解決策を打ち出すことができるだろうが、郷愁は危険だ、という記事を載せた。その通りだ、とわたしは思った。《フィナンシャル・タイムズ》紙は、他企業の経営者たちに、スターバックスの経営陣の変更は同社の戦略にどう影響するか、と尋ねていた。名前も聞いたことがないとあるバンカーが言っていた。わたしがスターバックスをより大きな企業へ売却するつもりかもしれない、と。

馬鹿な！　スターバックスを売るなどということはしたくない。絶対に。

《ダウジョーンズ》のマーケットウォッチのコラムで、イエール大学マネジメントスクールの教授ジェフリー・ソネンフェルドが、復帰後、成功を収めたＣＥＯの三つの資質を述べた。一つ目は、現職のＣＥＯの評価を損なうつもりはなく、不本意ながら復帰していること。二つ目は、自分自身の評判を危うくしても、満たされないエゴの欲求を実現しようとはしないこと。三つ目は、前回築き上げたものが信仰の対象ではないのを理解していること。変化が避けられないものであるのを受け入れているということだ。そして、復帰後、成功を収めたＣＥＯとしてアップルのスティーブ・ジョブズ、チャールズ・シュワブの名を挙げ、ゲートウェイのテッド・ウェイト、ゼロックスのポール・アレアーはあまりうまくいかなかったとあった。

わたしはどちらになるのだろうか。

重要な問いだ――わたしたちみんなにとって。

市場やウォール街の温度を知るためにニュースの要約を読むほかは、スターバックスを追ってくる埃のような、どこにでもある記事はあまり読まなかった。わたしについて書かれたのを読むのがいやだっただけでなく、とにかくやるべきことがたくさんあったのだ。

わたしは自分をより厳しく制し、仕事上の習慣を変えた。社内の問題がこれほど深刻であるのを知ってしまった以上もはや一日を自由に過ごすことなどできなかった。朝は一人早く起きて、家かオフィスで、その日の準備をした。会長時代にも、最初にＣＥＯだったときにもやっていなかったことだ。

朝の六時前にニュースにざっと目を通し、海外オフィスに電話をし、パートナーからの電子メール——提案や気がついたことを知らせるメールが何百通と入ってくる——を読み、椅子の背にもたれて、できるだけ生産的に、そして効果が大きくなるようにするには、その日どうすればいいかを考える。ナンシーにはわたしの予定は厳選してほしいと頼んだ。おかげで、取締役の立場といったことに気を散らされずに済んだ。

一月の最初の二週間は、朝七時までに一人あるいは複数の経営陣をわたしの部屋か重役会議室に呼び、三つの柱をもとに、次の段階として、いますぐなにをすべきかを話し合った。

組織変更で最初に行ったのは、参謀のように、わたしのそばで働き、わたしたちのビジョンとより包括的、長期的な変革に向けたアジェンダをつくる人を選ぶことだった。わたしが選んだのはミシェル・ガスだった。スターバックスのパートナーになって一二年。経営陣では最年少の彼女は、技術者としての教育を受けている。精力的で、活動的で、リスクを受け入れ、大胆な発想をしつつ、細部に配慮をする創造力に富むリーダーである。一九九〇年代、二種類しかなかったフラペチーノを、二〇億ドルの売り上げを誇る主力商品にする戦略を実行した。

彼女の分析的な考え方を信頼していたし、彼女には二つの面があると感じていた。つまり、スターバックスの文化を体現する面と、世界を定量的に厳しくとらえる面である。また、必要なときは臆することなくわたしに反論する。

ミシェルの新しい役割を発表する前に、わたしがつくった変革に向けたアジェンダの原案——これも三つの柱から構成された——をどう思うか訊いてみた。二四時間後、彼女はわたしのオフィスへやって来て、具体的な提案をした。数日後、ほかの人たちも交えて、実行のための手順を話し合った。

新店舗開店以外のことで、スターバックスの経営陣が、将来を思い描きながら、ときどき笑い声を上げて意見を戦わせたのは久しぶりのことだった。

微妙な均衡を保つのが大切だ。

伝統と革新。有意義な慣習と現代的な妥当性。スターバックスが行っていることのうち、なにが儀礼的なもので、なにが単なる習慣なのか。すべてを見直したり、捨てたりする必要はない。しかし、映画のプロモーションなどはやめるべきだろう。一方、健康保険、ビーンストック（パートナー向けの自社株購入権）、倫理的に正しい栽培農家を支援することはわたしたちの精神の核である。現状を変える前に、スターバックスとはなにかということを改めて考え、みずからに課した制約を超えて新たな可能性を追求しなければならなかった。

スターバックスの未来を定義する前に、まずは観察が必要だ。

わたしはミシェルにオフサイト・ミーティングの設定を頼んだ。いつもの場所を離れて、わたしたちがいかに道を踏み外したのかを考え、新しい自由な発想をするためである。ミシェルはミーティングの指導に外部から人を呼ぶのがいいことを提案し、わたしにSYパートナーズに会ってみてほしい、と言った。ハワード・ビーハーが推薦するコンサルタント会社で、ミシェル自身も既に詳しく調べていた。

「彼らは特別ですよ」。ミシェルに言われたが、わたしはすぐには信じられずに眉をかすかに上げた。しかし、新しいアイデアに耳を傾けるという精神から、それに同意し、数日後、設立者であるスーザン・シューマンとキース・ヤマシタが同僚のデヴィッド・グリックマンを連れてやって来た。

「ペンを置いてください。メモは取らないで、ただ聞いてください」。握手のあと、わたしはそう言った。それから、前年のスターバックスについて、メモの漏洩から、中核事業に戻りながら変革と刷新を行うべきだ、と感じたことまでを話した。「経営陣だけでなく、様々な視点を提供してくれる、異なる経歴をもつ二〇人くらいの人を加えて会議を開きたいと思っているんです」。会議には、金儲けとか古傷に包帯をするとかいった以上の意味があることを伝えた。スターバックスとはなにかを再発見し、なにになれるかを想像する必要があるのだ、と。

その後の話し合いはとても興味深かった。想像していたパワーポイントのプレゼンや専門用語だらけのやり取りではなかった。スーザン、キース、デヴィッドはじっくり考えることが必要な質問をして、ナイキ、ギャップ、プロクター&ギャンブルなど、彼らのクライアントである様々な企業について話した。彼らはスターバックスの言葉を話す人たちだった。社名には「パートナー」を使い、哲学は「見る。信じる。考える。行動する」である。スーザンの目はきらきらと輝いていた。戦略とデザイン、関心と楽しみを組み合わせて仕事に取り組んでいるようだった。

見事なものだ。長いあいだの偏見が消え去った。スターバックスが戦略コンサルタントを採用するとしたら、SYパートナーズがぴったりのように思えた。しかも、信頼するミシェルがすすめている。わたしは最終的に彼らを使うことに決めた。

「やってみようか」。どんなものになるかはまったく想像がつかなかった。ミーティングが開催されるまであと数日しかない。

iPodを外し、床に広げたたくさんのビートルズのポスターを囲んだ椅子に腰を下ろした。経営陣に加え、社内から選んだ様々な声をもつ人たちが集まっていた。また、わたしが信頼する外部の人たちも数人呼んであった。

次の質問が示された。「改革についてジョン、ポール、ジョージ、リンゴから学んだものはなにか」

みんな考え込んでいたが、楽しそうだった。感覚を刺激する音楽、楽しいポスター、キーボードではなくペンを使うことによって始まったミーティングは、たちまちわたしたちの気持ちを別の場所へ、時をさかのぼって連れていってくれた。在社歴七年で、ヨーロッパ、中東、アジア地域の社長を務めるイギリス人クリフ・バローズは、わたしの個人的な要望でアムステルダムからやって来た。背が高く、細身で、アイロンのきいた白い襟のシャツを着た彼は、サイケ調にペンキを塗ったレンガの建物のポスターを嬉しそうに持ち上げた。眼鏡の奥で瞳が輝いている。

「これはベイカー街にある建物だよ。ロンドンにいたときは、ここから二ブロック先に住んでたんだ。毎朝、通勤途中に寄ったスターバックスのすぐそばなんだ」

スターバックスの文化をビートルズの影響力と比較するのは厚かましいことかもしれないが、クリフの言葉からひとつだけはっきりとわかることがある。どちらも象徴的な存在であり、人生で思い出に残る役割を果たしているということだ。

ほかの参加者はビートルズの音楽活動について感じたことを述べた。

「彼らはリスクを恐れなかった」

「わたしたちを旅に連れ出してくれた。世界が文化的リーダーを必要としているときだった」

「妥協をしなかった」

「心のままに生きた」

「信念をもっていた。信念はすべてのものを変えることができる」

わたしは一九六七年に発売されたアルバム「サージェント・ペパーズ・ロンリー・ハーツ・クラブ・バンド」を思い出してこう言った。「常に新しいものを考え出そうとする一方で、自分たちの音楽に忠実だった」

ビートルズを象徴的なブランドと関連づける手法は素晴らしいと思った。自分たちや会社について考え、話し合うための新しい見方を提供し、創造的な状態にすぐに入り込むことができる。わたしたちは夢中になり（この演習に呆然とし、あきれている者もいたが）、クリフのように椅子から立ち上がり、好みのポスターを選んだ。

他のブランドについても考えた。いくつかは急激に進化し、大成功したあともその地位を保っていた。たとえば、アップル、グッチ、ミニクーパーなど。ニューヨークという都市もその一つだ。それから、SYパートナーズの指導に従い、スターバックスとの類似点を探し、いくつかのテーマについて話し合った。

●象徴的なブランドは時代の緊張感を理解している。希望を与え、ときには文化的な混乱を是正することもある。わたしたちの世代にとって六〇年代のビートルズがまさにそうだった。スターバックスが米国に広がる政治的対立、環境問題、経済的不安を解消するためにできることはあるか。とくに、二〇〇八年は大統領選が行われるうえに、景気後退は避けようがないように思われる。

●象徴的なブランドは、〝文化的な権威〟を有し、人々に時代を見る枠組みを提供する。ネット上で、あるいは現実の世界で、〝地域社会《コミュニティ》〟の概念がどのように変わったか。わたしたちはいかにそれに対応したか。あるいは、それを推進したか。

●象徴的なブランドは歴史と遺産とを混同せず、みずからの価値を守り、与える。スターバックスは、倫理的行動、世界に対する責任、人間的絆という観点からどのように成長することができたか。

●象徴的なブランドは他者に破壊される前に、みずからを破壊する。ライバルや批評家たちにこれまで以上に悩まされる一方で、わたしたちの物語を語り、コーヒーに対する自信を主張し、ふたたび、業界を変えることができるだろうか。

●象徴的なブランドとして生き残るためには、目の前の人気商品を犠牲にしても、長期的な妥当性を重んじなければならない。スターバックスにとっては、難しい選択を行い、たとえ笑い者にされても新商品を試してみることである。

その日一日では答えることができない深い質問だったが、頭には刻み込まれた。浮かんできた考えをわたしは言葉にした。「唯一のフィルターは、わたしたちが誇りに思うことができるか。お客様の体験がより良いものになるか。お客様がスターバックスをより良く理解し、これまで以上に好きになってくれるかということです」

これはわたしたちにとって最も大切なことであるだけでなく、創造性を刺激するものでもあった。

ＣＥＯに復帰した直後は、長期的な戦略を立てつつも、短期的戦術についても話し合った。目に見える成果を、すぐに出すための行動である。米国での新規店舗開店のペースを落とし、いくつかを閉店して、海外で拡大路線をとることは既に発表した。しかし、店内でのスターバックス体験は刷新し、劇的に改善しなければならない。たくさんのプロジェクトが提案されているので、それを完成させ、正しく実行すれば、成功を収められるかもしれない。

頭ではスターバックスを一晩で変える特効薬はないとわかっていたが、気持ちとしては問題を解決する画期的なアイデアを求めていた。スターバックスの歴史で大成功を収めたフラペチーノに続くものはないだろうか。焦っていたといってもいいかもしれない。これはわたしの弱点である。

しかし、業績をただちに、明らかに改善しなければならない別の理由もあった。株主総会が迫っていたのだ。三月一九日。あと二カ月もしないうちに、六〇〇〇人を超える投資家やパートナーがマリオン・オリヴァー・マッカウ・ホールに集まる。スペースニードルがそばにそびえ立つシアトルの巨大なホールだ。収容しきれなかった参加者は近くの展示館で対応する。株式を公開してから一五年、初めて株主総会の参加者の多くがスターバックスの業績に不満を抱くことだろう。今でさえ、不満なのだから。

わたしは二〇〇八年の株主総会を、過去を謝罪するというよりも、前進するための機会ととらえていた。株主やパートナーたちにスターバックスが真の改革を実行し、既に実行しはじめていることをきちんと伝えて、大きな可能性を秘めた比類のないイベントにするのである。わたしがCEOとして二時間のプレゼンを行う予定だったスターバックスの株価は過去一年で半分になってしまっている。わたしが舞台に立ったとき、何千人もの投資家たちはどんな反応を見せるだろうか。内心では少し不安だった。歓迎してくれるだろうか。それとも、ブーイングが起こるのだろうか。なにがあってもおかしくない。

誠実な態度で、明るい見通しを伝えることによって痛みを和らげ、状況をうまくコントロールしたいと思った。それには、スピーチと事業計画だけでは不十分だ。進歩を示すものが必要である。

わたしは会社の未来を描こうとすると同時に、業務、財務、人事、サプライチェーン、不動産部門と話し合いをし、過去の過ちを正そうと取り組んだ。そうするうちに、経営陣の刷新だけでなく、答えが必要な問いがたくさんあるのに気づいた。

各店舗の財務パフォーマンスはどうなっているか？　低迷している店舗はいくつか、それはなぜか、どの店舗か？　共食いのリスクを冒さずにどれだけの店舗を、どの市場にオープンできるか？　サプライチェーンをどこまで拡大できるか？　費用を削減しても同じあるいはより良い結果を出すことができるのはどの分野か？　注意を払う必要がある分野に、適切なスキルをもった適切な人材を配置しているか？

低調な米国の業績を立て直すために最も重要なのは、パートナーたち、とくに最前線で働くバリスタや店長たちとの絆を取り戻すことだろう。彼らはスターバックスの真の大使であり、ロマンスとショーの真の売り手である。彼らがいてくれるからこそお客様に喜んでいただける。真に思いやりがあり、やる気に満ち、週に何百万回も決められた以上のことを進んでやるバリスタや店長がどうしても必要なのだ。

残念ながら、社員からのメールやわたし自身の観察から、店舗のパートナーたちは、意欲を奪われ、コーヒーや会社についてあまり理解していないように思われた。離職率はあまりに高く、新しい世代のバリスタたちは実質的に研修不足で、スターバックスの使命を感じ取ってはいないようだった。彼らが悪いわけではない。雇われてすぐに、規則や技術やコーヒーについての情報を書いたリング綴じのバインダーを渡され、読んでおくように、と言われるだけのことも多かったのだ。従業員の勤務評価にも昇給にも一貫性がなかったうえに、シフトは非効率的で一人に負担が集中していることもあった。バリスタは単なる仕事のひとつにすぎない、と思っている者もいたのである。

店長がオーナーのように店の運命をよりコントロールできるような正しい報奨《インセンティブ》や技術を準備してこなかったことも問題の一部だった。新規開店のペースがあまりに速かったので、店長が数カ月で代わるということが往々にして起こっていた。それでは一貫性など生まれようもない。さらに、報酬や福利厚生も、他の小売業と比べれば手厚いものではあるが、既に画期的なものではなくなっていた。二一世紀の小売業、そして若い世代にとって、報酬と福利厚生の改革は不可欠である。残念ながら、新たな価値あるプログラムを導入するには、一年程度の時間がかかる。

しかし、もっと短い期間で業績を伸ばし、改善できることをしなければならない。

わたしは二つの決断を下した。

まず、一三万五〇〇〇人のバリスタの再教育である。エスプレッソを完璧に抽出し、ミルクを正しく泡立てる。これを株主総会前にやる。わたしはずっと以前から、バリスタの教育が足りないこと、バリスタがより良い仕事をするためのツールと技術を与えることによって、彼ら自身の体験もお客様の体験も改善されることを主張してきた。そこで、あるチームに、何週間かのうちに、こうした大きな目的を達成できる方法を考え出してほしいと頼んだ。そして、返ってきた答えが、一日だけ、アメリカの全店舗を閉めるという大胆なものだった。エスプレッソ・エクセレンス・トレーニングに向けての準備が始まり、一月一一日に報道発表をした――二月二六日、スターバックスは歴史的な社員教育と研修のために閉店する、と。足りないところを隠し、こっそり研修を行うのではなく、公に、エスプレッソの名を冠し、スターバックスのコーヒーの質の高さを主張するのだ。

次に、二〇〇八年リーダーシップ会議《コンフェレンス》を開くことにした。これには八〇〇〇人の店長に加え二〇

○○人超のパートナーを招く。これまでにも何年かごとに、店長たちを刺激し、褒めたたえるための大集会を様々な都市で開いてきたが、ここ数年は実行していなかった。開催地をどこにするか、開催に必要な何百万ドルという経費をウォール街にどう伝え理解を得るべきかはわからなかったが、適切に実行できれば、店を運営する人々の心に情的資本《エモーショナル・キャピタル》を注ぎ込むことができるだろう。彼らが会社との絆を取り戻すためにどうしても必要なものだ。

ブレーンストーミングの一日目が終わろうとしていた。しかし、わたしたちは家やオフィスに戻るのではなく、小さなグループに分かれて、シアトルで人気のある地元の小売店を訪れた。そこで、見、聞き、味わい、嗅ぎ、感じたことを発表するというのが課題である。わたしは、商人として、熱心に観察した。

フレモント地区ではテオ・チョコレートを訪れた。同社唯一の工場である平屋建ての煉瓦の建物に隣接した、こぢんまりとした居心地のよい店だ。温かいチョコレートの香りが通りに漂っている。工場見学では試食も用意されていて、ココナッツカレー味やバニラ塩キャラメル味のチョコを体験することもできる。さらに、同社はカカオ豆の厳選から始まり商品に仕立てあげるまでの工程をすべて自社で行うチョコレート会社として、唯一フェアトレード認証を受けている。それがお客様を引き寄せると同時に、スタッフの誇りの源になっているようだった。

またトップ・ポット・ドーナツへも押しかけた。二階建ての店舗に見られる床から天井までの木製の本棚と、「手打ちドーナツ」というスローガンが、甘い菓子をファストフード以上のものに仕立てあげている。

パイクプレイスマーケットでは、ビーチャーズ・ハンドメイドチーズに入ってみた。創業者のカート・ビーチャー・ダンマイアが敷地内でナチュラルチーズを作っている。わたしはチーズが大好きなので、カウンターの向こうの女性に気軽に声をかけ、熱心に質問をした。「どうやってそんなにチーズに詳しくなったのですか?」そして、ショックを受けた。チーズについてはなにも知らなかったが、この店に雇われてから覚えたのだという。わずか六カ月前のことだそうだ。

スターバックス一号店のすぐそばにあるこの店を離れるとき、わたしたちのバリスタのことを考えずにはいられなかった。知識は情熱から生まれるのである。スターバックスは、もっと上手にコーヒーに関する知識を伝え、使命を果たさなければならない。目的に裏打ちされた自尊心があれば、パートナーたちはスターバックスを自分たちの会社だと考えられるようになるだろう。わたしや同僚もそのことはわかっていたはずだが、こうした店を改めて訪れることによって、なにが大切かがよりはっきりとわかった。わたしの目は大きく開かれた。

わたしは、バンドとして、そしてブランドとしてのビートルズのことをふたたび考えた。彼らは本当に勇敢だった。世界とのつながりを保ちながら自分たちの音楽的才能に忠実であり続けた。スターバックスというブランドがこの難局を乗り切ることができるとわたしが信じている理由の一つは、その創業の精神がいまでも人々の心に響くはずだからだ。不安や不信感が時代精神に染み込んでいる今はとくにそうだし、米国だけのことではない。スターバックスの中核商品は受け入れられ続けるだろう。コーヒーのロマンは生き続ける。たとえ何を話すかは変わっても、コーヒーがあれば人は集まり、それぞれの国の言葉で会話を楽しむ。コーヒーは人々を結び付けるのだ。

わたしたちの挑戦は、コーヒーの本質を育みながら、大企業になっても個人的な趣を失わないことだ。何千店舗という店や何百万人というお客様の数でスターバックスを定義してほしくはない。規模ではなく、コーヒーの質や価値で定義してほしい。

地域社会、絆、敬意、尊厳、人間性、説明責任で――。

世界がこうした観点からわたしたちを見るようにするのが、わたしたちの使命だ。

ブレーンストーミングは創造性に火をつけただけではなかった。わたしたちに新たな決意を促してくれた。とくにわたしが心に決めたことがあった。スターバックスをコーヒーの権威として議論の余地がない地位まで引き上げることである。素晴らしいコーヒーを提供できなければ、わたしたちの存在する意味がない。今後、何週間かは、コーヒーの質の向上と改善により注力しよう。エスプレッソ・エクセレンス・トレーニングに向けた動きはもう始まっている。また、社内で進行しているプロジェクトを含め、すぐに実行できる新たな取り組みをいくつか確定させた。

わたしがとくに関心を抱いたプロジェクトが二つあった。しかし、株主総会で投資家たちに説明するときに効果的なものにするためには、すぐに取りかかり、促進し、拡大しなければならなかった。

第10章　勝つために

スターバックスの最上級のコーヒーエキスパートたちが、新しいブレンドを初めて試飲するわたしを、息をひそめて見つめている。

わたしは鼻をカップに近づけ、香りを深く吸い込んでから、液体に口をつけた。それから、コーヒーテイスティングのやり方に従い、大きな音を立ててコーヒーを吸い込んだ。思わず目を大きく開いた。これまでスターバックスが市場に提供してきたものとはまったく違う味だ。

「滑らかだ。バターのように」と、わたしは言った。「バランスが素晴らしい。酸味とキレがある。飲みやすくて、ゆったりしている」

個人的には少し軽めに思えたが、コーヒーが現しているものが素晴らしいと思った。負けないためでなく、勝つための挑戦だ。過去何年かの間、スターバックスは恐れから行動を起こしていた。主に失敗を恐れていたのである。みずからを守るための受け身の行動だった。お客様に積極的に関わるのではなく、収益目標に届かないことから逃れるのが主な目的だったのだ。パートナーたちの勇気を呼び起こし、もう一度、大ヒット商品を生み出したいという欲求を育てるのはＣＥＯのわたしの仕事だ。

わたしたちの生活は勝つことにかかっているのだから。

この考え方は子どもの頃、わたしの頭に刻み込まれた。

ブルックリンの貧しい地区で育ったわたしは、午後と週末はたいがい運動場でスポーツに夢中になっていた。ビデオゲームがまだなかった時代である。Ｗｉｉもインターネットもなかった。夜明けから夕暮れまで、子どもたちは、授業中以外は、学校の運動場であらゆるボール競技を楽しんだものだ。野球、バスケットボール、フットボール、パンチボール。これらがわたしの子ども時代のゲームで、わたしは真剣に取り組んだ。

近所の腕白な子どもたちにとって、チームでやるスポーツは、窮屈なアパートと苦労が多い家族から逃れる唯一のチャンスだった。大人になってカナーシー地区を出ていくことができる子はほとんどいなかったが、野球の球を高々と打ち上げ、アスファルトの校庭を走り、ホームインしたとき、あるいはわたしよりも大きく強く速い子たちをすり抜けてタッチダウンしたときは、すべてが可能になるような気がした。近所の子どもたちに勝つことは、誇りと将来への可能性を感じられる数少ないチャンスだったので、わたしはいつも大胆に、大きくバットを振った。欲しいのはホームランだった。

わたしがいま飲んだコーヒーは、ホームランになる可能性をもっていると思った。

スターバックスの五つの焙煎工場に隣接する倉庫には、いつも一五四ポンド（約七〇キロ）の麻袋が床から天井まで積み上げられている。袋のなかは、世界中から、船で、飛行機で、トラックで運ばれてきた緑色のコーヒーの生豆だ。袋の厚い、ちくちくした手触りを味わうと、いまだに胸が熱くなる。ほんの少し前まで、ここにある豆は、島や山の上にある遠い村のコーヒー農家にあったのである。

そう、土の上からカップに注がれるまで、コーヒーは驚くべき旅をする。コーヒー豆はクランベリーほどの大きさのコーヒーチェリーからとれる。熟すと赤くなる実だ。チェリーの中には二つの緑のコーヒー豆があり、それぞれが味の元となる何百という成分を含んでいるが、その成分はどこで、いかに育ったかによって変わってくる。中南米の険しい山の上で育った豆は、ナッツやココアに似た親しみやすい味がする。他の地域で育ったものは、大地を思わせるコクとハーブ系のよりしっかりとした味だ。

どこで育ったものでも、最上の豆――複雑で魅力的な風味と人を引きつける特徴のあるアラビカ種――は高地や熱帯や乾季が長い地方など、ストレスのある環境で育つ。厳しい気候条件のおかげで高品質の豆ができる一方で、コーヒーの木一本当たりから収穫できる豆は少なくなる。そのためアラビカ種のコーヒーはコストがかかるので、大手のコーヒー生産企業の大半は、より安価なロブスタ種を使う。ロブスタ種は気候がより温暖で、安定した地域で作られるうえに、一本当たりの収穫量が多いので、より安価なのだ。しかし、味はゴムのように苦く、消しゴムを舐めているような味がする。

およそ四〇年の歴史において、スターバックスは、ロブスタ種のコーヒーを使ったことはない。コーヒーチェリーを摘むと、二つのうちどちらかを行う。皮を剝き、残った実と豆を発酵させるか、あるいは、何千というコーヒーチェリーをコンクリートの中庭に並べて自然乾燥させたあと、豆を取り出すかである。それから麻袋に詰める前に、わたしたちのコーヒーエキスパートが、決められた水準を超えているかどうかを確認するために試飲する。

スターバックスの麻袋のなかにあるのは、世界のアラビカ種のうちでも最高品質の三パーセントのものだけだ。

スターバックスが買い入れる高品質のアラビカ種を手に入れるのは他の多くの企業にもできる。しかし、大きな違いをつくり出すのが収穫後の豆の扱いだ。スターバックスのように独自の技術と知識をもつ企業はほかにはない。わたしたちが焙煎し、ブレンドし、世界中に提供するコーヒーはどこのものよりも独創性と一貫性に優れている。

コーヒー豆の焙煎は、細心の注意を払いながら時間と温度の正確なバランスをとらなければならない骨の折れる作業だ。品質を重んじる生産業者はどこも焙煎のための哲学をもっている。スターバックスの哲学は、豆の一粒一粒の最大限の可能性を引き出し、最高の風味が出せるようじっくりと焙煎することだ。よって、他の大半の業者よりも焙煎時間が長くなる。これはフルシティローストと呼ばれ、豆が本来持つ、コク、風味、酸味、キレを引き出す手法である。

スターバックスの焙煎専門家たちは、焙煎工程に常に磨きをかけている。長年かけて機械を改良し、専有ソフトウェアを開発して技術をコントロールし、再現する。コーヒー産業に携わる企業のなかで、スターバックスほど焙煎工程をしっかりと管理しているところはない。

スペシャルティコーヒーのブレンドもまた芸術だ。スターバックスのコーヒーブレンダーは、料理長のようなものである。質の悪さを隠すために種類の異なる豆を混合する企業は多いが、スターバックスでは世界の異なる地域で生産されるコーヒーの良さをさらに引き出すためにブレンドを行う。それぞれの豆を最も風味豊かに仕上げるために、焙煎を別に行い、あとからブレンドすることもある。複数の地域で生産された豆を適切に混ぜ合わせると、単体では味わえなかった独特の風味をつくり上げることができるのだ。

二〇〇七年までに、スターバックスの深煎りコーヒーとオリジナルブレンドはたくさんのファンを生み出した。また、店舗では、お客様にいろいろな味を楽しんでもらおうと、ほぼ毎日、提供するコーヒーを変えてきた。しかし、残念ながら、スターバックスのコーヒーが毎日変わっていることを、ほとんどのお客様が気づいていないことが市場調査でわかった。つまり、出勤途中にドリップコーヒーのトールサイズを注文するお客様は、毎朝飲む種類が異なるので、スターバックスのコーヒーは味に一貫性がないと思うかもしれない。

また、スターバックスのコーヒーは濃すぎるというお客様もいる。食堂やレストランや家庭で低品質のコーヒーを飲んできた人はとくにそうだろう。スターバックスのコーヒーの力強い味を〝焦げている〟と感じる人が米国に多いのは、時間が経って煮詰まったコーヒーをずっと飲んできたからだ。かといって、スターバックスをスターバックスたらしめているもの、つまり、わたしたちの特色であるコーヒーの力強さを捨てるわけにはいかない。料理長が、何人かのお客様から気に入られなかったという理由で、特色であるレシピの食材を変えることがないのと同じである。

それでも、社内では、お客様が感じる一貫性のなさや、スターバックスのコーヒーが口に合わない人がいるという事実に合わせて、味の標準を見直したいという人々がいた。この問題に緊急に取り組まなければならなくなったのは、二〇〇七年の《コンシューマー・レポート》誌で行われたコーヒーの味のテストで、スターバックスはマクドナルドよりも評価が低かったからである。愕然としたのはわたしだけではなかった。高品質のコーヒーを確保し、生産するのに、これほど時間をかけているにもかかわらず、ファストフード・チェーンに負けるとはいったいどういうことだろう。

二〇〇七年秋、コーヒーとマーケティング部門の社員が、みずから味のテストを行い、多くの消費者が求めているものを知るために調査に出かけた。もちろん、質の悪い、薄いコーヒーを求めているはずはない。その結果、多くの人が、スターバックスでは、日替わりではなく、より一貫性のあるバランスのとれたコーヒーを売ってほしいと望んでいることがわかった。そして、ブランドの質を落とすことなく、それができるはずだと考えるパートナーもいた。

しかし、全員が賛成だったわけではない。コーヒー純粋主義者と深煎りコーヒーの微妙な味わいがわかるようになったパートナーの多くは、煎りの浅いコーヒーを販売するのは、質の低いコーヒーを売るライバルに屈するようなもので、ブランドの価値を損なうことになるのではないかと不安がった。しかし、スターバックスが潜在顧客を失っていることは誰も否定できなかった。バランスのとれたコーヒーを作るときが来たようだ。そして、場外ホームランを打つのである。

二〇〇七年一一月、スターバックスの最も優れたブレンダーであるアンドリュー・リンネマンが率いるコーヒーと焙煎の専門家によるチームが、すべての予定を取り消して、よりまろやかなブレンドを作り出すために集まった。念入りな調査をし、情熱と知識を注ぎ込み、スターバックスの焙煎技術を駆使して、力強く、本格的な、しかしより親しみやすいブレンドを作ろうとした。深い味のコーヒーに慣れた人々にも受け入れられる、より滑らかで、それでいながら、スターバックスの伝統にふさわしいもの、お客様に自信をもって提供できるものでなければならない。

アンドリューはよく言う。「知識が深く、技術が優れていれば、より良いブレンドができる」。アンドリューは彼のチームが求めているバランスのとれた味を作り、それを世界中で再現できるのはスターバックスだけだと強く信じていた。

プロジェクトの暗号名《コードネーム》はコンシステント・ブリューに決まった。

八階のわたしのオフィスの向かいにあるテイスティングルームにはテントが設営され、部屋の大きな窓から誰でも試作の様子を見ることができた。二週間、カウンターの上に小さなグラスが並び、テイスターがコーヒーをブレンドし、焙煎し、カッピングを行い、試作品に次々とコメントする。最初のコーヒーはコロンビア、グアテマラ、スマトラからの豆を焙煎し、時間と温度の最適な組み合わせ（焙煎曲線と呼ばれる）を見つけようとした。最初の二週間で、十数通りの組み合わせができた。

いくつかは酸味が強すぎた。

ほかは、金属的だったり、きつすぎたり、薄すぎたり、ピリピリしたりした。

その月の終わりまでに、およそ三〇のレシピと焙煎曲線を試した結果、ほとんどが振り落とされた。その後、一二月三日に行われた消費者による味のテストで、試作品の一つが際立って高い評価を受けた。コンシステント・ブリュー一九。まろやかで、滑らかで、バランスがとれていて、優しく、甘い味が口のなかに残る。大当たり。そう言っていいだろう。それでもまだ完璧ではなかったので、二〇〇七年のクリスマスシーズンから大晦日まで、チームのみんなはコンシステント・ブリュー一九を繰り返し焙煎した。

二〇〇八年一月、ついにスターバックスの焙煎哲学を放棄することなく、より多くの人がブラックで、あるいは砂糖とミルクを入れて楽しむことができるコーヒーができた。バランスのとれた、風味豊かなブレンドだ。

このブレンドは、第一号店の名前をとってパイクプレイス・ローストと名づけられた。ブレンド名はこのコーヒーそのものと同様に、象徴的な名前であるべきだと思っていた。理論的にも、風味的にも、パイクプレイス・ローストは過去を大切にしながら、未来を受け入れるものである。わたしたちが作ったなかでも特に大きな変化を示すブレンドだ。スターバックスのコミュニティに参加していない人たちにメッセージを送るものだからである。そして、そういう人たちがやって来るのをわたしたちは楽しみにしている。

しかし、パイクプレイス・ローストをただの新製品にするだけでは不十分だ。スターバックスが復活し、ふたたびコーヒーの権威としての地位を取り戻すつもりであることを示すものにしなければならない。

コーヒーのおいしさだけでなく、コーヒー体験も見直した。

コーヒー豆は、ふたたび、店で挽くことにした。それまではお客様により速く対応するために、この習慣は中止されていた。工場で豆を挽き、袋に詰めて密封したものを店に運んでいた。それをやめて、コーヒーは豆のまま店に届け、バリスタがスプーンですくって挽くことにした。また、風味を改善するために、淹れて一時間経ったコーヒーは捨てることにしているが、これを三〇分に改めた。抽出して三〇分たっても残っているコーヒーは捨てるのだ。最後に、お客様が望む一貫性を提供するために、朝一番に抽出するコーヒーは、毎日、パイクプレイス・ローストにすることにした。その一方で、日替わりの、もっとコクのあるコーヒーも提供する。

大きな変化が起こる。準備をすることはできるが、すべてを予測することは不可能だ。焙煎工場はパイクプレイス・ローストのために新しい技術を組み入れなければならないし、サプライチェーンは豆を包装し配送する新しいシステムを確立しなければならないし、バリスタは豆を量り、挽き、お客様に新しいブレンドを紹介し、その優れた品質を効果的に伝えなければならない。

一方、マーケティング&コミュニケーション部門は、二〇〇八年四月八日の販売開始日に合わせて全米各地で行われるコーヒーテイスティングのキャンペーンの企画や調整を行わなければならない。

ほんの何カ月かしかなかった。パートナーたちはそれぞれの役割を果たすために動き出した。敗北という選択肢はない。

戦略的には、パイクプレイス・ローストはスターバックス改革の触媒となり、象徴となる可能性を含んでいる。パートナーにとって新しいブレンドの創造は、祝い、集まり、喜びを味わうことができる久々の快挙だ。さらに、なにかが失われていたスターバックス体験を修復し、ふたたびお客様を引きつける案内役になることだろう。香り。新鮮さ。劇場的要素――。

株主にも、わたしたちが積極的にコーヒーの権威としての地位を取り戻そうとしているのを示すことができる。

スターバックスは自己再生と改革を推し進める。わたしはそれをパートナーたちに示すつもりだった。パイクプレイス・ローストはその始まりにすぎなかった。

第11章　中核事業を改善する

「消費者は支出を控えているということを認めざるをえません」。二〇〇八年一月三〇日の午後、スターバックスの第１四半期決算報告の電話会議でわたしは言った。

前年一二月の終わりから、この日を覚悟していた。そして、ＣＥＯに復帰して三週間後のこの日、わたしは重役会議室のテーブルの上座について、不満な顔をしながらも、楽観的な見方を呼び起こそうとしていた。

わずか一パーセント。第１四半期の既存店売上高はそれしか伸びなかった。一六年間五パーセント超の伸びを維持してきたのに。一九九二年の株式公開以来、最悪の業績である。わたしの個人的な苛立ちはスターバックスをトップに戻したいという願いをさらに激しくしたが、毎日、新たな課題が出てきた。まるで沈みゆく船を修理しながら、海図を描き、帆を張っているようなものかもしれない。しかも、景気の波はさらに大きく荒れている。

外の世界では、傾くことなど考えられなかった金融機関に考えられないことが起こっていた。倒産である。莫大な損失を出して、アメリカの住宅ローン最大手カントリーワイド・フィナンシャル社がバンク・オブ・アメリカに四〇億ドルで買収された。一月一五日、巨大銀行シティグループが四半期決算で過去最大となる九八億ドルの損失を計上。また、数日後、株式市場が暴落し、一日の下げ幅が過去六年間で最大となった。それに加えて、信用危機、担保物件の差し押さえ、食品やガソリンの値上げ、失業者の増加が不安をさらに大きくした。消費意欲は減退を続け、必需品以外の支出は切り詰められるようになっていた。

苦しんでいるのはスターバックスだけではなかった。ホーム・デポは次々と店を閉めていた。ノードストロームのような高級品店では売り上げが落ち込んだ。消費者に人気のあるターゲットやウォルマートでさえ既存店売上高が予想を下回った。

わたしは、不本意な数字を伝えると同時に、二つのことを告げる予定だった。それもお客様や投資家を落胆させるに違いなかった。

まず、わたしが一方的に決定したことを伝えた。

「二〇〇八年度末をもって、北米の店舗は温めたブレックファスト・サンドイッチの販売を終了します」。勝ち誇った言い回しになっていたかもしれない。一年以上前から考えていたのだが、会長の立場では強行できなかったのだ。サンドイッチには忠実なファンがいたし、経営陣のなかでは反対もあった。しかし、これが正しいことだと信じていた。「それに代わるものを提供するつもりです」

販売終了の影響について尋ねるアナリストにそう答えた。サンドイッチは、三七〇〇の取り扱い店舗の売り上げの三パーセントを占めていたからである。

次の発表は、賛否がもっと分かれるだろうと思われた。少なくとも金融関係者のあいだではそうなるだろう。わたしは言った。スターバックスは、今後、既存店売上高を発表しない、と。アナリストたちがマイクをオフにしていなかったら、うめき声を発するのが聞こえたに違いない。罵りや悪態の言葉も浴びせられただろう。

「知りたいのですが」。投資銀行であるＵＢＳのデヴィッド・パルマーが遠慮なく訊いてきた。「こんなときに情報開示をやめて、株価や会社や投資家のためになると思うのですか？」

デヴィッドの言う通りだと思った。既存店売上高は小売業の健全性を測るのに適している。しかし、スターバックスの既存店売上高には、食料品店で販売するコーヒー豆や、スーパーや本屋や空港などでライセンス契約によって営業している何千もの店舗の飲み物の売り上げは含まれていない。店の業績が順調なときであれば大した問題ではない。だが、たとえ、売り上げが下がり続けたとしても、他の販売経路の売り上げは認められないのだ。

しかし、もっと大きな理由があった。それは、改革のための闘いの大きな敵だからである。これまでおよそ二〇〇カ月連続で、既存店売上高は前年比でプラスだった。小売業では前代未聞である。そして、二〇〇六年と二〇〇七年は成長が加速し、連続記録を維持するために、ビジネス上の決定を誤るようになり、事業の中核から離れてしまった。

既存店売上高を意識する弊害は、一見、小さなことに思えるかもしれない。わたしは、ある店舗を訪れたとき、商品のぬいぐるみがあまりに増えているのを見て愕然とした。「これはなんだ？」

わたしはぬいぐるみの山を指さし、苛立ちながら店長に尋ねた。ぬいぐるみは、大きな目をして思わず抱きしめたくなる可愛いものだが、コーヒーとはまったく関係がない。店長は平然と答えた。

「売り上げが伸びるし、利幅も大きいんです」

スターバックスにはこうした考え方が広まっていたのである。大変危険なことだ。

中核商品であるコーヒーを信じ、既存店売上高の数字のためでなく、お客様のために最善を尽くすことで、スターバックスを内部から改革する。わたしは、既存店売上高を意識しないことで、パートナーたちにそうしたメッセージを送りたかったのだ。

金融関係者は不満のようだった。スターバックスの現在の業績を評価し、将来を予測するのがより難しくなるからだろう。多くはわたしたちを秘密主義と考えた。そうではない。わたしは、傲慢なわけでも、鈍感なわけでも、うぬぼれているわけでもなく、社内で最も優先されるべきことを新たに示したかったのだ。

サンドイッチの販売終了も既存店売上高の報告停止も世間の反発を招く恐れはあった。既存店売上高についてはとくにそうだろう。その数字の力はあまりに大きかった。それだけがわたしたちの存在理由となり、ほかのことはどうでもよくなっていた、と言ってもいいくらいである。

しかし、その束縛からみずからを解き放つことによって、パートナーたちに、改革が口先だけのものでなく、本気で変化を起こすつもりだということを、わたしの復帰で不安定になっているこの時期に伝えたのだ。心おきなくコーヒーとお客様に専念してほしいということを示したのである。それに、ほかにも早急に注力すべきことがあった。全国規模での発売が迫っているパイクプレイス・ローストに加え、その時点ではまだ水面下で開発を進めていたコーヒー関連商品があったのだ。

二〇〇四年三月、コーヒー抽出の技術を改善する取り組みを始めたシアトルの若い技術者がいた。当時、三二歳のザンダー・ノスラーである。彼は工業デザインの会社を辞め、夢を実現するための資金を投資家たちから募ろうとした。夢とは最上のコーヒーを抽出する機械を発明すること。フレンチプレスのコーヒーと同じくらい上質のコーヒーを作るだけでなく、抽出の手順を美しく優雅なものに、見ている価値があるものにしたかった。ニッチな分野で、新発明を受け入れる余地があるはずだった。

　資金集めは難航したが、ザンダーはようやく彼を信じてくれる投資家を何人か見つけ、少人数の商品開発チームを監督する多才な技術者ランディ・ヒューレットとともに、研究所を開いた。場所はバラード地区にある友人の木工所の裏だった。スターバックスの本社から六マイル離れたところだ。そこで、高性能の機械をつくり始めた。何度か失敗したのち、試作品ができあがった。パーティクルボードとホースを使ったその機械は、フレンチプレスを逆様にしたようなものだった。プランジャーでコーヒーを押し下げるのではなく、押し上げるのである。

　そのコーヒーマシンはクローバーブリュワーと名づけられた。

　二〇〇七年までに、一五〇台のクローバーが売れた。すべて手作業で組み立てたものだった。自動ながら手作り感があるクローバーのコーヒーマシンは、とくに、小規模の独立系コーヒーハウスに好まれた。多くのファンを育てつつあったのである。


　シェリとニューヨークを訪れたとき、評判の独立系コーヒーハウスを気の向くままに訪ねてみようと思いついた。タクシーに乗り、街路樹のあるブロックで降りて、木と煉瓦の外観が魅力的な小さな店まで歩いていった。

　店内にはボヘミアン的な雰囲気が漂っていた。すこしがっかりしたが、ひとつ好奇心をそそられるものがあった。表示によると一杯六ドルもするコーヒーを買うための長い列ができていたのである。スターバックスのトールサイズのコーヒーは一ドル五〇セントだ。わたしも試してみることにした。

わたしは、最もおいしいコーヒーを淹れられるのはフレンチプレスだと考えている。二五年間、自宅でもフレンチプレスを使ってきた。コーヒーの粉に注いだ熱湯をフィルターで漉すドリップ方式とは異なり、フレンチプレスは粉をポットのなかでずっと熱湯に浸すことができるので、コーヒーの味を十分に引き出すことができる。

列に並び順番を待ちながら、バリスタを観察した。なんの機械を使っているのかはわからなかったが、彼女が注文ごとに豆を量り、側面が黒いステンレスの機械の上から粉を入れるのを見ているのは楽しかった。上部にある銀の注ぎ口から熱湯が注がれ、驚いたことに、使い終わったコーヒーの粉が、厚い、かっちりしたパンケーキのような形になる。まるで魔法のようだった。美しかった。

順番が来て注文をし、観察しながら待ち、ようやく一口飲んだ。なんということだろう。フレンチプレスで淹れたように、濃厚で風味豊かなコーヒーだった。素晴らしい。

「その機械の名前はなんというんですか？」わたしはバリスタに尋ねた。

彼女は次の客のための準備をしながら、わたしを見上げた。「クローバーです」。そう言って、また仕事に戻った。

わたしは店の外に出ると、シアトルのコーヒー部門に携帯で電話をかけた。「クローバーは誰がつくっているんだ？」知りたくてたまらなかった。一時間もしないうちに電子メールが送られてきた。

信じられない。あの機械はスターバックスのすぐ裏手にある会社でつくられていた。

わたしは覚えていなかったが、実は二〇〇七年半ばに、スターバックスでクローバーの実演が行われ、コーヒーを試飲し、発明者にも会っていたのである。ザンダーによると、わたしはそのとき、機械で抽出するコーヒーでこれほどおいしいものを飲んだのは初めてだ、と言ったらしい。一カ月後、わたしが知らないうちに、スターバックスはクローバーを一台注文し、テスト用として店舗の一つに設置していた。

クローバーを再発見してまもなく、ザンダーの間に合わせの研究所で彼に再会した。わたしがCEOに復帰して、三週間後のことだった。

わたしはクローバーを買収したいと考えていた。

理由はいくつかあった。

まず、最も重要なのは、クローバーが抽出するコーヒーが素晴らしいことだ。クローバーはフレンチプレスとサイフォンを組み合わせたような機械で、極細に挽いた粉を、上から圧縮するのではなく、底から吸い込む。濾過には目の細かいフィルターが使われるので、最もおいしい油分が残されるのだ。スターバックスのコーヒーをすべてクローバーで作るものに替えようと考えたわけではないが、クローバーはパイクプレイス・ローストのおいしさを引き立て、コーヒーとコーヒー体験を高めることに役立つと思った。すぐに収入増につながるわけではないだろう。しかし、わたしたちのメニューを豊かにし、お客様の選択肢を増やす一方で、コーヒーの権威として確固たる地位を築くという使命に力を貸してくれるはずだ。

次に、クローバーの独創的な技術や優美なデザインは、これまでエスプレッソ系の飲み物を注文するお客様に限られていたカスタマイズや個別に配慮する機会を、ドリップコーヒーを注文するお客様にも提供可能にする。いまはお客様からコーヒーの注文を受けると、バリスタはお客様に背を向けて既に抽出してあるコーヒーをカップに注ぎ、それをレジで渡している。ラテやカプチーノといったエスプレッソ系ドリンクの場合は、本質的により細かな、個人的な対応になる。バリスタがエスプレッソ液を抽出し、ミルクを泡立て、お客様のほうを向いてカスタマイズを行い、ドリンクが用意できたことを告げて、まるで舞台のように高い、整然としたカウンターの上に置く。こうした劇場的要素は、ドリップコーヒーを注文するお客様にはあまり提供できない。

クローバーはこの問題を解決してくれるかもしれない。小柄なエスプレッソマシンのようなクローバーをカウンターに置けば、お客様は目の前で注文したコーヒーを、バリスタがこれまで見たことがなかったやり方で淹れるのを見ることができるのだ。さらに、クローバーを使えば、少量のスペシャルティコーヒーを抽出できるので、従来のドリップマシンを使用する際に失われてしまっていた複雑な風味を引き出すことも可能になる。

クローバーの質の高さと美しさは感動的だった。一杯のコーヒーの値段は相当高いが、ライバルとしては現実的に恐ろしかった。その恐ろしさは、今すぐに買収しなければならない、と思うほど大きかった。

ニューヨークから戻ってまもなく、わたしはコーヒー・エクイップメント・カンパニーを一人で訪れた。大きなガレージに足を踏み入れたときは、少しびっくりした。「ザンダー」。わたしは笑みを浮かべ、片手を差し出した。眼鏡をかけ、穏やかな話し方をする痩せた若者がわたしを笑顔で迎えてくれた。一度会ってはいるものの、わたしは彼を覚えていなかった(一日のうちにあまりにたくさんの人に会うので、すべての人の顔を覚えたいと思っても到底不可能なのだ)。組み立て中のクローバーを横に少し話をしたあと、近くのカフェへ昼食に出かけた。

ザンダーの話を聞いて、わたしはとても感心した。彼は思ったことを明確に言葉にする、とても賢い青年で、コーヒーに情熱を傾け、業界について独学で勉強していた。わたしは彼に会いに来た理由を告げた。「ザンダー、きみの会社を買いたい」と、わたしは言った。「スターバックスはきみに十分満足してもらえるものを提供できると思う」

　買収金額のことだけではない。スターバックスは、ザンダーや彼のチームやクローバーに対して敬意を払い、ビジネスチャンスを与えられる、ということを暗に伝えた。

　ザンダーがすぐに会社を売却するつもりがないことは、彼の表情からわかった。

「わたしたちの顧客のことはどうするつもりですか?」ザンダーが心配そうに尋ねた。

「これからも十分に面倒をみてほしい」。買収によってクローバーをスターバックス専有にしたとしても、既存顧客であるコーヒーハウスは、クローバーを使い続けることができるはずだ。

「従業員はどうなりますか？　一一人います」

　スターバックスに来てクローバーの仕事を担当してほしい、とわたしは答えた。

　ザンダーと握手をしたあと、わたしは元気を取り戻した気持ちで、バラード地区をあとにした。

　それから一カ月、ザンダーと数回会って、契約を大まかに話し合った。たいがいは、わたしのオフィスか自宅で二人きりで会った。会うたびに、互いに対する信頼は強くなった。彼にできるだけ密接に関わることが大切だと思った。彼の夢をスターバックスに、そして、わたしに託したことを後悔させたくなかった。

　一方、スターバックスでは、グローバルファイナンスおよびビジネスオペレーションのヴァイスプレジデントであるトロイ・アルステッドと彼のチームが、クローバー買収に関する念入りな準備を進めていた。スターバックスで働いて一五年になるトロイは、とても賢いだけでなく、グローバルビジネスをよく理解しているうえに、コミュニケーション能力も優れていた。専門用語や数字で相手を煙に巻くようなことは絶対にしない。彼の誠実さや知識や姿勢をわたしは信頼していた。

トロイが昼夜を分かたず取り組み、若い起業家であるザンダーにうまく対応してくれたおかげで、クローバーの買収は驚くほど短期間で実現しそうだった。

クローバーのマシンをスターバックスの店舗に設置するのは、すぐにでなくてもいい。アメリカの消費者は支出を切り詰めているうえに、クローバーは手作業で組み立てられている。クローバーがスターバックスで真価を発揮し、買収が財務的に結実するにはもう少し時間がかかるかもしれない。それでもかまわない。より重要なのは、この買収によってパートナー、お客様、株主に自信に満ちたメッセージを送ることだ。

スターバックスはコーヒーの改善に本気で取り組むのだというメッセージを。

第12章　泥にまみれて

わたしはずっと以前から、業務上の命令においても、人々に刺激を与えるときも、言葉や表現には大きな力があることを信じている。複雑で仰々しい言い回しをせず、感情や意味を簡潔に、疑問を残さずなにが期待されているかを伝えるのが最適だ。そうした言葉を積極的に探したことはあまりない。たいがいは部屋いっぱいの人の前で話をする何分か前とか、台本なしに熱い気持ちでスピーチをしている最中とか、個人的な会話の間とか、キッチンのテーブルでコーヒーを飲んでいるとかいったときに、自然と浮かんでくる。戦略的な意図を伝えようとしているときでも、わたしの言葉はスターバックスへの愛を思いのままに示すものだ。言葉にする前に、それを感じているのである。

スターバックスの取締役であり、Ｊ・Ｃ・ペニーの経験豊富なＣＥＯであるマイク・アルマンが、コミュニケーションは常に重要だが、問題が起こっているときはさらに重要だと言っていた。具体的で、明確で、反復的なコミュニケーションは期待を植え付け、信頼を勝ち取ることができる。スターバックスがかつてない問題に直面するいま、パートナーたちが情熱をよみがえらせ、信念を取り戻し、ふたたび力を発揮できるようになるかどうかは、わたしがなにを言うかにかかっているはずだ。

成功している小売業は、細部に並々ならぬ注意を払っている。創業当時はとりわけそうだろう。一日ごとに良い結果を出していかなければ、閉店のリスクをおかすことになる。個々の商品の質、お客様ひとりひとりに対する反応、わずか一ドルの費用といった小さいながらも売り上げや収入に影響を与えるものに、きちんと配慮をしている。

二〇〇八年、スターバックスのパートナーの多くは細部への配慮を失ってしまった、とわたしは強く感じた。たとえ細部に配慮しようとしても、グローバル企業の経営陣にはできないこともあるが、企業として、間違った方向へ行きすぎてしまった。たとえば、話し合うのは国内や世界全体の既存店売上高や急拡大を推し進めることばかりで、既存店売上高さえ伸びていれば、物流や人事や地域全体もうまくいっていると考えていた。

血圧や脈拍を無視して、身長と体重だけを測定する医者のように、長期的な健全性を確実にする細部を診断することを忘れていたのだ。四半期に新店舗をどれだけ開店できるかによって将来の成功を予測するだけで、それぞれの店の収益性を時間をかけて検討することはなかった。お客様を一〇〇〇万人、店舗を一〇〇〇店という単位でとらえるだけで、お客様ひとり、パートナーひとり、コーヒー一杯について考えていなかった。

このような傲慢な考え方をしていると、知らぬ間に小さな、危険なものが忍び込んでくる。少なくとも認識されることはない。何万もの店で、何百万杯ものコーヒーを提供しているのだから、一杯くらいコーヒーがちゃんとしていなくても、一人くらい不適格な店長がいても、一軒くらい立地の悪い店舗があっても大したことがないと思うようになる。

そうした〝ひとつ〟は蓄積されていくことを忘れていたのだ。

わたしを含めた経営陣が、三万フィート（約九〇〇〇メートル）の高みからビジネスを眺めて考えるのではなく、地に足をつけて、よりしっかりと、より細部に配慮して考えるようにする。それが、まずやらなければならないことだった。およそ一〇〇億ドルを売り上げる企業が、生き残りを賭けて闘う一商人と同じような考え方はできないと言ってしまうのはあまりにも安易だ。スターバックスの店舗ひとつひとつは一商人なのではないか。わたしはそう考えているし、スターバックスの社員全員がそう考えるべきだと思っている。

「創業したばかりのときは、傲慢な経営はできません。そんな余裕はないからです」。あるとき、わたしは部屋いっぱいのシニアリーダーたちに言ったことがある。「原点に戻らなければなりません。泥まみれになっても頑張りましょう」。自然とこう言っていた。

「手を泥だらけにして頑張りましょう」

手を目の前に掲げ、そう呼びかけた。このたとえが気に入った。わたしの伝えたいことをよく表しているからだ。その日以来、すべての職位の人々に対して何度も繰り返し使った。

ある日、スターバックスの建築デザイン部門のオフィスを通ったとき、一枚のポスターが目に入って足を止めた。泥にまみれた両手の手のひらの間に、次のような言葉が書かれていた。

世界は両手を泥だらけにするのを恐れない人のためのものです。

わたしはそのポスターを借りて八階へ持っていき、経営陣が会議のたびに見ることができるように、重役会議室の壁に貼った。

泥まみれになる。原点に戻る。こうした言葉がパートナーたちの間に伝えられた。本能的に言葉の意味を理解し、やるべきことを理解してくれたのだろう。いつもそうだというわけではない。だが、期待はできる。

言葉だけではもちろん不十分だ。パートナーたちがわたしとのつながりを必要としていることも感じた。それも頻繁に。わたしはこれまで以上にパートナーたちと接し、どこにでも姿を見せるようにしなければならない。

スターバックスのパートナーに会い、話を聞き、声をかけるというのが、わたしにとって手を泥だらけにすることだった。

ＣＥＯに復帰して最初にやったのは、わたしに直接メールを送ってもらうことだった。最初の月に五六〇〇通のメールを受け取った。時間が許す限り、できるだけ多くに返信した。ときにはメールのかわりに、電話をして、返事を述べたり、ただ、様子を尋ねたりした。電話をかけているのが本当にわたしだと、相手に信じてもらわなければならなかったのは一度や二度ではない。また、店舗や焙煎工場を訪ね、毎日、階段を何度も上ったり下りたりして本社のなかを歩き回り、机で仕事をしている人に挨拶をしたり、しばしば足を止めて話をしたりした。

さらに、オープンフォーラムをふたたび定期的に行うことにした。タウンホールミーティングやオープンフォーラムは、とくに大きな公式発表があったあとなどは、パートナーたちにとってわたしや経営陣の話を直接聞くことができる機会だ。オープンフォーラムは短時間で、台本がなく、誰でも、どんなことでも、懲罰を恐れずに質問できることになっている。集まって顔を合わせることで、電話やメールにはない感情の絆が生まれる。これまでずっとオープンフォーラムは創造的な緊張が生まれ、重要なフィードバックが行われる場であり、とても役立つものだった。しかし、この二年間はあまり行われなくなっていた。それを再開し、少なくとも四半期に一度は行うことにした。

ひとりの前だろうが、何千人の前だろうが、わたしは自分が行ったことや言ったことがどう理解されるかにとても気を遣っている。誰を相手に話しているのか。ボディランゲージはどうか。笑みを浮かべているか。あるいは苛立ちで口をすぼめているか。スポットライトが当たるのは避けられないので、それを有利に使いたい。誠実で、率直でありながら、常に明るい希望を伝えようとした。取り組むべき難問が待ち受けているが、この難局を必ず乗り越えることができるのだ、と。

当初は、苦しい闘いがどれほど長く続くのかわからなかった。景気についてはとくにそうだった。しかし、不安は、わたしの熱意と、朝から晩まで積極的に動いたことで忘れ去られた。結婚したときも、子どもが誕生したときも、社長になったときも同じだった。勢いや可能性があるために、将来、避けられない不安は忘れられた。

わたしは書くことで、自分自身、そしてパートナーたちとつながることができると感じていた。そこで、スターバックスのパートナーたちに頻繁にメモを送る習慣を復活させた。リーダーの変更といった、最近の決定事項を知らせるときもあった。また、一時的にグローバル・コミュニケーションを監督するために残ってもらったワンダを含め、他の人たちからの助言によってまとめた戦略を繰り返し知らせることもあった。それには、すぐに対処が必要な三つの分野を示した。米国での業務を改善すること、お客様との感情の絆を取り戻すこと、業務の基盤に長期的な変化を起こすことである。

ときおり、自分の考えを伝えたくて、自然にペンを走らせていることもあった。

パートナーの皆さんへ

このメモは、フレンチプレスを使って淹れたおいしいスマトラのコーヒーを飲みながら、書いています（現在午前六時三〇分）。愛する会社のＣＥＯに復帰して三週間が過ぎました。ここでわたしが真実だと認識していることを知らせたいと思います。

一九七一年以来、倫理的に調達され、焙煎された世界中の最高級のアラビカ種の豆を扱ってきました。スターバックスは人間の心の琴線に触れるビジネスです。これまでもずっとそうでした。わたしたちの店は地域社会における第三の場《サードプレイス》となりました。そこでは一日に何万回という人と人とのふれあいがあります。わたしたちはスターバックスの目的を改めて理解し、お客様の体験向上に焦点を合わせ、基本に戻り、コーヒーの権威としての地位を取り戻さなければなりません。冷笑や批判もあるでしょう。様々な意見や見方があるからです。しかし、大切なのは、彼らのことでもライバルたちのことでもありません。もちろん、ビジネス環境やそれぞれのお客様の選択には注意を払わなければなりません。

わたしはスターバックスがこれまで占めていた地位を取り戻すつもりです。しかし、そのためのすべての段階で、皆さんの助けと支援が必要です。皆さんには多くを期待しています。そして、わたし自身にもさらに多くを課しています。

皆さんのパートナーであることを誇りに思います。わたしたちならきっと実現できます。

わたしは、スターバックスの運命を左右するこの期間、メモの大半にわたしたちがたどるべき行程や取り組むべき仕事を明確にするタイトルをつけた。それは、〝変革に向けたアジェンダ〟だった。最初のメモ「変革に向けたアジェンダ　通信#１」は、わたしがＣＥＯに復帰した二〇〇八年一月七日に発信された。三月初めまでに、こうしたメモを一〇通以上送信した。そして、すべて同じ言葉で結んだ。わたしたちの歴史の力と未来の可能性を表し、情熱と計画性を示しながら、手ごわい問題を克服して前進するための自信を呼び起こす言葉。進んで両手を泥だらけにして地面を深く掘りつつ、常に頭を高く上げていられる言葉である。

「未来へ《オンワード》」――。

わたしが二〇年以上前に初めて使った言葉だった。

第13章　存在の理由

二〇〇八年三月初めには、わたしがＣＥＯに復帰したことは既に新しいことではなくなっていた。株主やアナリストやジャーナリストなど社外の人たちはほかのことに関心を移し、わたしたちが流れを変えることができるかを傍観するだけになった。多くの人はそれを不可能だと思っていた。

わたしは毎日、一時間一時間を忙しく過ごした。クローバーの買収、パイクプレイス・ローストの発売、会社のコスト構造の分析、シニアリーダーの再編成、新しいビジョンや戦略の考案などやるべきことはあまりに多く、無駄に過ごす時間はなかった。第１四半期は満足できるものではなく、第２四半期の業績はさらに悪化する見込みだったので、わたしは危機感に駆られた。一刻も早くパートナーの気持ちを結集させ、未来に対する情熱をふたたび呼び覚まさなければならない。

世界中から二〇〇人のシニアリーダーを集めて行うグローバルサミットが企画されていた。ヴァイスプレジデントや経営陣が一堂に会するのは、スターバックス創業以来初めてのことだった。むしろ遅すぎたかもしれない。しかし、会議の重要性を見直し、強化するチャンスだ。議題は事前に知らせず、会議についても秘密厳守とされ、開催は三月四日の火曜日八時からと決められた。

スターバックスの各部門や地域の責任者が、アジア太平洋地域から、ヨーロッパから、カナダから、中南米から、そして、アメリカ中やシアトル周辺からやって来た。見事な光景だ。スターバックス中国の責任者である王金龍《ワン・ジンロン》がカナダの責任者コリン・ムーアから叫べば声が届く距離にいた。物流の専門家が建築の専門家の横に座っている。コーヒーエキスパートのリーダーが、マーケティングの重役たちに交ざっている。スターバックスでの経歴が異なる人々がそれぞれ将来への質問をもって会議にやって来たのだ。

わたしは演壇に立った。ここからでは参加者がわたしをあざ笑っているのか、それとも楽観的に見ているのかは区別がつかなかった。スターバックスを、いや、わたしを信じているのはこのうちの誰だろうか。それぞれの地域から、そして部門から集まってきたパートナーを前にしてわたしができることは、心から話しかけることだった。

「ポール・マッカートニーが、ビートルズ分裂の始まりがいつだったかを問われて、言った言葉があります」。そう言って、わたしは一九六五年の夏、ビートルズが初めてニューヨークのシェイ・スタジアムで黄色い声を上げる五万五〇〇〇人の聴衆を前に演奏をしたときのことを話した。ビートルズが最も多くの聴衆を集めたライブコンサートだった。叫び声や混沌のなかで、彼らは自分たちが演奏する音が聞こえなかったという。彼らの芸術が人気にかき消されてしまったのだ。ポールはのちに、この大コンサートが、ビートルズの終わりの始まりだったと言っている。

会場が不安に満ちたのが感じられた。スターバックスの魂の喪失を嘆いたわたしのメモが漏洩されてから、およそ一年が過ぎていた。スターバックスの株価は下落を続け、既存店売上高は、日を追うごとにマイナスの数字を大きくしている。この数字にはこだわらないことにしたものの、会社の健全性を表すものには変わりなく、無視はできない。わたしの口調はさらに沈んだ。

「スターバックスはいつ、自分たちの歌を聴かなくなったのでしょうか?」

四万店舗を目指したときだろうか。スターバックスの仕事はお客様を大切にし、コーヒーへの愛と情熱を抱き続けることだというのを忘れてしまったのはいつだったのだろうか。組織が官僚的になり、既存店売上高にとらわれて身動きができなくなったときだろうか。高品質のコーヒーを目指すのと同じように、質の高い組織をつくろうとするのをやめてしまったのはいつだったのだろうか。

もちろん、正解はない。しかし、重要なのはスターバックスが道に迷ったのを認めることだった。

白いシャツにつけた小さなクリップマイクを通して、わたしの声が静まり返った会場に響いた。

「以前、わたしたちは鏡を見て言いました。『お互いに正直になろう』。こうしたことが、今は行われていません。しかし、わたしたちはありきたりの企業でいることにもう耐えられないのです」

大きな変化を起こす決意を示すものとして、一週間前にエスプレッソの研修のために米国の七〇〇〇店を一時閉めたことに触れた。

「世界の小売業の歴史で、こうした勇気ある行動を起こそうとした企業をほかに知りません。何百万ドルも失いました。はたしてこれが正しいことなのか、と様々な分野から疑問を投げかけられました。しかし、わたしたちは、やがてこれが正しかっただけでなく、転換点であったことを知るでしょう」

人生最大の試合を前にコーチが選手たちに発破《ハッパ》をかけるときのように言った。いまは口先だけの激励や過去の失敗の蒸し返しをするときではない。現状を正直に認め、それを乗り越えていくことができるという明るい見通しを抱くべきときだ。わたしはそれが可能だと信じている。しかし、この三日間の会議が終わるときには、スターバックスの業務を統括する出席者全員にもまた、そう信じてもらわなければならなかった。

スターバックスというブランドを、わたしたちの目的を信じなければならない。また、これから発表する包括的計画――変革に向けたアジェンダを信じなければならない。シニアリーダー自身が成長し、自分たちの役割を理解し、実行し、チームに伝えていかなければ、この計画はうまくいかない。それでも、わたしについてこい、と強要するわけにはいかない。できるのは、変化の重要性を訴えて協力を呼びかけることだけである。

午前の部は、次のような言葉で締めくくった。


ＣＥＯに復帰する一週間前、子どもたちが二人揃ってこう言いました。「お父さん、どうして復帰するの？　そんな必要ないじゃない」。わたしは答えました。わたしが人生で愛しているものが二つあるとすれば、それは家族とスターバックスという会社だ、と。皆さんと同じように、わたしは家族のためであればなんでもやるつもりです。そして、この会社のためにもなんでもやるつもりなのです。

わたしは説明責任を全うします。そして、わたしたちにふさわしい場所へ到達できるよう、すべての壁を登るつもりでいます。しかし、わたしを含め、この部屋にいる誰一人として、そうしたことは一人では成し遂げられません。わが社の歴史において、今ほどわたしたちが互いを必要とするときはないのです。


ダブ・ヘイがわたしを見つめ返している。彼は元商品先物取引のトレーダーで、ワインを愛し、二五年前にコーヒー業界に足を踏み入れて世界中を飛び回っている。ピーター・ギボンズもこちらを見ていた。スコットランド生まれの彼は、二二年間グローバル化学企業に勤め、わたしたちのオファーを三回断ったあと、ようやく二〇〇七年に製造部門の責任者としてスターバックスに来てくれた。実用面での問題を解決するのを得意としている。そこにいる誰もがそれぞれの経歴と考え方をもっている。それをいまは一つにまとめるときなのだ。わたしは言った。

「わたしたちがここに三日間集まっているのは、わたしたちの存在意義を明確にするためです」

ランチのあと、ミシェル・ガスが参加者の前に立ち、スターバックスの新しいビジョンについてより詳しく説明した。

八週間かけて、意見を交換し、闘わせた結果、変革に向けたアジェンダはわたしが復帰に際してつくり上げた三つの柱から進化して、より包括的でありながら簡潔なものに進化した。わたしたちの目的とそれを達成するために何をすればいいのかを、はっきりと具体的に示したのである。すべてが一枚の書類にまとめられた。とくに重要なのは、パートタイムのバリスタも店長も地域の統括責任者も各部の責任者も、従業員の誰にも理解できる言葉で書かれたことである。これを読めばなにが大切かがすぐにわかり、変化を起こすためになにができるかを知ることができるのだ。わたしは、このアジェンダによって、具体的な目標を掲げた案内役となるツールを提供し、目に見える結果を出せるようにしたかった。それはほぼ達成できているように思えた。

ミシェルは、わたしや経営陣やSYパートナーズと協力して、変革に向けたアジェンダを進化させる作業を率いてきた。最初のブレーンストーミングのミーティング以来、SYパートナーズはわたしたちのアイデアの本質を抜き出したり、それを伝えたりするのを様々な形で助けてくれている。スーザン・シューマン、デヴィッド・グリックマンに加えて、戦略家のダーヴァラ・ヘンリーがチームに加わった。

変革に向けたアジェンダは、戦略的なビジョンから始まっている。

わたしたちの望むもの

魂を刺激し、育む企業として知られ、世界で最も認められ、尊敬されるブランドを有する優れた企業であり続ける

このビジョンに続いて、骨格となる七つの目標が発表された。七つの大きな取り組み《セブン・ビッグ・ムーブズ》と名づけられ、それぞれに達成のための戦術があった。

七つの大きな取り組み

1．コーヒーの権威としての地位を揺るぎないものにする

中核事業で業界の先頭に立つことができなければ、スターバックスは変わることはできない。スターバックスがコーヒー豆の調達、焙煎、抽出の技術に優れ、情熱を注ぎ込んでいることをすべての人に認めてもらう必要がある。そのためにわたしたちの物語を語り、エスプレッソドリンクの質を改善し、新たなコーヒーを考案し、独創性に満ちたドリンクを提供し、家庭用コーヒーの市場でシェアを拡大する。

2. パートナーとの絆を確立し、彼らに刺激を与える

すべてのパートナーは、土壌からカップに注がれるまでのすべての過程でコーヒーに対する情熱を傾け、スキルと熱意をもち、積極的にそれをお客様に伝えなければならない。今後は、すべての職位のパートナーに対する研修やキャリア開発の機会を改善し、有意義で画期的な福利厚生や報酬制度をふたたび確立する。

3. お客様との心の絆を取り戻す

お客様はコーヒーだけでなく、人間的なふれあいを求めてスターバックスにやって来る。お客様のニーズを理解し、スターバックスらしいやり方で〝価値〟を提供し、最も忠実なお客様に感謝し、報いるためのプログラムを考案する。店舗では、世界最高の顧客サービスと完璧なドリンクを提供する一方で、コストを抑え、提携企業を魅了し続ける。

4. 海外市場でのシェアを拡大する——各店舗はそれぞれの地域社会の中心になる

海外市場では拡大戦略を継続する。世界のコーヒー市場におけるスターバックスの市場占有率は一パーセントに満たない。その一方で、店舗のある地域社会や文化を支援する。地域社会とのつながりを強めるために、既存店舗および新店舗のデザインを改め、それぞれの文化を反映した新商品を提供し、ボランティアや募金活動によって地域の活動や取り組みを支援する。

５．コーヒー豆の倫理的調達や環境保全活動に率先して取り組む

スターバックスは栽培農家に敬意を払い、彼らの尊厳を守りながら豆を調達してきた。また、フェアトレードやコンサベーション・インターナショナルなどの組織と直接協力している。今後はその取り組みを拡大し、これまでの関係を強化する一方で、新しい関係を築く。また、各店舗の環境に対する負荷を減らす。この分野での取り組みを他の組織へも広げる。

６．スターバックスのコーヒーにふさわしい創造性に富んだ成長を達成するための基盤をつくる

店舗を増やしコーヒーを売るだけでなく、新商品や、紅茶、冷たいドリンク、インスタントコーヒー、フード、健康性の高い食品などコーヒー以外の商品を提供することによってブランドを拡大してきた。わたしたちのコアや価値に関連する新商品を作り出すことが、わたしたちの変革の証明である。

７．持続可能な経済モデルを提供する

収益性のあるモデルがなければ、戦術の１から６の達成は不可能である。お客様と中核事業にふたたび注力しつつ、コストを削減し、世界有数のサプライチェーンを確立する一方で、質の改善と迅速化とコスト管理を継続的に行う文化をつくることは必須である。この７番目の戦術はおそらく最も大きな痛みを伴い、受け入れるのは容易ではなく、改革の最も難しい部分になるだろう。

このアジェンダについて会議で話し合うことによって、既に発表済みの多くの取り組みが行き当たりばったりのものではなく、大きな目的を達成するためにより大きな観点から考案されたものであることを理解してほしかった。たとえば、パイクプレイス・ローストの開発やクローバーの買収は新たなコーヒーを考案するという戦略に応じたものだったのだ。

変革に向けたアジェンダは一時しのぎの解決策ではない。スターバックスが健康を取り戻し、ふたたび成長することができるようになるまで、なにに注力すべきかを決定づけるものである。また、創造的に、みずから進んで従うべき地図でもある。

単なるビジネスプランではない。わたしたち全員が信じることができる具体的なものだった。

会議の前日にスターバックスが行った発表は多くのパートナーを驚かせた。業績が落ち込んだアメリカの業務責任者が、わずか六カ月でスターバックスを去ることになったのだ。彼女の後任は、当時、ヨーロッパ、中東、アフリカの業務を率いていたクリフ・バローズに決まった。クリフは小売業に深い知識をもつ親しみやすいリーダーで、仕事の場でも優秀だった。

しかし、彼はアメリカに住んだことがなかったために、社内の複数の人々や取締役会はわたしの選択に懐疑的だった。アメリカに一度も住んだことがないイギリス人が、スターバックスで最も重要なアメリカの業務を率いることができるはずがない、と。スターバックスの収入の七〇パーセントはアメリカ国内の売り上げによるものだ。しかし、わたしは、クリフが二〇〇一年にスターバックスに来て以来、何度も一緒に海外へ出かけたし、とくに昨年は多くの時間をともに過ごして、彼について多くを学んでいた。彼の生い立ちは意外なものだった。

彼はウェールズの小さな鉄鋼の町で生まれたが、祖父や父のように大人になって溶鉱炉で働くことはなかった。両親がより良い暮らしを求めて、アフリカ南部のザンビアに移住したからだ。一〇歳のとき、一人で五〇〇〇マイルを旅してイギリスの全寮制の学校に入学し、一三歳のときに両親がイギリスに戻ってくるまで年に二度しか家族の元へ帰らなかった。父を工場の事故で亡くしたあとは、独立心が強かったために、半年で学校へ行くのをやめて小売りの仕事に就いた。一五歳で初めて働いたのは、ウールワースの店だった。毎週、日曜日は、地下室に仕掛けた粘着性の罠にかかったネズミをネズミ捕りから引き剝がすことに始まり、翌週のために罠を仕掛けることで終わった。二三歳のときに、初めて店長になった。

わたしは、彼の率いる地域の明快な組織構造に感銘を受けた。ただちに対応が必要なアメリカに、彼はわたしたちにはない規律とスキルを持ち込んでくれるだろう。店舗レベルでコーヒーとお客様に注力するという新しい戦略を伝え、実行する能力である。

シアトルの本社近くにある人気のヴェトナム料理店で、アメリカの責任者にならないか、とクリフに聞いてみた。ほかの人と同じように彼も驚いていたが、関心はあるようだった。彼が引き受けてくれるだろうと考え、どんな仕事をやってほしいかを話した。クリフは、アメリカ人の多くがいまだに時代遅れの町だと思っているシアトルに地球を半周して移り住むことを、アムステルダムにいる妻にどう話したらいいか考えているようだった。

経営陣の交代は、組織のあらゆるレベルで大きな変化が起こるのを示すものだった。会議に集まったヴァイスプレジデントたちの間に懸念や不安が感じられるのはそのせいもあるに違いない。しかし、二日半のうちに、新しい戦略が明らかにされ、わたしが直接語りかけ、変革に向けたアジェンダをともに進化させていくうちに緊張感は消えた。

会議の大半は、参加者が積極的に参加することで進められた。わたしたち自身が数週間前にやったように、ヴァイスプレジデントたちは会議室を出て、前述したようなシアトルにある最も刺激的な小売店を訪れた。課題は、売り手として、あるいは、顧客としての視点から店舗を訪れた体験について考えてみることだった。なにを見て、聞いて、どんなにおいを感じるか。言葉以外のもので体験を強化するものはなにか。全員が観察したことをノートに書き、あとで発表することになっていた。

小売店の訪問は、顧客であるときの気持ちを思い出させるだけでなく、会議をするときも、ビジネス上の意思決定をするときも、常にお客様を中心に考えるのが重要だということを、リーダーたちに教えてくれた。わたしたちがお客様との心の絆を取り戻したければ、既存店売上高を伸ばすためにどんなことでもするという考え方を捨てて、お客様をすべての中心にしなければならない。

木曜日の午後には、ツアーも、話し合いをしながらのランチも、分科会セッションも終わっていた。三日間をともに過ごし、改革について話し合い、変革に向けたアジェンダの微調整をし、それを各部門で、あるいは地域で、どのように実行するかを話し合った。また素晴らしい顧客体験が創出されているのを観察し、二人の刺激的な人物の話を聞いた。ジャズプロデューサーのマーティー・アシュビーと教育改革者のビル・ストリックランドである。二人とも人間の精神をそれぞれのやり方で育んでいる。ジャズを通して、社会を変えることで、人々のなかに可能性を見て、それによって秀でるチャンスを与えることで。わたしたちは知的にも、感情的にも様々な刺激を得られた。心地よい疲れを感じた。疲れ切っていたが、気持ちは高ぶっていた。

三日の間になにかが根づき、パートナーの大半が、求められている変化となにをすべきかを理解したようだった。わたしがスターバックスの将来を楽観しているのは、責任を与えられ、正しいツールと資源《リソース》を提供されれば、パートナーたちが期待を超える結果を出してくれることを知っているからだ。彼らがともに課題に取り組み、新しいアジェンダを受け入れるのを見ているうちに、わたしはこれまで以上に楽観的になることができた。ほかの人たちも同じように心を動かされ、スターバックスの未来のために努力をする準備をしてくれることを願った。

解散の前にもうひとつだけしなければならないことがあった。

わたしは、ジーンズと濃いグレーのセーターというカジュアルな格好で、ふたたび舞台に上がり、赤いクッションつき椅子のひとつに腰を下ろした。左の椅子に、大事な書類を置いた。わたしの背後には、この三日間で行われた修正を反映した変革に向けたアジェンダが大きく映し出されている。わたしはゆったりと椅子の背にもたれ、両手を前で組み、膝の上に下ろした。

二日前に、この会議で重要なのは、過去に起こったことを受け入れると同時に、継続的な変化の必要性を理解し、現状に満足せず前へ進むことだと言いました。不景気と地元、地域、国と世界での競争の激化といった今日の重圧はとても大きなものですが、わたしたちは自分自身を見つめ、過去のわたしたちとは異なるリーダーになり、異なる視点から世界を見なければなりません。

この会議で皆さんに話すべきことを検討した際、二五年間わたしたちとともにあったものを見直すことにしました。それは、スターバックスのミッション・ステートメントです。

スターバックスのミッション・ステートメントは、ただ額に入れて壁に飾ってあるだけのものでは決してない。わたしたちは、おそらくどの企業よりも、従うべき原則を確実にするための試金石として、また、人間の精神を刺激し育むという設立の理念に外れていないかを測る物差しとしてこれを使ってきた。

わたしたちの使命《ミッション》は新しい道を行くときのガードレールでもあった。わたしたちは、また、ときどき、バックミラーを覗き込むように、活動が一貫性を失っていないかを確認していた。

しかし、その使命から、わたしたちは外れてしまっていたのだ。

改革にあたり、ミッション・ステートメントも改定することになりました。未来への情熱と過去への敬意を表しながら、現在、スターバックスで働く人々だけでなく、将来、わたしたちの仲間になる人たちも、会社を新しい視点で見ることができるようなものにしたいと思いました。

そのとき、会場にある人物がいるのに気づいた、一九九〇年に最初のミッション・ステートメントを書いたとき、わたしと一緒にスターバックスにいたデイブ・オルセンだ。わたしは彼を、スターバックスの良心だと常に評している。そして、わたしたちのコーヒーと焙煎方法に対する彼の誇りと知識は、二〇年以上のあいだ、何千というパートナーやお客様を刺激してきた。彼は、毎日、わたしたちの使命を実行に移している。スターバックスにとってかけがえのないパートナーだ。

彼がこの場にいるのをとても嬉しく思った。デイブとわたしが最初にミッション・ステートメントをつくった頃とは、世界は大きく変わっている。それに対応した新しいミッション・ステートメントは、わたしたちの大きな野望をより大胆に反映するものだ。

皆さんを前にこの場にまさにふさわしい言葉を述べたいと思います。それはわたしたちの新しいミッション・ステートメントです。それを聞き、読み、実践するうちに、この改定作業に取り組んだチームが、過去、現在、そして将来にわたって変わることのない、この会社の価値と歴史と伝統を見事に書き表してくれたと感じるはずです。

わたしは椅子の上の書類を一枚手にとった。「わたしが全体的なテーマを読みます。そのあとは皆さんが手伝ってください」。そう言って立ち上がり、最初の行を読み上げた。

スターバックスの使命《ミッション》――人々の心を豊かで活力あるものにするために――ひとりのお客様、一杯のコーヒー、そして一つのコミュニティから。

すると、なんの合図もしなかったのに、店舗デザイン部門のヴァイスプレジデントが立ち上がり、マイクの前に立って次の行を読みはじめた。彼女の滑らかな声が会場に響いた。

わたしたちのコーヒー――私たちは常に最高級の品質を求めています。最高のコーヒー豆を倫理的に仕入れ、心を込めて焙煎し、そしてコーヒー生産者の生活をより良いものにすることに情熱を傾けています。これらすべてにこだわりをもち、追究には終わりがありません。

彼女が席に着くと、スコットランド訛りのあるイギリスの人事部門のヴァイスプレジデントが次の行を読んだ。

わたしたちのパートナー――情熱をもって仕事をする仲間を私たちは「パートナー」と呼んでいます。多様性を受け入れることで、一人ひとりが輝き、働きやすい環境をつくり出します。常にお互いに尊敬と威厳をもって接します。そして、この基準を守っていくことを約束します。

それから、順番に、さらに四人のパートナーが立ち上がり、マイクの前に立って読んだ。アジア太平洋地域の責任者が次だった。

わたしたちのお客様――心から接すれば、ほんの一瞬であってもお客様とつながり、笑顔を交わし、感動体験をもたらすことができます。完璧なコーヒーの提供はもちろん、それ以上に人と人とのつながりを大切にします。

次はカナダのマーケティング部門の責任者だ。

わたしたちの店――自分の居場所のように感じてもらえれば、そこはお客様にとって、くつろぎの空間になります。ゆったりと、ときにはスピーディーに、思い思いの時間を楽しんでもらいましょう。誰かとのふれあいを通じて。

それから、アメリカの南部中央地区のヴァイスプレジデントが読み上げた。

わたしたちのコミュニティ――常に歓迎されるスターバックスであるために、すべての店舗がコミュニティの一員として責任を果たさなければなりません。そのために、パートナー、お客様、そしてコミュニティがひとつになれるよう日々貢献していきます。私たちの責任と可能性はこれまでにも増して大きくなっています。私たちに期待されていることは、これらすべてをリードしていくことです。

最後は香港地区から出席したパートナーだった。

わたしたちの株主――これらすべての事柄を実現することにより、ともに成功を分かち合えるはずです。私たちは一つひとつを正しく行い、スターバックスとともに歩むすべての人々の繁栄を目指していきます。

わたしは真剣に、まるで初めて聞くかのように、読み上げられるミッション・ステートメントに耳を傾け、これは歴史が変わる瞬間だと感じた。すべてが読み上げられたとき、厳粛な気持ちで言った。「ありがとう」。拍手が起こった。何人かの参加者が泣いているのが目に入った。社員全員に新しいミッション・ステートメントを発表するのはもう少し先になるだろう。いまは、ここにいるリーダーたちの心にしっかりと根づいてほしい。

そのとき、会場の奥にあった巨大なパネルが左右にゆっくりと開き、一見なんだかわからないものが現れた。SYパートナーズが、新しいミッション・ステートメントの言葉をインタラクティブなディスプレイにしたのだ。「通り抜けてみてください」。わたしは部屋の奥を示しながら言った。

「そして、心に刻んでください。これがわたしたちの言葉です」

参加者は立ち上がり、スピーカーから流れるビートルズの「レディ・マドンナ」を聴きながら、一一フィート（三・四メートル）の高さがある七つの立体ディスプレイのほうへ向かった。重ねた段ボール箱にミッション・ステートメントのテーマを黒い文字でシンプルに、しかし、感情に訴えるように書いてあった。

〝わたしたちのパートナー〟を示すディプレイには、緑のエプロンの山と店舗で働くバリスタの写真の横に、パートナーたちがわたしに送ってきた手紙やメールの一部が貼ってあった。

〝わたしたちのお客様〟には、一〇〇個以上のグランデサイズのカップが、きちんとした配列で貼ってあった。それぞれのカップにはスターバックスのコーヒーを通して体験すると思われる瞬間を想定したものを記した。

「誰かがわたしのことを理解してくれているように感じた」。あるカップにはそう書いてあった。「将来が不安だった」「夕食のメニューが決まりました」「歩き回っている子に『いないいないばあ』をした」「ラブレターを書いちゃった」――。

こうした瞬間が生まれるのがスターバックスなのである。

参加者はまるで美術館にいるように大きなディスプレイのまわりに集まっていた。小声で話をする人も、黙って言葉を読んでいる人もいた。カメラを引っ張り出して、写真を撮っている人もいた。みんな笑顔だった。

それから、予想すらしなかった感動的なことが起こった。会社でこんなことがあるなんて聞いたこともない。一人がわたしに近づいてきて、新しいミッション・ステートメントにサインをしてくれ、と言ったのである。すると、別の人からも頼まれた。そして、また別の人からも。列ができはじめた。アメリカ中部地区の地域ヴァイスプレジデントであるリッチ・ネルソンが四番目にいる。そのうしろは、テキサスからアムステルダムに転勤になった入社三年目のロッサン・ウィリアムズだった。新しいパートナーにも、古いパートナーにも、握手をしながら感謝の言葉を述べた。一五〇枚以上にサインをしたに違いない。その間ずっと、わたしはパートナーたちが決意を示すのを目にしたのである。

ついに列は終わり、音楽はやみ、残っていた参加者たちも家族のもとへ、飛行場へ、ラッシュアワーで混雑した道へ向かうために部屋を出ていった。

会議は成功だ。多くの人を刺激することができたと感じた。そして、その通りだったことが、翌日、受け取ったたくさんのメールからわかった。

スターバックスのすべてのパートナーがやるべきことを示した変革に向けたアジェンダと、わたしたちの存在理由を示すミッション・ステートメント。この二つの重要な書類に、ようやく世界中のシニアリーダーたちの気持ちを重ねることができたのだ。

第14章　広い心

東京のある店舗の狭い店内で、店長の北村真弓が、日本人通訳を介して説明してくれた。彼女の店のパートナーが、視覚障害をもつ人々を招いてテイスティングパーティーを開いているのだという。一年に二回、コーヒーを試飲してもらい、コーヒー豆の原産地について説明するらしい。同僚の小川千尋と深田ゆき子がそれを思いついたのは、目の見えないお客様が来店して、「ドリップコーヒーしか知らないのでいつもそれを注文する」と言ったのを聞いたときだそうだ。東京都盲人福祉協会と日本点字図書館が近くにあることに気づいた小川は、点字用キットを借りて点字のメニューをつくり、視覚障害をもつお客様が使えるようにレジのそばに置いた。

わたしはでこぼこしたカードを親指で撫で、顔をあげて、頭を振った。なんと素晴らしいことだろうか。「こうした感動の体験を、スターバックスで働く一人ひとりと分かち合いたいのです」。わたしは、テーブルのまわりに集まった緑のエプロンのパートナーたちに向かって言った。

一週間に七日、スターバックスのパートナーは自分の身を捧げて働いている。わたしが最も感動した例の一つは、サンディー・アンダーソンの話である。母親であり、妻であり、祖母であり、スターバックスのバリスタであるサンディーは、常連客のアナマリー・アウスネスが腎臓移植提供の順番を待っていることを知った。そして、病院へ行き、検査を受けた。「適合したわ」

サンディーは、いつものようにドリップコーヒーを飲みに店にやって来たアナマリーの腕をつかんで言った。「わたしの腎臓を提供させて」。まもなく、二人はシアトルのヴァージニア・メイスン・メディカルセンターに入院した。移植手術は成功した。「人生は短いのだから、思い切り生きなくちゃ」。サンディーは腎臓を提供した理由を尋ねられて答えた。「もしわたしがそれを助けてあげることができるなら、嬉しいじゃない。それこそ本当の人間的な絆よね」

もちろんスターバックスのパートナーがいつもお客様に臓器を提供しているわけではない。しかし、彼らの温かい行為は心の底から生まれるものである。店長のなかには、お客様の家にクリスマスカードを送る者もいる。朝、コーヒーを注文するお客様のカップに、メッセージを書くバリスタも多い。パートナーたちの姿勢や行動が、お客様の心になにかを呼び起こすこともあるだろう。喜びといったものかもしれない。あるいは、自分を特別に思う気持ちとか、感謝とか、絆とかかもしれない。お客様に喜んでいただきたいという気持ちには、パートナーのスターバックスに対する気持ちが反映されている。

誇り。共感。感謝。思いやり。尊敬。絆――。

スターバックスが理想的な職場だというつもりはない。非難の的にはならないといった程度だろう。これまでもたくさんの失敗をしてきたし、これからもするかもしれない。しかし、わたしたちには大きな目標がある。そして、人間性という視点から会社を運営できると考えている。

スターバックスのコーヒーは特別なものだ。しかし、真に提供するのは感情の絆である。

とらえにくい概念であり、経営者は真似をするのが難しく、皮肉屋は冷笑する。感情への投資はどれだけ儲かるのか、と。わたしはその答えをよく知っている。

パートナーがサンディーのようにスターバックスを誇りに思えば、お客様の、そして、一緒に働く仲間の体験を進んで高めたいという気持ちになる。まさに、一杯のコーヒーからだ。

スターバックス体験の力をわたしは固く信じている。それはわたしたちの文化の精神である。わたしたちの基盤となるかけがえのない資産だ。それが現実のものになるのを見るたびに、サンディーのようなパートナーたちにとって、わたしは経営者としてふさわしいだろうか、と自問する。

わたし自身が店舗でエスプレッソを抽出したり、カウンター越しにドリンクを渡したり、お客様のために素晴らしい体験を、毎日、つくり出すことはない。わたしにできるのはレバーを正しく引いて、パートナーのために素晴らしい体験をつくり、商品を決め、働くことを誇りに思える職場にするための新しいプロジェクトにゴーサインを出すことだ。既に検討中のものもある。正直に言えば、なにに注力すべきかという選択の多くは、直感で決めている。CEO復帰後の数カ月はとくにそうだった。しかし、エスプレッソ研修からパイクプレイス・ローストの開発まで、お客様のための取り組みには、パートナーたちの気持ちをふたたびスターバックスに結び付けたいという狙いもあったのだ。パートナーたちに誇りをもってほしい。わたしはいつもそう考えていた。

利益と社会的良心を難しいながらも両立させていくのがスターバックスの創業当時からの使命だったので、長い間、わたしたちは〝異色企業〟と見なされてきた。しかし、わたしたちが何をやっているかは、実はあまり知られていない。もちろん、たくさんのことをやっている。パートナーそれぞれの活動に加えて、会社全体の集中的な取り組みもある。

納入業者とともに何年も研究を重ねた結果、アメリカとカナダのスターバックスで使うホットコーヒー用のカップは、古紙を一〇パーセント配合するようになった。それにより年間約七万八〇〇〇本の木を切らずに済むだけでなく、三〇〇万ポンド（約一三五〇トン）の廃棄物を減らすことができた。アメリカ食品医薬品局が初めて、古紙が含まれるものを直接食品に触れる包装に安全だという評価をしたことを考えれば、意義は大きい。また、スターバックス基金は、長年、小売りやコーヒー栽培地域の取り組みを支援するために何百万ドルもの資金を提供している。スターバックスの店舗で販売されているイーソスウォーターは、一本売れるごとに五セントが、子どもたちが清潔な水を飲めるようにする取り組みに寄付される仕組みになっている。また、パートタイムの従業員も健康保険に入れるという前例のないシステムをつくった。さらにフェアトレード認証コーヒーを買い付ける世界で最も大きな企業の一つとして、何千もの栽培農家と家族を支援している。

こうした取り組みはわたしの誇りだが、実は、社内でも社外でも、あまり知られていなかった。良いことをしていても、そのことをうまく伝えていなかったのである。マーケティング部門が解決に努め、二〇〇八年、倫理的な調達や環境面でのリーダーシップやコミュニティへの貢献を一つのまとまった声として宣伝するキャンペーンを行うことになるが、それはまだ先の話だ。

社会や環境面でリーダーシップをとることによって、パートナーたちの会社に対する誇りを取り戻すのが重要だ、とわたしは思った。そこで、二〇〇八年一月一〇日、ベン・パッカードに会った。ベンは賢く、物腰が穏やかなパートナーで、アウトドア好きの男だ。大学生の頃から就いた仕事はすべて環境保護に関するもので、ＭＢＡ（経営学修士）を取得し、環境マネジメントの資格を手に入れたのち、一九九八年に入社した。情熱的で専門知識がある彼がいてくれてよかったと思った。「ベン」。その日、彼を暫定的に社会的責任（ＣＳＲ）の責任者に任命してから言った。「わたしたちの物語をみんなに伝えよう」。やるべきことはたくさんあったが、まず、希薄になりつつあるコンサベーション・インターナショナルやフェアトレードとの関係を、ふたたび強化するように頼んだ。

ベンは、マーケティング部門のシニア・ヴァイスプレジデントであるテリー・ダヴェンポートとともにコンサベーション・インターナショナルと最初の会合を開いた。環境問題に取り組むこの非営利組織とは一〇年前からのつきあいだが、その関係も失われていた。久しぶりにレベルの高いミーティングが行われ、コンサベーション・インターナショナルの人々は気候変動への不安を強く訴えた。

地図を広げ、赤道地域を指し示し、かけがえのない植物や動物の生息する一帯が危険にさらされていることが説明された。多数の絶滅寸前の種が発見される〝ホットスポット〟が、気候変動によって失われる危険があるというのである。生態系を破壊するのは、森林伐採だけではない。焼き畑や開拓による二酸化炭素排出量は、世界全体の二〇パーセントに当たるらしい。世界中の車両の排出量を合わせたものの二倍だそうだ。

偶然にも、こうしたホットスポットは、スターバックスのとても貴重なコーヒーを生産する農家がある地域だ。

アイデアが動きはじめた。新たな契約が結ばれることになった。

スターバックスはコンサベーション・インターナショナルと再契約し、三年間で七五〇万ドルの支援をすることに決めた。新たな段階を迎えたパートナーシップによって、わたしたちはまず、自分たちの倫理的なコーヒー豆調達のためのガイドラインC.A.F.E.プラクティスを再評価し、わたしたちが意図する人々や地域に確実に良い影響を及ぼすことができるようにする。次に小規模の農家を世界の炭素市場に結び付ける。さらに、コンサベーション・インターナショナルと協力して、より積極的に、より広くわたしたちの取り組みを伝える。

わたしはわくわくした。スターバックスは、善きことを成す触媒にふたたびなれるのである。パートナーたちはこれを誇りに思うだろう。彼らにも、そしてお客様にも早くこの計画を知らせたかった。しかし、ほかの人の口から知らせてもらうほうがもっと効果的かもしれない。わたしはコンサベーション・インターナショナルの尊敬すべき共同設立者ピーター・セリグマンに電話をかけ、わたしたちの関係が強化されたことを発表してほしいと頼んだ。

わたしたちのコーヒーに対する感情の絆を取り戻すために、わたしが頼んだことをパートナーたちが実行するには勇気が必要だった。これまでに行った最も大きな財務的、物量的な賭けは、およそ二万台のエスプレッソマシンをより高性能なものに取り替えることだった。試作品はずっと以前から製作にかかっていて、まもなくできあがろうとしていた。あとは誰かがスイッチを入れるだけだ。

手動にするか、全自動にするかについては激しい議論が交わされた。独立系のコーヒーショップは手動のエスプレッソマシンを好む。しかし、スターバックスのような来客数の多い店舗では、常に一貫した高品質のエスプレッソを一日に何百万回も抽出できる、優れた技術をもつ半自動の機械がいいだろう。また、温度、湿度、圧力など、エスプレッソの質を左右する豆からカップに注ぐまでの設定を変えられるものでなければならない。

マニュアルの機械には、豊かでロマンに満ちた歴史がある。わたしたちが愛用しているラ・マルゾッコのエスプレッソマシンはスターバックス体験の一部だ。しかし、お客様が増え、エスプレッソの注文が増えるようになると、バリスタは同じ作業を繰り返すせいで手首を痛めるようになった。それでもラ・マルゾッコには熱心なファンがいた。ところが、重役会議室で数人の店長と話し合いをしたとき、彼らは、自動の機械を採用するべきだと強く主張した。選択肢はひとつしかなかった。半自動のエスプレッソマシンである。エスプレッソの質は維持しなければならない。

二〇〇〇年、ラ・マルゾッコのエスプレッソマシンをベリシモ八〇一に変えた。ベリシモ八〇一は最新鋭の半自動エスプレッソ抽出機だ。スイスのルツェルン湖を囲む丘の上に位置する、人口五〇〇〇人弱の町ヴェッギスにあるファミリー企業テルモプランが製造している。わたしは度量の広い、勤勉な経営主であるドメニク・シュタイナーとエスター・シュタイナーに会った。二人が会社を設立したのは一九七四年だ。テルモプランは建物や公園を建設する資金に寄付をし、小さな町の人々の尊敬を集めている。二〇〇六年のワールドカップ開催時に、ブラジルのナショナルチームの練習用グランドを造る資金を援助して、世界から注目された。

ベリシモ八〇一は素晴らしい技術によってつくられていたが、カウンターに置くには高さがありすぎるのをわたしはずっと不満に思っていた。

ポール・キャメラが率いる開発部の少人数によるチームは、テルモプランと共同で次世代機をつくろうとしてきた。設定した基準は高く、スターバックスが事業拡大に注力していたときだったので、開発は遅れ、失敗を繰り返した。しかし、二〇〇七年の終わりにようやく完成が近くなり、わたしがCEOに復帰する前に試作品ができあがった。二〇〇八年一月、わたしは商品の公表を承認したものの、スターバックスのエスプレッソマシンを店舗での体験の一部として、より際立つ優美なものにしたかった。そこで、デザインをもう少し芸術性の高いものにするよう頼んだ。

そこでできあがったのが、マストレーナと呼ばれる美しいエスプレッソマシンだ。

マストレーナは人間工学に基づいてデザインされ、鈍く光る銅と光沢のあるメタルを使った実に美しい機械だった。上部にある透明の円盤にはこれから挽く新鮮な豆が納められている。部品はすべてスターバックスの豆を考慮してつくられた。また、嬉しいことに、高さが四インチ小さくなったので、お客様とバリスタが顔を合わせ、言葉を交わすことができる。さらに、バリスタは機械を操作する感覚を楽しめる。豆を挽くときの粒子の大きさと抽出時間とを完璧に設定することによって、自分が淹れたコーヒーを誇りに思うことができる。改善されたスチームワンドは、お客様に好まれる濃い、クリーミーなスチームミルクをつくる。

バリスタの仕事は楽ではない。何時間も立ちっぱなしだし、レジの前の列が長くなれば、何種類もの複雑な注文に対処しなければならない。大変な重労働なのだ。だからこそ、仕事の手順に誇りをもつことがなによりも大切になる。マストレーナの世界一のテクノロジーを使えば、それも可能だろう。

マストレーナのことを早く公表したかった。しかし、まだそのときではない。マストレーナの導入も、コンサベーション・インターナショナルとの関係強化もまだ伏せておかなければならなかった。

第15章　現状を打破する

マイケル・デルはノートパソコンの電源を入れた。「これを見てくれ、ハワード」。そう言って、あるウェブサイトを表示した。

二〇〇七年一二月二三日、まだわたしがCEOに復帰する前のことだ。ハワイで休暇を過ごしていたわたしとマイケルは、友人たちと三〇マイル（四八キロ）のサイクリングを終えたところだった。このサイクリングは健康のためという以上に、わたしにとって心理療法のようなものでもあった。マイケルとわたしは、仕事上でのそれぞれの経験を互いに話すようになっていたからだ。

この朝初めて、絶対に他言しないでほしいと言ってから、CEOに復帰するつもりだと彼に打ち明けた。サイクリングが終わって彼の家へ行ったとき、マイケルは初めてデル社の変革に向けたアジェンダを見せてくれた。それをのちにわたしはスターバックスに応用したのである。さらに、彼は「アイデアストーム」というウェブサイトを呼び出して見せてくれた。

デルが運営するそのサイトは、PCのユーザーがアイデアを投稿できるようになっている。デルはお客様との絆を取り戻すためにアイデアストームをつくった、とマイケルは説明してくれた。スターバックスもインターネットを利用するべきかもしれない。わたしは興味をそそられた。
革新《イノベーション》とは、商品を見直すことではなく、関係を見直すことだとわたしは思っていた。だから、デルはアイデアストームによってお客様の声を取り入れ、商品やサービスの改善している、というマイケルの言葉にうなずいた。スターバックスが学ぶべきものがあるはずだ。失いかけているお客様との絆を取り戻すチャンスになる。

マイケルはすぐに、セールスフォース・ドットコムの設立者でCEOであるマーク・ベニオフに電話をかけてくれた。同社の顧客関係管理のアプリケーションが、デルのサイトの基盤となっているのだ。マークもまた家族と一緒にハワイで休暇中だったので、次の日クリスマスイブの朝、わたしたちは二人で朝食を一緒にとった。彼がインターネット上にあるお客様のコミュニティの力についてざっと説明してくれるのを聞きながら、彼の賢明さと先を見通す力に感銘を受けた。アイデアストームと同じようなことがスターバックスにも可能だ、とわたしたちの意見は一致した。

朝食が終わるまでに、マークとの話をできる限り進めたが、ここから先は然るべき人に任せたほうがいい。わたしは携帯を手にとり、シアトルの電話番号を押した。

「スターバックスで働いている」と言うと、必ず相手からやるべき仕事のリストを渡される——こんなジョークが社内にはある。「こうしたほうがいいんじゃない？」と、新しいアイデアがたくさん出てくるらしい。みんなわたしたちに提案したいことがあるのだ。お客様との心の絆を取り戻すのに、これを利用するのも一つの方法かもしれない。実店舗をもつコーヒー会社が、ネット上のコミュニティでお客様を増やそうとするのは奇妙なことかもしれないが、マーケティングの隠れたチャンスを利用しない手はない。費用はそれほどかからず、全米にコマーシャルを流すのに比べたら無料も同然だ。スターバックスはコマーシャルをずっと避けている。コマーシャルは場所や時間が最適でないときに流されてしまうおそれがあるからだ。慎重にやらなければ、ブランドのイメージを損ないかねない。

もちろん、スターバックスにもウェブサイトはあった。しかし、それは、わたしたちが打破しなければならない現状の象徴だった。バーチャルな世界への真の旅――さらにソーシャルメディアとデジタル技術を利用する力を開発する試み――は二〇〇七年一二月二四日に始まった。

既に日が暮れたシアトルで、クリス・ブルッツォの携帯が鳴った。献身的で、精力的なリーダーであるクリスは、少し前にアマゾン・ドットコムから転職してきたばかりで、わたしたちがインターネットについての理解を深めるのを助けてくれていた。「もしもし」

「クリス、ハワードだ。少し話せるかい?」

わたしが興奮しているのを声から感じ取ったクリスは、家族が集まる部屋を出て書斎へ向かった。

「今、セールスフォース・ドットコムのマーク・ベニオフと話をしていたんだ」。わたしは言った。「クリス、マークと話してほしい。今日中に!」わたしはやりたいと思ったら、いても立ってもいられない。そのことは会社中の人が知っていて、たいがいは受け入れてくれるが、ときには不満のもとにもなる。しかし、クリスはわかってくれた。彼はアマゾンで本や商品のレビューを通して双方向性のコミュニティをつくり、顧客をサイトに参加させてきた。顧客の多くがネット上でブランドとつながりをつくるという動きが既に始まっているのを知っていたのである。そして、スターバックスのお客様は既に、考えやアイデアや体験を他のお客様に、また、わたしたちに伝えたがっている。

電話を終えると、クリスはハワイにいるマークに電話をした。クリスマスイブの話し合いを通して彼らがまいた種は、のちにニューヨークで花開くことになる。

一週間後、ベン・パッカードをＣＳＲの責任者に任命したのと同じ週に、クリス・ブルッツォを暫定的に最高技術責任者に指名した。わたしの最初の指示は具体的なものだった。スターバックス版のアイデアストームを構築することだ。

クリスは、新たに彼の部下としてデジタルチームの部長に任命されたアレクサンドラ・ウィラーとともに、グリーンストーム計画と名づけたプロジェクトを監督することになった。スターバックスとセールスフォース・ドットコムのそれぞれ六人が、直ちにグリーンストーム計画を実現するために動きはじめた。パイクプレイス・ローストやマストレーナの開発など、社内で行われている取り組みのなかで、グリーンストーム計画は、六三日後の株主総会で発表すべきだと思った。

デジタルチームが精力的に取り組むうちに、すぐに一つの考え方が明らかになった。つまり、お客様から提案をいただくだけでなく、その後の対話がより大切だということだ。リサイクルや低脂肪のフードといったお客様からの提案は、対話へとつながる扉なのである。それぞれの意見が、お客様に学び、伝える貴重なチャンスとなれば、新しくできるウェブサイトは一方通行の「ご意見箱」ではなく、真のつながりを確立するものになる。

もちろん、検閲もなく、リアルタイムで対話をしたり、批判を受け入れたりすることに不安を抱く人も社内にはいた。誤った情報が投稿されたら？　悪口だったら？　パートナーが不適切な答えを書いてしまったら？　実現できないことを期待させてしまったら？　ネット上ではスターバックスに対する議論は既に行われている。しかし、わたしたちがそれに参加したことはほとんどなかった。

デジタルチームではふたつのことを前もって決めた。

まず、専任の担当者を一人か二人置くのではなく、会社中から五〇人のパートナーをモデレーターとして選び、一週間に八時間ずつ、コーヒー、フード、会話といった得意分野を生かして、投稿に対応してもらう。リスクはあるが、誠実で正直なコミュニケーションが実現するだろう。

しかし、五〇人のグループで臨んでも、すべての投稿に返事をするのは難しく、満足してもらえる解答をするのは不可能だ。それでも、アイデアを募集しておきながら、お客様を無視するようなことはしたくない。解決策として、意見に賛成票を投じてもらうことにした。サイトにログインしたお客様が、他の人の提案に賛成するかどうかを決める。多く得票し、高水準の議論が交わされたものには、スターバックスのモデレーターが参加して特定の質問に答え、アイデアを店舗で実現するために動き出すのである。

皮肉にも、最大の問題は技術的なことではなく、人間的なことだった。たとえば、新しいサイトに人員を割いてくれるよう、リーダーたちを説得しなければならなかった。市場ではスターバックスに対する批判は最高潮に達しつつあったので、それに進んで身をさらすことや、サイトが「アンチ」と呼ばれる人たちに乗っ取られることへの不安も鎮めなければならなかった。さらに、解答するときにうっかり機密情報を漏らすことがないよう、五〇人のモデレーターを訓練する必要もあった。

質問をすべて想定して話し合う時間はなかった。いずれにしても、わたしたちがコントロールできること、すべきことは限られている。ただ、サイトに参加してくれる人たちが節度と自制を守ってくれることを信じ、優れた提案を促して、不快な発言は避けるようにすることしかできない。

グリーンストーム計画の実行チームは、昼も夜も七階で準備を進めた。問題は当然発生したが、仲問題意識によって乗り越えた。スターバックスのお客様同士をつなぐ、新鮮で、楽しいものをつくり出し、ソーシャルメディアの力を活用することで、足が遠のきつつあるお客様をふたたび店に引きつけることができるかもしれない、と彼らは信じていた。わたしは日々の問題解決には関わらなかった。細かいことにまで口を出すのはわたしの流儀ではない。テクノロジーについてはとくにそうだった。新しい手法を自由に採用することは許可したが、説明は求めた。「これをジャンプボールにするつもりはない」。わたしはクリスに言った。必ず決めなければならないシュートなのだ。

二〇〇八年三月半ば、スターバックス初のバーチャルコミュニティを公表する準備が整った。インターネット上でも、株主総会でも。

第16章　大胆な取り組み

二〇〇八年三月一九日、春はもうすぐそこだったが、気温は低く、冬はまだ続きそうに思われた。わたしは夜明け前にマッカウホールに着き、リハーサルを行った。そして、午前一〇時前、舞台裏で一人考えていた。

大きく厚い幕の向こう側には、二時間にわたるスターバックスの株主総会に参加する何千もの人々が入ってきて、席に着いている。最初の何列かはアメリカ中からやって来た経営陣や取締役たちで、わたしの家族も来ている。その背後で劇場の最後列までとバルコニー席を埋め尽くすのはスターバックスの株主とパートナーである。大学生の息子や娘を連れた両親、定年退職者、夫を亡くした女性、お客様など公開後に株を所有した人たちや、アーニー・プレンティス、シンシア・ストロウム、スティーヴ・リット、キャロル・ボボ、ゲイリー・ストラトナー、ハロルド・ゴーリックなど、一九八〇年代にわたしに投資をしてくれた人たちもいた。

わたしにとって、株主総会は、一九五〇年代にテレビの人気番組だった「ディス・イズ・ユア・ライフ」のようなもので、多くの人の顔を見て、これまでの人生を思い出す機会である。単なるビジネスではなく、非常に個人的なものでもあるのだ。他の公開企業とは異なり、わたしたちの株主総会は取締役を選んだり、提案の採決をしたりする重たく堅苦しいものではない。スターバックスを支持し、わたしたちに絆を感じてくれる株主と、基盤となるお客様が集まる機会なので、わたしは、ずっと長い間、これをブランド構築の機会に活用してきた。そのため、何年も前から、会場に入りきれなかった何千人ものお客様は、隣接するシアトルセンターのエキシビションホールの巨大スクリーンで、総会の様子を見ることができるようにしている。わたしたちの総会はまるでショーのようなものなのだ。

スターバックスはこれまで見事な業績を収めてきたので、いつも追い風を得ながら株主総会に突入してきた。賛辞と喜びの声を受けて抱き合うことができたのは、株主価値を大いに高めてきたからである。苦労したのは、感謝を表し、参加者を驚かせるために、前年を上回る総会にするということだけだった。たいがいは、サプライズ・エンターテイナーとしてスターバックスの店舗でCDを販売しているアーティストを呼んだ。あるときは、トニー・ベネットが歌った。ポール・マッカートニーが衛星通信によって参加してくれたこともある。この年はわたしの友人であるK・D・ラングだった。

しかし、戦略的な目的もあった。株主総会は、スターバックスが様々なプロジェクトを結実させるための推進力にもなる。

二〇〇八年以前は、そうした力は必要なかった。

しかし、この年は、わたしたちがふたたび未来に対する自信を築くためにこの機会を活用するつもりだった。お客様重視の六つの新しい改革の取り組みが発表されることになっていた。それぞれが変革に向けたアジェンダの骨格である七つの大きな取り組みに一致する。六つの取り組みが個々に、そして総体的に、スターバックスが注力する分野を示してくれるのを願ってのことだ。

舞台裏でわたしは不安を感じていた。業績や株価が前年を下回ったのはこれが初めてなのだ（株価は四四パーセント下落していた）。株主はがっかりしているはずだ。どんなことが起こるかは想像さえできなかった。

わたしが台本を持たずにやることに不安を抱く人もいた。舞台上の発言は、参加している記者やブロガーによってすぐにネット上で広まる。しかし、わたしの考え方はきわめて単純だった。侮辱されようが、温かく迎えられようが、自然に対応したいということだ。細心の注意を要する機会だからこそ、テレプロンプターを読むのではなく、状況に即した言葉を述べ、スターバックスを支持してくれる人々と心からのつながりをつくりたかったのだ。

女性の声がホールに響いた。「ここに株主総会を開催いたします。監査役は定数に達していることを確認しました」。それに続いて、株主総会を始める際に必要な免責事項を読み上げた。その瞬間、両親のことを思い出した。毎年、舞台の袖で出番の合図を待っているときはいつもそうだ。

スターバックスの歴史のなかで最も重要な株主総会が始まる。わたしは最悪の場合に備えていたが、同時に、最良のものになることを願った。

「わぉ」

わたしは言った。いい大人が使うべき言葉ではないかもしれないが、思わず口をついて出た。重い気持ちで舞台中央に歩み出た濃紺のスーツとネクタイ姿のわたしを、大きな拍手が迎えてくれたからだ。口笛を吹く人さえいた。照明が明るくて、座席にいる人たち全員の顔を見るのは不可能だった。

「ありがとうございます」。わたしは静かに言った。驚くとともに、ほっとしてもいた。

「本当にありがとうございます」

興奮しながらも、みんなを鎮めようとした。「わお。こんなふうに迎えていただけるとは思ってもみませんでした」。笑いが起こった。そのとき、確信した。スターバックスとわたしは、株主の皆さんに支持してもらえる――少なくともこの二時間のあいだは。

わたしは仕事に取りかかりはじめた。

今回のような株主総会は初めてではないかと思います。深刻な不況のせいで、消費が後退していると言われています。また、今週、アラン・グリーンスパンが、景気は、第二次世界大戦以来最悪の状態にある、と言いました。

一方、会社の業績も、皆さんの、そしてわたしの期待どおりではありませんでした。スターバックスの業績が悪く、皆さんの投資資産に影響を与えているために、皆さんが心配し、落胆していることは理解しています。そして、このままにしておくつもりはないことを約束します。

社内にも社外にも、わたしたちが取り組まなければならないことはたくさんあります。しかし、お客様とお客様の体験に焦点を合わせ、コーヒービジネスに携わる他の企業との差別化を図ります。この場に来てくださった方たちに、そして、来られなかった方たちにも、スターバックスをふたたび信じてもらえるような理由を示すときが来ました。それがまさしく今日わたしたちがやろうとしていることです。

わたしはちょっと間をとってから、取締役を紹介した。わたしが名前を呼ぶと、一人ひとり順番に立ち上がった。次に、一二年スターバックスに尽くしたのち引退することになった最高財務責任者マイケル・ケイジーに感謝を表した。

「スターバックスのパートナーは世界中に二〇万人います。今日は、全員ではありませんが、多くがここに来ています。パートナーの皆さん、立っていただけますか？」

拍手のなかでパートナーたちは立ち上がり、手を挙げた。

「さて」。わたしは言った。「それでは始めましょう」

わたしは黒い布に覆われた大きなモノの前に立った。

「これから皆さんにお見せするのは、スターバックスのコーヒーの質と一貫性を比類ないものにしてくれるとわたしたちが信じる新しい装置です」

布が取り払われて、マストレーナが姿を現した。実演のために、一七歳のアン＝マリー・クルツがわたしと一緒に舞台に立った。パートタイムのバリスタとして働きはじめた彼女は、いまではコーヒー部門のスペシャリストとして、素晴らしいエスプレッソを抽出する。赤い縁の眼鏡をかけた彼女が、微笑みながら、マストレーナのレバーを優雅に操作して、注ぎ口の下にショットグラスを二つ置いた。

「試してみませんか？」

「喜んで」。わたしはグラスにエスプレッソが注がれるのを見ながら聞いた。「この音は？」

「グラインダーの音です」。アン＝マリーが答えた。ぶーんという小さな音がしている。

「豆は一杯ごとに、コーヒーを抽出する直前に挽くようになっているんです。それが従来の機械と違うところですね。いつも挽きたてのコーヒーをお客様に提供できます」

わたしは彼女から渡されたコーヒーを飲んだ。

マストレーナによって、スターバックスは他社との差別化を図れるはずだ。二〇〇八年の終わりまでに、アメリカの直営店の三〇パーセント、二〇一〇年までには大半の店舗に設置する予定だった。わたしは前方の席に座っているドメニク・シュタイナーと彼の家族に向かってうなずき、立ち上がるように頼んだ。

「これはただの機械ではありません」。わたしは言った。「スターバックスが、一貫性のある高品質のエスプレッソを抽出するのを可能にし、店舗でのエスプレッソ体験を変えてくれるのです」

わたしはアン＝マリーに礼を言い、次の話題に移った。

「さて、コーヒーの話をしましたが」と、わたしは聴衆に向かって言った。「次は土です。スターバックスと発展途上国の栽培農家との結び付き、それから、コンサベーション・インターナショナルのユニークな関係について説明したいと思います。それでは、コンサベーション・インターナショナルのCEOであるピーター・セリグマンをここに迎えましょう」。ピーターは舞台に出てきてわたしと抱き合ったあと、スターバックスの株主たちに向かって語りはじめた。

わたしたちは、一九九八年、スターバックス社がコーヒーの日陰栽培によって多種多様な生物を保護し、栽培農家に公正な報酬と労働環境を提供していることを示すために協力しました。今日、わたしたちの惑星が直面している問題、つまり世界的な気候変動の問題に取り組むための協力関係を築くために、ここにハワードと並んで立つことができるのを誇りに思います。

気候変動の問題への取り組みの第一歩は、森林を守ることです。コンサベーション・インターナショナルとスターバックスは、協力して、栽培地域のコミュニティが森を破壊することがないよう働きかけたり、奨励金を設けたりすることで、コーヒー栽培地域を取り巻き、恵みを与える土、水、森の保護に注力していきます。

いま、わたしたちは社会が協力して真の変化を起こすことができる瞬間、つまり、歴史家の言葉を借りれば〝オープン・モーメント〟に立ち会っているのです。毎日、何百万人もの人と関わり、その人たちをコーヒーを栽培する人々や土地と結び付けることができるスターバックスの力は大変重要なものです。この提携はスターバックスにとって、三つの意義があります。栽培農家を支援すること、生態系を保護すること、お客様に気候変動について知ってもらい、解決のための努力の一端を担ってもらうことです。

ピーターの発言が終わると、わたしはコーヒー豆の袋を手に持って発表した。「二〇〇九年の終わりまでに、『責任をもって栽培され、倫理的に調達されたコーヒーを、お客様に誇りをもって提供する』というわたしたちの取り組みを示す新しいマークをつくり、スターバックスのすべてのエスプレッソ用の豆とエスプレッソベースの飲み物はそれにふさわしいものにするつもりです」

わたしは右手で、スーツの上着の胸ポケットから小さなプラスチックのカードを取り出して言った。「次に発表するのは、ポイント・プログラムです」。まるで「遅すぎるくらいだよ」とでも言うように、大きな拍手がわき起こった。彼らの言う通りだ。スターバックスも、そろそろ忠実なお客様に感謝を示すプログラムが必要だ。これまで、プリペイド制のスターバックスカード以外、何もなかった。

ＣＥＯに復帰してわたしがもらった最も重要な助言の一つは、シアトルに住む友人で、アメリカで最も優れた小売業の重役からのものだった。コストコ・ホールセール・コーポレーションの共同設立者でありＣＥＯであるジム・シネガルがこう言ったのである。

「中核となるお客様を守り、維持しなければならない」。彼を招いてマーケティングチームの前で話をしてもらったときのことだった。「中核のお客様を失い、景気後退時に取り戻すのは、お客様に投資をし、維持するのよりずっと費用がかかる」

二〇〇七年、スターバックスの業績が落ち込みはじめたとき、マーケティング部門を率いていたミシェル・ガスとテリー・ダヴェンポートはお客様の行動を研究し、驚くべきことを発見した。それは、お客様がある朝起きて「もうスターバックスに行くのはやめよう」と思ったのではないということだ。お客様は来てくださるが、回数が減ったのである。たとえば、午前中早くラテを飲み、午後にふたたび来店して、元気を取り戻すためにモカを飲んでいたお客様が、午後は来なくなった。

ここから大切なことがわかった。お客様はスターバックスを見捨てたのではなく、来る回数を減らしたのだ。

また、市場調査と常識とは別のことがわかった。創業当時は想像もつかなかったことだが、多くのお客様には気に入ったカスタマイズがあるのだ。「グランデサイズのアイスラテ。無脂肪乳を下の線のところまで入れて、氷を上までいっぱい入れて、フォームミルクは固く泡立てて、蓋はドーム型にしてください」。ある女性はワシントンのコールクリーク店でほとんどいつもこうやって頼んでいた。別の男性はベルヴュー店で、ベンティサイズのブレベをエクストラホットでフォームミルク少なめ、と言って頼んでいた。

カスタマイズはスターバックス体験の一部であるだけでなく、わたしたちのファンに報いる素晴らしい機会である。

わたしは株主たちに言った。「皆さんも二〇〇八年四月からリワード（特典）カードを持つことになるかもしれません。これにはいくつかの特典をつける予定です。コーヒー豆を一ポンド（約四五三グラム）買うごとにドリンク一杯を無料サービス、ドリップコーヒーのおかわり自由、豆乳やフレーバーシロップなどを追加料金なくカスタマイズできるといったものです」

カードは忠実なお客様に感謝する一方で、不景気のせいで出費を控えているお客様のために価値を提供するものだ。あまり来店することができなくなったお客様や、少し安いからという理由でカスタマイズのドリンクからドリップコーヒーに変えたお客様は多少ほっとするだろう。

リワードカードは効果的に導入できれば、すぐに使ってもらえる可能性がある。一番の難関はお客様の財布にカードを入れてもらうことだ。しかし、既に五〇〇〇万人超の人々がスターバックスカードを持っている。インターネット経由でカードを登録してもらえば――デジタル機器を使いこなすお客様なら容易にできることだ――スターバックスカードが即座にリワードカードになるようにすればいい。テリーはこれを好んでトロイの馬と呼んだ。スターバックスが初めてのロイヤルティープログラムの恩恵をすぐに受けることができるからである。

「リワードプログラムは四月中旬に始まります」。わたしはそう言い、ポケットにカードを戻した。

「それだけではありません」

三人のパートナーが舞台に上がった。

クリス・ブルッゾは、スターバックスの新しいウェブサイトであるマイスターバックスアイデア・ドットコムを紹介した。そして、舞台上で、正式にサイトをオープンした。カーテンの裏では、アレックス・ウィラーがノートパソコンに向かい、その朝、会場に入ってくる株主たちから集めたアイデアをアップロードしていた。オフィスでは、何人かのモデレーターが対応のための準備をしている。サイトをオープンしてから数分後、すぐに提案が書き込まれた。「誕生日の無料ドリンクをプレゼントしたらどうか」「誰でも店でＷｉ‐Ｆｉを使えるようにしてほしい」――。

その後、二四時間のうちに、七〇〇〇のアイデアが書き込まれた。七〇〇〇である。株主総会をブロードキャストで見たり、ブログの投稿を読んだりした人たちからだろう。スターバックスにとっては大きな意味があることだった。

アンドリュー・リンネマンは緑のエプロンを着用し、同僚のレズリー・ウォルフォードとともにテーブルの向こう側でコーヒーテイスティングの用意をして、テーブルの向こう側でパイクプレイス・ローストを紹介したあと、わたしと一緒に、スターバックスはふたたびコーヒー豆を店舗で挽くということを発表した。驚いたことに、アンドリューはその日、入場するお客様がパイクプレイス・ローストを試飲する様子を録画した短い映像を流した。

「滑らかだ」「バランスがいいですね」「軽い」「飲みやすいな」――。

お客様の自然な反応が、音楽のように心地よく響いた。これこそが新しいブレンドで実現したかったことだった。

最後はクローバーだった。「フレンチプレスのおいしさを商業ベースで再現できたら素晴らしいと思いませんか？」

わたしは株主たちに向かって言った。そのあとは、これほど多くの聴衆の前に立つのは初めてというザンダーが、彼の会社が発明した機械が素晴らしいコーヒーを作ることを説明し、頭上の巨大なディスプレイでみんなに見えるように、カメラに向かって機械を動かした。

これが六つの改革の取り組みだった。

- ●マストレーナ
- ●コンサベーション・インターナショナル
- ●リワードカード
- ●マイスターバックスアイデア・ドットコム
- ●パイクプレイス・ロースト
- ●クローバー

「わたしたちが全力を傾けて、目の前の課題に取り組んでいるのをおわかりいただけたと思います」

聴衆を見渡してわたしは言った。

しかし、スターバックスの状況はさらに厳しくなっていた。その日、一八・三四ドルで始まった株価は一七・五〇ドルに下落した。売り上げは毎日減っていた。もちろん、消費者信頼度、失業率、住宅着工件数といったアメリカの経済指標も落ち込んでいた。上昇を見せているのは、人件費と乳製品などの原材料価格だけのようだった。これはわたしたちの利鞘《りざや》をさらに圧迫するだろう。世界の金融システムが危うくなり、嵐が吹き荒れている。さらなる発展のためには一時的な落ち込みは避けられないとわたしは信じているが、誰も、どんなに賢いエコノミストも、連邦政府も、落ち込みがどれほどになるのかわからずにいた。

しかし、不安に駆られているだけでは、スターバックスの成功は望めない。他社は、データに基づいた事業計画を立てたり、定型的な戦略をもった専門家を雇ったりして、組織を再構築している。しかし、それでは、たとえ成功しても、魂を失ってしまう。スターバックスは、創業の精神からして、そうした企業とは違うのだ。もっと成熟した方法をとらなければならない。国際的な事業をより綿密に、より統制のとれた形で進め、より経験と才能豊かな人を雇い、外部の専門家の助言を求めるのだ。

スターバックスにとって、改革とは、単にネジを締め直すことではない。わたしたちの価値を感じ、確信しなければならない。わたしたちは人と人との絆をつくる企業である。栽培農家とも、オフィスでも、店舗でも、地域においても。それを信じることができなければ、スターバックスは消えていくしかない。

人間性は絶対に失うことはできない。

わたしは、スターバックスを発展させ、勝利を得るために、それまで長い間わたしたちを突き動かしてきた愛と誇りを、パートナーたちの胸にふたたび植え付けたかった。だからこそ、それまでの一週間はとても重要だった。初めてのブレーンストーミング会議でビートルズについて話し合い、初めて二〇〇人のヴァイスプレジデントを集めて集中的な研修を行い、オープンフォーラムを再開した。従業員にメモを送り、変革に向けたアジェンダを準備し、新しいミッション・ステートメントを発表した。そして、株主総会を迎えた。これらすべてが、前進し、先の見えない道を一マイルずつともに歩んでいくわたしたちをまとめ上げるツールなのである。

「わたしは、今日、スターバックスを讃えたいと思っています。お客様に対するわたしたちの情熱を、わたしたちのコーヒーを、それに命を吹き込むパートナーたちを。わたしたちには皆さんの励ましが必要です」

会場は拍手に包まれた。

素晴らしい朝だった。わたしもスターバックスのパートナーたちも、失っていた自信を取り戻した。しかし、それはその日だけのことだった。

わたしたちは、最も大切なもの――コーヒー、お客様、革新、価値――へ立ち戻る決意を発表した。とはいえ、それだけではスターバックスをもとの地位に押し上げることはできない。本当に両手を泥まみれにしなければならないときが来ていた。

第3部

痛み
——Pain

第17章　つむじ風

スターバックスは混沌とした状態に陥った。

二〇〇八年の前半、新商品や新しいプログラムを市場に送り込んだ。そのために下された多くの決定は、少ない、あるいは不完全な情報に基づいて、たいがいわたしの直感によって行われた。わたしたちがコントロールできるものも多くあったが、コントロールできないもの——景気、競争、わたしたちに対する批判——もあまりに多かった。

誰もが大きな変化に不安を抱いていて、陰では心配の声が上がっていた。お客様のために、そしてスターバックスのために真の変革が早急に必要だとはいえ、少しやりすぎではないか、と。多くを望みすぎてはいないか？　度を越してはいないか？　バリスタに負担をかけていないか？　すべてがうまくいくのか？　一部でもうまくいくのか？

夜は、四時間以上眠れたことはなかった。次の日にはなにが起こるのだろうか。チャンスなのか、成功なのか、あるいは新たな問題なのだろうか。そんなことを考えていたのだ。

わたしはイタリアのボローニャに飛行機で到着し、そこから少人数のチームを率いて北部の町へ車で向かっていた。数日前、友人の一人がイタリアから、甘くて、滑らかで、素晴らしい飲み物を見つけた、と電話をくれた。アイスクリームでもシャーベットでもスムージーでもなく、とにかくおいしい、アメリカにはないものだ、と。興味を引かれたが、シアトルであまりに多くのことが起こっていたので、海外へ出かけていく気にはなれず、代わりの人に行ってもらった。「ハワード、ぜひ来てほしい」。その飲み物を飲んだ彼はそう主張した。「フラペチーノに続く商品になるかもしれない」

わたしは自分自身で試してみるために、その商品をつくっている会社の広大な本社へ向かった。粋なオフィスと、進んだ技術をもつ研究所を有するその会社は、わたしたちを熱烈に歓迎してくれた。

同行したクリフやミシェルとともに、試飲室で、冷たい、クリーム状のドリンクを次から次へと試した。とてもおいしい。みんな同意見だった。ほかに類のない味。移動中に簡単な計算をしたが、予想される利幅は無視できないほど大きかった。材料もシンプルで、準備も容易であることを考えると、適切な価格設定を行えば、七〇パーセントは見込めるかもしれない。物流の問題はある。イタリアからベースとなる材料を空輸しなければならないし、材料を混ぜ合わせる機械をつくる会社をアメリカで見つけなければならない。しかし、詳細を詰めることができれば、大成功の可能性を秘めている。

味は良いし、大きな利鞘が見込める。わたしは、早く売り上げを急増させ、ブランドを活性化したい、と強く感じていた。そこで、夏までに、アメリカへ導入することを決めた。

わたしはそのドリンクの開発に意欲的に取り組んだ。少数の店舗で試してみて、商品に問題があるか、感触はどうか、パートナーたちは対応できそうかなどを確認するのではなく、カリフォルニア州のロサンゼルスやオレンジカウンティの三〇〇を超える店舗で一気にプロモーションしたかった。清涼感あるドリンクのトレンドをつくり出すには理想的な市場だ。新商品はソルベットと名づけられ、わたしはこれが大成功を納めることを期待した。

二〇〇八年四月、株主総会も終わり、パートナーたちは約束を果たすために、それぞれのオフィスへ戻っていった。わたしたちはみずからに高い目標を課した。《USAトゥデイ》誌に、今後一八カ月のうちに、過去五年間に行ったよりも多くの改革を行う予定だと話したからである。信じられないほど厳しい期限だった。

株主総会で発表した六つの取り組みに対する世間の反応は様々で、驚きはしなかったが、伝統的なメディアでもネット上でも、記事に皮肉が込められていることにわたしは苛立った。

投資家のブログはとくに厳しかったが、見当外れでもなかった。「新しいブレンドや自動のコーヒーマシンが景気後退の万能薬になるとは思えない」。ブロギングストックス・ドットコムのセアラ・ギルバートはそう書くと、わたしたちが〝必死の努力をしている〟と評した。「スターバックスはさらに多くのことに手を出そうとしている」。《ウォールストリート・ジャーナル》紙は、株の評価損が八万ドルになった投資家の言葉を引用していた。「売っておけばよかった」「スターバックスはそんなに深刻ぶるのをやめなければならない。現実を見よう。ただのコーヒーであって、脳外科手術ではないのだから」。ある企業コンサルタントは、少数の業界の専門家からのアドバイスを補足記事にまとめていた。

そこに挙げられているのは、いくつかを除いて、わたしたちの戦略にあるものばかりだった。店舗にふたたびコーヒーの香りを取り戻す。デジタル世代を受け入れる。忠実な顧客に報いる。より健康に配慮する。コーヒーと合わないフードの販売をやめる。余分なものをなくす。劇場の要素を復活させる。新店舗のオープンを減らす。セット販売をする。そして、コーヒーを無料で提供する。こうした改善は脳外科手術ではないかもしれない。

しかし、彼らはわかっていない。サービス業、とくにわたしたちのような感情が大切なビジネスを活気づけるとはどういうことかを。スターバックスは人々にサービスを提供するコーヒービジネスではない。コーヒーを提供するピープルビジネスなのだ。人々の行動を変えるのは、マフィンのレシピやマーケティング戦略を変えるよりもずっと難しい。わたしの行った決定の多くは人々を混乱させた。なぜなら、彼らがスターバックスの文化を守るという無形の価値を理解していなかったからだ。

一方、クローバーは社会関係において大打撃を受けた。買収の知らせを聞いて、独立系コーヒーショップのいくつかが機械を売ると言い出した。パーツの交換や修理のために、スターバックスに金を払うのはいやだという。

スターバックス初のネット上のコミュニティ、マイスターバックスアイデア・ドットコムの意見は、熱い支持から懐疑的なものまで様々だった。「最初の疑念は、サイトを訪れたときに払拭された」。インターネットブログ・ドットコムのトビー・ワードは書いている。「すっきりして、使いやすく、わかりやすい」。インターネットにあまり通じていない人々は、スターバックスはコントロールできない意見箱を置くことによってリスクを冒した、と言った。これはわたしたちが感情的に越えなければいけないハードルでもある。

彼らが正しいのかどうかは時間が教えてくれる。しかし、わたしたちから見れば、マイスターバックスアイデア・ドットコムは、既に最初の期待を超えていた。独自の技術やモデレーターのおかげで、多くの人が参加してくれたのだ。

公開から一週間で、一〇万人が投票し、二カ月で四万一〇〇〇のアイデアが寄せられた。「音楽を止めてほしい」「頻繁に行く客には無料でドリンクを提供してほしい」。クリス・ブルッゾのチームは、サイトから得たアイデアを研究開発、広報、マーケティング部門、わたしや経営陣に伝えた。それによってわかったのは、払った金額に対してもっと価値を提供してほしい、頻繁に利用することに対する見返りを、とお客様が望んでいることだった。この発見によって、パイクプレイス・ローストの発売に続いて実施が予定されているリワードプログラムを成功させる自信が強まった。

ある寒い朝、マンハッタンの空は青く明るく晴れ渡っていた。熱いコーヒーを飲むのに最適の日に、スターバックスは〝毎日飲める〟新しいブレンド、パイクプレイス・ローストを発表した。全米各地で行われるコーヒーテイスティングによって、大がかりなキャンペーンが組まれた。

わたしは四月八日のイベントのために、クリフとシェリとともにニューヨークのブライアントパークへやって来た。公共図書館の裏手にある、木が立ち並んだオアシスである。公園の真ん中に、スターバックス一号店の実物大のレプリカがあった。とても気に入った。マーケティングチームがコンサルティング会社エデルマンと協力して、シアトルを東海岸へ運んできたのだ。その日、その複製の店を運営するために、元店長のジャニーン・シモンズにも来てもらった。

わたしたちのまわりでは、笑顔を浮かべたバリスタたちがカートを押しながら、通りがかる人たちに湯気が立ち上る試飲用のコーヒーを手渡している。同時に、カリフォルニアからメインまでの七一〇〇店舗では、〝力強い〟〝新鮮〟〝なめらか〟などの文字が入った黒いTシャツを着たパートナーたちによって、無料のコーヒーが提供された。また、細心の注意を施したのは、カップの緑のスターバックスのロゴが、オリジナルの茶色の、ちょっとセクシーなものに変わったことだ。

パイクプレイス・ローストの発売イベントは、これまでになかった規模で賑やかに行われた。全国規模の広告宣伝費の予算はあまりないので、散発的なマーケティング活動のために確保しておいた資金を集めた。それでも、他の全米展開している小売業に比べれば、ほんのわずかな金額でしかない。これほど大規模なことを、これほど速くやってのけるのは大変だし、不安は大きかった。わたしも、そして、ミシェルもテリーもクリフもワンダも、パートナーたちを励まし、それぞれの部門が到底無理だと思われた期限に間に合うよう職務を果たした。わたしたちは一つの目的をもつ、一つの店舗のようだった。

いまブライアントパークにいるわたしとクリフは、何かがとてもうまくいっていると感じていた。スターバックスのパートナーが業務拡大以外の使命を実現しようとするのは久々のことだったし、この宣伝活動は中身のない大げさなＰＲではなく、わたしたちの伝統を呼び覚まし、コーヒーに注力し、パートナーたちを参加させることができるイベントになったからだ。

パイクプレイス・ローストをドリップコーヒーの画期的な新商品として完成させるため、わたしたちは一つにまとまることができた。これは改革の道程にはとても重要なことである。

外の寒さは厳しく、コートも着ないまま、カメラの前に立ってインタビューを受けた。クリフがコートを貸してくれたが、サイズが一つか二つわたしのよりも大きかった。クリフのコートに身を包みながらメールをチェックし、アメリカ中の店のパートナーたちが、試飲用のサンプルを配り、お客様とのやり取りを楽しんでいるという報告を受け取った。さらに、お客様はパイクプレイス・ローストの味が気に入り、毎日、飲むことができると知って喜んでいるという。その日、ドリップコーヒーはよく売れ、スターバックスはメディアの話題を独占した。新聞やテレビで報道されるだけでも、何百万ドルもの広告費に値する。

その午後、第一号店で行われるパイクプレイス・ロースト発売のイベントに参加するためにシアトルに戻った。五時間のフライトの間にパイクプレイス・ローストがうまくいきそうな理由を考える時間をもった。今後のプロジェクトに生かすためである。そして、商品と市場への提供の仕方には、スターバックスで成功する三つの要素があるという結論に達した。

- ●パートナーが参加できる
- ●お客様のニーズに合う
- ●会社にとって正しい

残念ながら、この時期にスターバックスが取り組んでいたことすべてにこの要素が備わってはいないということに、わたしは気づいていなかった。

二〇〇八年四月の終わり、スターバックスの第2四半期の決算に直面しなければならないときがきた。数字はがっかりさせられる内容だった。

前年比で、世界全体での営業利益は二六パーセント下落し、一億七八〇〇万ドル。収益は二八パーセント減少して一億九〇〇〇万ドル。営業利益率は純収入の一〇・七パーセントから七・一パーセントへ縮小した。なによりも恐ろしかったのは、既存店売上高が、スターバックス史上初めて、前年比マイナスを記録したことだ。アメリカだけでも、来店者数は五パーセント減少し、お客様一人がいくら注文したかを示す客単価は一パーセントしか増えていない。わたしたちの多くがショックを受けた。およそ一六年間、既存店売上高の伸びは五パーセントかそれ以上だったために、この数字は見慣れていないだけでなく、考えたこともなかった。文字通り、息をのんだ。公表をやめていたから、ウォール街に知られることはないが、集計表に記された赤い数字はわたしの頭に焼きつけられた。

こうした結果に直面したことで、スターバックスのシニアリーダーたちにとって、自分たちが会社を改革できると信じることがより大切になってきた。ミシェルとクリフは、間違いなくわたしのビジョンを理解してくれている。しかし、経営陣の誰もがビジョンを信じているわけではなかったし、わたしが決めた戦略をきちんと実行できない者もいた。わたしがCEOに復帰したとき、二度目のCEOを務めるほかのCEOから言われたことを思い出した。「経営陣のほとんどは一年以内に辞めるか、変わることになる」

彼の予言は現実になりつつあった。クリフをアメリカ事業の、ミシェルをグローバル戦略の責任者にした。クリス・ブルッゾを暫定的な〝最高技術責任者〟に、チェット・クチナードを人事部門の長にした。また、最近では、スターバックスの最も優秀な元リーダーであり、素晴らしい建築家であるアーサー・ルビンフェルドを説き伏せ、不動産、新店舗デザイン、独創的アイデアを管理するためにグローバル開発の長として復帰してもらった。彼が行うべき緊急の任務は、現在の店舗の質を見直すことだった。その結果起こること、つまり閉店は、社内・社外を問わず多くの人につらい思いをさせることになるだろう。

スターバックスは混沌とした状態にあったのだ。わたしは、お客様の体験を改善し、売り上げを増大させるための投資を進める一方で、コストを削減し、経費を管理した。とくに中核事業と関係のない分野では厳しく行った。

第2四半期報告の電話会議では、わたしは一貫性を失っていた。一方では、復活を約束しつつ、一方ではゆっくりと死を迎えるような報告をしなければならなかった。

「聖域はありません」。その週の初めに、突然行った大きな発表について説明する前に、わたしは金融界の人々に言った。

スターバックスは、エンターテインメント戦略を大幅に見直すことにした。

これはわたしにとってはつらい決定だった。とくに、会長として、当初から楽観的な見通しをもっていたからだ。最初はブランドの自然な拡大と考え、のちには映画を味方につけ、レコードレーベルとの契約を推進し、コーヒーとは無関係な商品を多数認めた。しかし、いまでは、エンターテインメント部門は大きくなりすぎて、わたしたちの新しいミッションや経済の現状に合わなくなってしまった。部門長は才能があり、たくさんの成功を収めたが、既に会社を去っていた。

文化に影響を与えていくというスターバックスの役割を捨てようというのではない。音楽と書籍は、スターバックス体験の一部であり続ける。ただ、その役割を再定義し、より費用効率が高いものにしたうえで、Wi-FiのAT&T、インストア技術のアップル、CDのコンコード・レコード、書籍のウィリアム・モリス・エージェンシーなどとの関係を活用したかったのだ。わたしはクリス・ブッゾにエンターテインメント部門を見るように頼んだ。そして、デジタル技術、CDのコンピレーション、書籍にふたたび注力することに決めた。

第２四半期には明るい光も見えた。消費財（ＣＰＧ）部門――主に食料品店で販売するコーヒー豆やタゾティー――が伸び、同部門の営業利益が増えたことである。パイクプレイス・ローストの販売開始が三週間前だったために、売り上げも、ドリップコーヒーの最大市場である北東部でとくに大きく増えた。コーヒー豆では、パイクプレイス・ローストが既に一番の売り上げとなっていた。社内調査によれば、マクドナルドなどのライバル企業に負けているというデータも見つからなかった。これは良い知らせだが、一般的な認識やマクドナルドの巨額な広告予算との闘いは終わらない。

また、調査によると、売り上げの落ち込みは、主にわたしたちがみずから招いた問題の結果ではないようだった。「来客数が減ったのは景気後退の影響です」。わたしはリーマン・ブラザーズのアナリストであるジェフリー・バーンスタインの質問に答えて言った。

皮肉なものだと思った。アメリカで第四位の投資銀行であるリーマン・ブラザーズは財務状態が懸念され、株価の下落が続いて、危機の真っただ中にあったからだ。リーマンだけではない。ＡＩＧやベア・スターンズなどの大手金融会社が破綻し、彼らの危険な投資が信用や財政の危機の震源地となってアメリカ中を揺らしていた。崩壊へ向かうウォール街が、他の人たちを道連れにしようとしているのである。

スターバックスは彼らのはけ口にさせられている気がした。

「四ドルのラテ」は、国民の敵ではない。しかし、不誠実なキャッチフレーズは、スターバックスを、行き過ぎた贅沢のシンボルのように仕立て上げている。

わたしはますます強くなる外部からの圧力に屈するのを拒み、前へ進むためにできることをやろうとした。たとえ、いまは、風のなかを反対の方向へ進んでいるように見えたとしても。

第18章　致命的な組み合わせ

スターバックスの店舗には、それぞれ指紋とも言える特徴がある。

最初は、どこも同じような店構えで同じような音楽を流しているように思える。音楽も色調もメニューも。旅先で訪れるスターバックスは、自分の住む町の店と同じように親しみが感じられる。しかし、地元の多くのカフェと同じように、それぞれ少しずつ違うのである。理由は簡単だ。人である。カウンターのこちら側と向こう側、つまり、店に来るお客様と店で働くパートナーが違うのである。

二〇〇八年、来客数と売り上げは減ってはいたものの、毎週、世界で何千万もの人々がスターバックスを利用してくれた。どの店でも、誰でも、お客様はコーヒーやエスプレッソを八万超の組み合わせから選ぶことができる。通勤途中も昼の休憩時間も、ブラインドデートのときも、友人と一緒でも、試験勉強をするときも、新聞の日曜版を読みながらでも、本を書くときも。

習慣、気まぐれ、願望に対応するための多様性は、スターバックスにとって不可欠な要素だった。

提携先である小売業も様々であるが、働くパートナーも、お客様が注文する飲み物も様々だ。緑のエプロンを着けたパートナーには、あらゆる人種、あらゆる宗教を信じる人々がいる。二〇代の若者もいれば、孫がいる年代の人もいる。健康保険が必要なシングルマザーや、家賃が必要なアーティストもいる。次の仕事が見つかるまでの一時しのぎの人もいれば、社内でキャリアを築くつもりの人もいる。大学への進学資金を貯めようとする高校生、学位をとろうとする大学生、大学を卒業したばかりの人のなかには、自分探しをしている者も多くいる。かつて企業の重役だった人も、オフィスでは働いたことがない人もいる。

「バリスタ一人ひとりに物語がある」。シアトルの本社のロビーにはそう謳ったポスターが貼ってある。その通りだ。

様々なパートナーがいる店舗において、共通点を見つけ出す役割を担う人がいる。みんなが快適に過ごし、関係を築くことができる環境をつくり出すために。

それは店長《ストアマネジャー》だ。

スターバックスで最も優れた店長は、コーチであり、上司であり、マーケティング担当者であり、起業家であり、経理担当であり、コミュニティへの大使であり、商人である。将来に明るい見通しをもって問題を解決し、店を創造的に、しかし、データ分析に基づいて運営し、情熱と知恵をもってお客様を増やし、パートナーたちのロイヤルティーを強化し、利益を拡大しなければならない。仕事に個人的感情を抱き、店を自分のもののように考えることが必要になる。

店の経営は複雑な仕事だ。改革のせいで、パートナーたちが大きなストレスにさらされているのはわかっていた。わたしはお客様の立場になるようにパートナーたちに訴える一方で、自分自身もパートナーの立場になり、会社と景気の低迷に直面して、彼らがどう感じているかを理解しようとした。

スターバックス体験をつくり出すには、店長の影響は欠かせない。しかし、わたしたちは彼らが能力を発揮できるような後押しができていなかった。

クリフは不安を募らせていた。二〇〇八年の夏、アメリカ各地の店舗を回り、ディストリクトマネジャーや店長と会った。そして、注意深く観察し、多くの質問を重ねるほど、現場がうまくいっていないことを認めざるをえなかった。

「やる気がないわけではないんです」。クリフは、あるときわたしに言った。「パートナーたちはとても熱心で、正しいことをし、価値をつくり出そうとしています」

彼らにはやる気があった。しかし、ビジネス感覚とツールがなかった。たとえば、店長が店の売り上げが飛び抜けて良いことを報告しても、収益はあまり良くなく、損益分岐点すれすれだったり、赤字だったりすることも珍しくなかった。そういう店は、在庫は行き当たりばったりで、床やテーブルは汚く、フードはディスプレイ棚のなかで古くなっていた。

無駄も多かった。とてつもない量のコーヒーが捨てられた。ペストリーは在庫切れで売り上げの機会を失ったり、在庫が多すぎて売れ残り廃棄されたりした。店長は来店客のパターンに合わせて一週間のシフトの予定を組むが、それでも、店にいるパートナーが多すぎたり、少なすぎたりすることもよくあった。

ほかにも失われていたものがある。パートナーたちのエネルギーと時間だ。クリフが店に足を踏み入れると、彼らは常に忙しく働いている。笑い、お客様と親しく言葉を交わし、微笑みながら、賑やかに走り回っている。しかし、パートナーたちの頑張りにもかかわらず、飲み物が注がれるのを待つカップの列が長すぎるように思えた。努力が結果に結び付いていないのだ。

お客様が店内でゆっくり過ごすつもりだとしても、迅速なサービスを提供するのは、わたしたちの価値の大きな部分を占める。クリフはこの問題を解決しなければならないと考えた。待ち時間が長いために、店から出ていってしまったお客様もいたのである。

店のパートナーたちが悪いのではない。彼らは与えられたリソースと教えられた技術を使って、要求されたことをやっている。ブランドのマーケティングが成功したとしても、収益の可能性を最大化するには、より統制のとれた業務システムが必要だった。

岩をひっくり返すたびに、新たな問題が見つかった。

とくに技術的な遅れは目立っていた。

二〇〇八年にはまだ、常に外に出て、担当する店舗の近くに滞在しているディストリクトマネジャーに対して、世界中のビジネスマンが使っているツールやグループウェアを会社から支給してはいなかった。出張中はインターネットにアクセスするのさえ難しく、彼らは個人のメールアドレスを使ったり、重いコンピュータを持ち歩いたりしていた。

店舗の奥にある大きな機械は、古くて、グラフィックにもマルチメディアにも対応できず、背景は常に黒かった。若いパートナーたちは、これがコンピュータだと気づいていないに違いないとさえ、わたしは思った。驚いたことに、二〇〇八年になっても、インターネットに接続することも、表計算やワードやパワーポイントなどの基本的なソフトさえなく、パートナーたちが効率的に店を運営するための分析ツールはもちろんなかった。店長が店の外の人にメールを送るのも容易ではなく、添付書類を送受信することも難しかった。エスプレッソ・エクセレンス研修用の動画を店舗のコンピュータで見るという選択肢もなかった（だから、それぞれの店舗にＤＶＤプレーヤーが送られたのだ）。つまり、年商一〇〇万ドルのスターバックス一店舗よりも、ｉＰｈｏｎｅ一台のほうがより多くのアプリケーションを備えていたのである。

店内のＰＯＳ（販売時点情報管理）システム、すなわち、電子キャッシュレジスターは、マイクロソフトでさえ一九九〇年代半ばに製造を中止したＤＯＳによって動いていた。アプリケーションのアップデートは行っていたが、長年のあいだにとても複雑になってしまい、覚えるのに六週間かかった。柔軟性にも欠けていた。バリスタが入力する順番を間違えれば――サイズ、ドリンク名、エクストラショットや豆乳などの追加のオーダーを入れる――オーダーを無効にしてやり直さなければならない。お客様が注文を入力の順番通りに言うことはめったにないので、レジではしょっちゅう混乱が起こっていた。

コンピュータを使いこなせる三〇代以下の人のほとんどは、スターバックスに面接に、あるいは働きに来て驚いたに違いない。昔、学校で触ったような古い機械しか与えられずに成功を求められているのだから。さらに悪いことに、パートナーたちからはなんとかしてほしいという声が上がっていたのに、経営陣が耳を貸さなかったのだ。大きな損失であるばかりか、とても恥ずかしいことである。

スターバックスは、コーヒーの革新を行ったと言いながら、技術革新には乗り遅れていた。一〇〇億ドルのグローバル企業がどうしてこのようなことになってしまったのだろうか。ビジネスの基盤にまったく投資をしてこなかったのか。いや、そんなことはない。初期には、成長を見越して、人やプロセスや機械設備に積極的に投資をしてきたのだ。たとえば、必要になる前に焙煎工場を建設したことは、わたしたちの成功を大きく支える要素だった。しかし、店舗で使われるテクノロジーといったものは忘れ去られていた。これは問題であるとともに、まだ状況が切迫する前に気づいたという意味で、チャンスでもあった。店内での体験を、お客様にとっても、パートナーにとっても、より心地よく、楽しいものにできるチャンスなのだ。

クリフは、お客様の体験を改善するのであれば、シアトル本社だけでなく、店舗でも大きな改革が必要だとすぐに感じ、現場における組織変更を行い、店舗業務を改善するという時間のかかる仕事に着手しはじめた。

わたしは、現状には満足できなかった。店舗の奥の部屋とレジのシステムを、より戦略的で、より先を見越したものにしたかった。それには、組織の頂点から働きかけなければならない。これまでは、最高情報責任者から最高財務責任者に報告することになっていたが、今回は経営陣で決めるべきだろう。わたしは、スターバックスを二一世紀へと運んでくれる、やる気とビジョンと価値のあるＩＴ（情報技術）部門のリーダーを探すことを最優先した。

しかし、業務上の欠陥に気づいたことで、明るい光が見えた。それも二つだ。一つは、店長たちがこれまで難しい環境にありながらも驚くほどの成功を収めてきたこと、もう一つは、彼らに正しいツールと知識を与えれば、大きな業績改善が見込めることだ。

残念ながら、すべての店舗で行うことはできない。また、いくつかは閉店しなければならないこともわかっていた。ただ、どのくらいになるかがわからなかった。

わたしは会議室の上座でじっと動かずにいた。取締役たちの前で、アメリカの店舗開発部門のシニア・ヴァイスプレジデントであるアーサー・ルビンフェルドと小売り不動産の分野で経験豊富なマイク・マランガが、アメリカの店舗のおよそ二〇〇を閉鎖するべきだと提案するのを聞いていた。

「本当にそんなに多くの店を閉めなければいけないのか？」取締役の一人が言った。

アーサーとマイクは互いに顔を見合わせてから、わたしのほうを見た。これまでほんのわずかしか閉店したことがない小売業にとっては多すぎる数だ。会計年度中に五〇〇〇万ドルを損金処理しなければならないうえに、すべての部門に影響を及ぼし、パートナーたちに痛みをもたらし、金融市場を苛立たせ、ライバル企業を後押しし、ネット上で大騒ぎを起こすことになるだろう。

取締役会の前に、アーサーとマイクはわたしのところに来て、同じ提案をした。スターバックスに来てから、これほど深刻に、これほどつらい会話をしたのは初めてだった。消費者信頼度が一六年間で最低に落ち込み、小売業はどこも売り上げを減らしていたが、少なくともこれまで、これほど徹底的な動きに出たところはなかった。わたしたちは既に予定されていた三四八店舗のオープンを中止にするという難しい決定を下していた。しかし、これはまた違うものに感じられた。会社の健康状態を保つために正しいこととはいえ、こんなにも多くの店舗を閉鎖することは、敗北としか思えない。なぜこんなことになってしまったのだろうか。

「もし、きみたちの提案が正しいなら」。扉を閉めたオフィスでわたしは言った。「判断基準を説明してほしい」

アーサーとマイクは、業務部門と財務部門が共同で行った分析結果をわたしに説明した。最初はわたしが既に知っていることから話しはじめた。

スターバックスは長年、収益性の高い店をつくり、運営して成功してきた。それは売り上げと投資の比率を二対一にするという、意欲的な経済モデルを忠実に守ってきたからである。開店から一年目は、一ドルの投資に対して二ドルを売り上げなければならない。たとえば、賃貸料と店舗の内装に四〇万ドルかかったとすれば、開店後一二カ月のうちに八〇万ドルの売り上げが必要になる。これまで、アメリカの店舗の一年間の平均売上高は一〇〇万ドルだった。店舗当たり採算性《ユニットエコノミクス》と呼ばれるこの数字としては最高のものと言われている。スターバックスのように毎年、この水準を達成できる小売業はほかにはない。

二〇〇八年、初めてこの比率を維持できない店舗が何百も現れた。一日のうち、人件費に見合う収益を上げられない時間帯が長くなったのである。調査した結果、理由のいくつかがわかった。午後のお茶の時間にやって来るお客様が少なくなったのだ。来てくれたお客様も使う金額が減った。他のスターバックスができたせいでお客様が減った店舗もあるし、立地条件が悪いところもある。さらに残念なのは、業績が悪い店舗の多くは過去二年にできたものだった。つまり、不動産部門での決定に一貫性が欠けていたということだ。わたしたちが思い上がっていたということなのかもしれない。

わたしは二人の説明を聞いて、深く息を吐いた。スターバックス衰退の各ピースが、わたしの頭のなかで一つの絵になった。「成長」は発癌物質だったのだ。成長が事業を行うためのおもな原則となったために、収益やコスト削減のことを忘れ、建設費の値上がりや温め用のオーブンなどの新しい設備に使われる費用を効率的に管理することもやめた。そして、お客様が出費を控えるようになったとき、コストの増大と売り上げの減少という致命的な組み合わせに直面した。つまり、スターバックスの経済モデルはもう機能しないということだ。

スターバックスと各店舗を圧迫する要素はこれだけではなかった。わたしたちは外部からの圧力とみずからの欠陥のせいで、様々な領域で必死に闘わなければならない。

現実が嵐のようにわたしを襲った。

重役会議室では、マイク・アルマンがアーサーとマイクの計画を聞いて声を上げた。「閉鎖する店は、できるだけ多くしてくれただろうね？」ジェイミー・シェンナンも同調した。

部屋は静まり返った。マイク・アルマンは軽い気持ちでそう言ったのではない。いまは徹底して改革を行うべきなのだ。店を閉めなければならないのなら、何百人というパートナーを解雇しなければならないのなら、何百万ドルもの損金計上をしなければならないのなら、パートナーの士気をくじき、市場におけるブランドの評判を傷つけなければならないのなら、この一回だけにしたかった。

取締役会は、会社を守るために閉店すべき店をさらに検討するよう、わたしたちに要求した。そして、一人が仮定の質問をした。「店舗に思い入れのない経営者だったら、閉店による影響は考えず、最終的な利益にしか関心がない経営者だったら、何店舗閉めることになるだろうか？」

理論的には理解できる。しかし、わたしにもアーサーにもマイクにも、感情抜きで、計算をすることはできなかった。閉店は店の扉を閉めるだけに留まらない。カウンターの両側の人々の生活を破壊してしまうのである。

スターバックスはどこにでもありすぎるという批判にもかかわらず、すべての店には、内にも外にも、熱心なファンがいる。それは魂である。閉店は、店の指紋を消すことだ。それを無視することはできなかった。

第19章　敬意

優れた、揺るぎない企業をつくるには、思慮深さと、そしてときに、難しい決定を下す勇気が必要である。二〇〇八年七月、わたしは直面することさえ想像できなかった選択を迫られていた。

六〇〇――。

最終的に閉店が決まったアメリカの店舗の数である。最初に取締役会に提案した数の三倍だ。アメリカで展開する店舗の八パーセントに相当する。さらに辛いのは、一万二〇〇〇人、つまり世界中のパートナーの七パーセントを解雇しなければならないことだった。

公表する前夜の六月三〇日、これまで起きたことを考えた。メモの漏洩、わたしのCEOへの復帰、エスプレッソ研修のために七一〇〇店舗を一時閉店したこと、株主総会で発表した六つの戦略。すべてがこれから起こることや噂話や六〇〇店舗閉店とそれに伴う解雇に比べたら、なんでもないことのように思えた。

閉鎖が予定される店のリストを何度も何度も見直した。開店しておよそ一カ月のカンザス州ウィチタにあるドライブスルー。一八年間、お客様にサービスを提供してきたワシントン州フェデラルウェイ店。テキサスで五七店舗、ニューヨークで三九店舗、ミネソタで二七店舗。アーカンソーは八店舗を閉め、ミシシッピとネブラスカはそれぞれ七店舗で、ノースダコタは四店舗だった。二三四のドライブスルー、ショッピングモール内の七二店舗。カリフォルニアでは一四パーセント、フロリダでは一〇パーセントが閉店になる。どちらの地域もサブプライムローンによる住宅ブームの過熱と破綻の中心だったことは偶然ではないだろう。大都市では少なくとも一つは閉鎖され、シアトルでは七店が予定されていた。

どの店を閉めるかという選択はすべて財務的に判断した。業務を改善し、景気がもとに戻っても——いつかは戻るはずだ——求められる収益が見込めないと算出した店舗は、閉店が決まった。

スターバックスは二億ドルの損金計上と店舗解約の違約金一億三〇〇〇万ドルを含む三億四〇〇〇万ドルの予定外の費用を計上することになる。アメリカの事業を立て直すのに必要な経費だ。

しかし、一つの統計結果に対しては憤りを感じた。閉鎖が予定される店舗の七〇パーセントが過去三年以内にオープンしたものだったのだ。スターバックスが拡大路線を推し進め、二三〇〇店舗を開店した時期である。信じがたいことだ。新店舗のほぼ二〇パーセントを閉めるなんて。わたしたちは店を開きさえすればうまくいくと思い込んでいたのである。六〇〇店のリストを見ながら、わたしは思った。

企業が大きくなったからといって、成功を持続できるとは限らない。わたしを魅了した大きな数——四万店舗！——は大切なことではないのだ。唯一大切な数字は〝一〟である。一杯のコーヒー、一人のパートナー、一人のお客様、一つの体験。わたしたちは一番大切なものに戻らなければならない。

首を横に振り、一時間か二時間眠ることにした。過去の行いは自慢できるものではないが、わたしたちみんなが、一つの企業として、ここから前へ進む道を誇りに思えるようにしたいと願った。

スターバックスが変革に向けたアジェンダの一部としてさらに多くのアメリカの店舗を閉店。業績不振の約六〇〇の店舗を閉鎖。長期的な収益の伸びを改善するための抜本的な手段。

七月一日火曜日、太平洋標準時刻で午後一時五分。東海岸で株式市場が閉まってから五分後に、わたしたちの報道発表がニュースに流れた。

一時一五分になる頃には、メディアやIR会社からの電話が鳴り続けていたが、スターバックスは四半期報告一カ月前の沈黙期間に入っていた。わたしは記者やアナリストのインタビューを受けることが禁止されていたし、ほかの人も公式発表の通りと答えるか、証券取引委員会に提出したフォーム8-Kを参照してほしいと言うことしか許されていなかった。

わたしたちが沈黙を守らなければならなかったために、いろいろな解釈がなされ、リスクはきわめて大きくなった。これほどたくさんの人々の生活を破壊しながら、ブランドの整合性とわたしが重視する人間的な企業文化を維持することができるのか？

行き場のなくなったパートナーには、可能な限り新しい職務を与えるつもりだった。それを最優先したし、経営陣もわたしもそれを主張した。七〇パーセントのパートナーが会社を辞めずに済むことがわかって気持ちが慰められた。また、辞めなければならない人には、少なくとも三〇日前に解雇通告を出すつもりだった。大量解雇を行う小売業としては、あまり聞かない措置である。また、パートナーの個人的な問題を支援するための専門家を置いた。

午後一時一七分、スターバックスのパートナー全員にわたしのメールが送信された。わたしはみんながスターバックスの置かれている状況を理解してくれることを信じて、ありのままを書いた。

スターバックスは創業以来、社員のことを最優先にしてきました。そのため、閉店という決定はとても難しいものでした。同時に、アメリカの店舗群を強化し、二〇〇九年度は業務の効率化、顧客満足度の向上、そして長期的な株主価値の向上に取り組まなければなりません。

これは二五年以上にわたるスターバックスでの経験のなかで、最も辛い決断でした。しかし、変革とは、新しいアイデアを追求する一方で、良いことについても悪いことについても過去を振り返りつつ、前進できる能力のことなのです。

午後一時四五分、スターバックスゴシップ・ドットコムは噂や匿名の意見で大騒ぎになった。
午後二時三〇分、クリフはリージョナルディレクターやディストリクトマネジャーとともに国際電話会議を開き、最高財務責任者はアナリスト向けの電話会議を指揮した。
午後三時、わたしは九階でオープンフォーラムを開始し、緊張した空気のなかで演壇に立った。大切なのは戦術ではなく、パートナーたちの感情だということがわかっていたからだ。
外では、投資家たちが意見を述べ、人々の間で議論が起こった。否定的な意見は勢いを増していた。明日はニュースが広がることだろう。

スターバックスにとって、閉店は改革への取り組みが進んだことを意味するものだったが、会社の終焉を告げるものだと考える人たちもいた。

発表から六日後の二〇〇八年七月七日、株価は過去五二週間の最安値である一四・九五ドルへと落ち込んだ。ウォール街はスターバックスが店舗を閉めるだけでは物足りないらしい。「短期の投資家はこの発表のリストラ感を歓迎しているかもしれない」。ゴールドマン・サックスのリサーチノートはそう記した。「しかし、長期の投資家に対しては、現在のビジネストレンドをもっと明確にする必要がある」

モルガン・スタンレーのジョン・グラスはこう書いた。「問題があることを認めるのが最初のステップだろう。合理化は歓迎だが、短期的に基本的な問題があるのを否定するものではない。同社はアメリカの顧客との関係を維持しているし、これからも維持していくだろうが、業績好転のための手っ取り早い解決策はない」

主要紙、ビジネス系ウェブサイト、全米放映のニュースの論調や焦点は、わたしたちが想像した通りのものだった。

「ベンティサイズからグランデサイズになったスターバックス」

タイム・ドットコムの記事は最も中立的だった。

「スターバックスの世界支配がとうとう終わる？」英国で発表された意見記事が、《シアトルポスト・インテリジェンサー》誌に再掲された。

フォーブス・ドットコムは「スターバックスの闇《ダークサイド》」

「スターバックスの無情な計画」と《フォーチュン》誌。

モトレー・フールはコラムで「ドーナツ店、ファストフード・チェーン、迅速なサービスの軽食レストランによって、スターバックスが市場から閉め出された」と主張し、《サンフランシスコ・クロニクル》紙は六〇〇店舗の閉鎖はアメリカの景気後退の証左だと述べた。「アメリカ人は四ドルのラテをあきらめた。二〇〇八年において最もよく景気後退を定義している」《クリスチャン・サイエンス・モニター》紙はこう書いた。「スターバックスは魔力を失った」。その記事はこう続けた。「スターバックスは中流のアメリカ人が求めるもの、つまり、羨望や地位といったものを生み出す方法を与えることによって、〝クール〟な印象を与えたことが問題だった」

わたしはこうした視野の狭い見方に苛立った。彼らはスターバックスの使命や人間的な絆をつくるという真の社会貢献を見過ごしているか、妬んでいるのだろう。ほら見たことか、と笑っている人もいるかもしれない。確かに、スターバックスが憧れのブランドであり、自慢となっているお客様もいるだろう。自慢のブランドになることは、わたしたちが意図したことでもある。

わたしたちが目指したのはクールであることではない。絆をつくることだ。

そして、なにより大切なのは人と人とのつながりだ。世の中が混乱し、不安に陥っているときはとくにそうである。

スターバックスはバリスタに〝クール〟であるように働きかけたことはない。親しみやすくて、コーヒーをよく知り、お客様に関わり、手を差し伸べ、ともに笑うバリスタであるようにと励ました。健康保険やコーヒーの倫理的調達を実現したのも、それが〝クール〟だったからではない。企業として正しいと思ったからだ。

スターバックスが直面している問題は、一つの原因とか、ポップカルチャーの終焉とかいった理由で説明できるものではない。わたしたちの試練と苦難は、そんなに単純なものではなかったのである。

二〇〇八年七月九日、《ウォールストリート・ジャーナル》紙は全米で起こっている現象について取り上げた。記事にはこう書かれていた。「客も従業員も、地元のスターバックスが閉鎖されてしまうのではないかとびくびくしている」

アメリカ中の店舗では、バリスタたちが店の運命を心配するだけでなく、常連のお客様も、毎日の習慣が続けられなくなるのではないかと不安に思い、バリスタに矢継ぎ早の質問を浴びせかけていた。

この店は閉じられるのか。それはいつか。あなたはどうするのか。わたしはどうしたらいいのか。

もちろん、バリスタは答えることができない。どの店が閉鎖されるかを予測するブログができ不安が広がると、スターバックスは閉鎖予定の店を発表しないことを批判された。

閉鎖予定の店を発表しないことで、これほど多くの不安が起こるとは思っていなかった。店の運命を公表する前に一人ひとりに伝えたかったし、実際に閉店するまでまだ何カ月もあったので、従業員が大量に抜けることも、お客様へのサービスがなおざりにされることも避けたかった。もともとは七月半ばまでに最初の五〇店舗を発表し、残りは時間をかけて発表するつもりだった。しかし、お客様の懸念が強いことがわかったために、急遽それを変更して、七月一七日にすべての店舗を公表した。

すると、皮肉なことに、予想外の事態が起こった。スターバックスは金のかかる贅沢だという世間の論調が変わり、お客様や地域の人々が〝わたしたちのスターバックスを救ってほしい〟と訴えるようになったのである。その声は様々な形で伝わってきた。電子メール。手紙。嘆願書まで届き、クリフの机に積み上げられた。ある独立系のウェブサイトには、気持ちのこもった投稿がいくつもあった。「スターバックスはただのコーヒーハウスではありません」。ある女性はカリフォルニア州チノヒルズの店を救いたいと願っていた。

「友達と会ったり、暑い夏の日に子どもたちに冷たいドリンクを飲ませたり、勉強をしたり、ＰＣを使って仕事をしたり、読書をしたり、座り心地のよい肘掛け椅子で静かな時間を楽しんだりするときに、わたしたちはスターバックスへ行きます。この小さなコミュニティの一部になっているのです。できることがあれば、なんでもやりたいです」


オハイオ州ナイルズの男性はこう綴っていた。

「どうかノースコモンのスターバックスを閉店しないでください。わたしと妻は毎日、そこへ通っています。スタッフ全員と知り合いになりました。彼らはわたしたちの友人です」


インディアナ州の住民からはこんなメッセージを受け取った。

「どうかどうかどうかインディアナ州ポルテージの国道六号線沿いにある店を閉めないでください。ここのスターバックスは最高です。清潔なだけでなく、スタッフ全員が親切で、仕事に誇りをもっています。わたしたちはいつもここへ行きます。この店のスタッフが大好きです。みんなを幸せにするために、必要以上のことをやっています。どうか考え直してください！」


ミネソタに住む女性からの手紙にはわたしたちが耳にした声がまとめられている。

「『わたしの』スターバックスが閉店するとは信じられません。失うときになって初めて大切だったことがわかるのです」

わたし個人に宛てられた手紙もほぼ同じだった。わたしはあるテーマに気づいた。

シュルツ様

二年間、わたしはフロリダ州ジャクソンヴィルのフィリップスアヴェニューにあるスターバックスに通っています。ここのスタッフは素晴らしいです。みんないつも本当に優しくて、魅力的です。わたしはこの店がうまくいっていると思います。

こういう手紙がまだほかにもあった。多いのは、地域社会におけるわたしたちの役割や、毎日、スターバックス体験を提供する店長やバリスタの質の高さを訴えるものだった。お客様のこうした気持ちを知り、パートナーたちの努力が実を結んでいたこと、彼らはわたしとともに、いや、わたしよりも重要なブランドの大使だったことを思った。

シアトルでは、クリフ、アーサー、マイクが多大な時間を投じて、気持ちがこもったメールを読んでいた。送信者が贔屓《ひいき》にしている店舗にはもっと客が増える、と約束しているものもあった。アメリカ中の市長、少なくとも一人の州知事、市の役員、閉鎖が予定される店のパートナーのために闘おうとする〝安全な〟店のパートナーからの電話にも一人ひとりに対応した。

これまでの経歴で、他の小売業でも大量解雇を見てきたマイクは、クリフに向かって言った。

「こんなふうに意見が寄せられるなんて、他の企業では考えられないよ」

たとえやらなければならないことでも、感情を無視することはできない。手紙をもらった店舗について、一つひとつ、再検討が行われた。しかし、数字的に決定を覆すことはできなかった。自分の信念を守り続けるのは難しかったが、マイクと彼のチームにはより大きな目的があった。スターバックスのリテール・ポートフォリオをできるだけ早く最適化することで、残り六五〇〇のアメリカの店舗の長期的な健全性を確保することである。

マイクと不動産の専門家による六人のチームは、法律家や社外のコンサルタントの助けを得ながら、会議室にこもって何百人という家主たちに法律上の義務と賃貸契約を解除するための電話をかけ続けた。きめ細かさが要求される難しい仕事だ。

二〇年以上にわたって、スターバックスは魅力的なテナントだった。来客数も多かったので、他のテナントにもお客様を引き寄せた。財務的な強みからも、住宅開発業者は他の小売店よりもスターバックスと賃貸契約するほうが安全だと考えた。家主たちの多くはスターバックスと良い関係を築いていたが、いま、新たな面を見せられて様々な反応を示した。冷静に対応する人も、手がつけられないほど怒る人もいたのである。開発業者も、管理会社も、景気の悪化に苦しんでいた。上場企業である大手の不動産開発業者や不動産投資ファンドもそれぞれの株主に対策を提示しなければならない。独立系のテナント主はショッピングモールに空きがひとつできるだけで、請求書の支払いができなかったり、引退が遅くなったりする。わたしたちはできるだけ公正な取引をし、悪いながらも可能な限り良い状況にするために何百万ドルも使い、テナント主の立場に立って手続きを進めようとした。

チームのメンバーの一人がとくに厳しい交渉の電話を終えたとき、マイクは彼に言った。賃貸契約を打ち切るテナントでスターバックスのようなことまでするところはない、と。「たいがいはただ行って、鍵を返して、帰るだけだ」

痛みを和らげるためにわたしたちができることには限りがある。ある人は怒りのあまり地元の新聞に、スターバックスはずるくて、みずから言う基準を満たしていないと不平を漏らした。裁判を起こした人もいる。わたしの個人的なメールアドレスにも怒りのメールがきた。わたしは傷ついたが、パートナーやテナント主はもっと傷ついているのだ。

ふたたび、わたしは希望を見出していた。お客様や従業員――テナント主も――から反対があったのは、スターバックスが多くのコミュニティの要になっていたからだ。これまで、社外でもこれほど多くの人がスターバックスを支持するために自発的に立ち上がってくれたことはなかった。

「もし近所のダンキンドーナツが閉店するとしたら、これほどの騒ぎになるだろうか」。《ウォールストリート・ジャーナル》紙の副編集長ダニエル・ヘニンガーは社説にそう書いた。「いったいなにが起こっているのだろうか。コーヒーだけの問題ではないはずだ」。彼の社説は、スターバックスの店舗の中心にあるニュアンスとバランスをとらえている、とわたしは思った。

「スターバックスの閉店に反対する人を見て、近所のカトリック教会が閉鎖されたときに起こった反対運動を思い出した」と友人が言った。その通りだ。スターバックスは俗人にとっての教会のようなものである。静かで、「礼儀正しく」とか、「瞑想しましょう」とか注意書きが壁に貼ってあるわけでもないのに、みんなそうしている。二ブロック先の店に行きたくない、というのも似ている。全盛期には、一〇ブロックごとに教会があったので、礼拝に遠くの教会まで行きたくなかった。人々は自分たちの教会を求めていたのである。カトリックであろうが、長老派であろうが、アメリカではどこの教会も同じだ。わたしはあまりスターバックスには行かない。バプティスト教会にも行かない。しかし、どちらもどこにでもあることを嬉しく思う。

わたしはヘニンガーの例えに慰めを見いだしていた。スターバックスが地域社会にもたらした、比類ない価値を理解してくれる人が社外にもいるのである。手紙を読むたびに、そして、人々の声を聞くために多くの店舗を訪れ、パートナーやお客様と対話集会を開くたびに、わたしたちの価値が何であるかを思い出した。

ある日、ワシントン州タコマに近いレークウッド・タウンセンター店で、紫のタートルネックを着た年配の女性が手を挙げて言った。

「いくつか言わせてください。まず、ミシシッピ州マジソンにいる一六歳の孫娘の話です。わたしが今晩あなたに会うと知って、孫がこう言いました。『おばあちゃん、マジソンの店を閉鎖しないよう膝をついて頼んで』」

女性は立ち上がり、他のお客様の拍手と歓声を浴びながら、わたしの前で跪《ひざまず》いた。わたしはなんと言っていいのかわからなかった。ただ、微笑んで、ミシシッピ店について調べてみます、と答えた。そして、そうした。しかし、残念なことに、その店も、持ちこたえられそうにはなかった。

気持ちは重かった。しかし、スターバックスが提供するのはコーヒー以上のものだという信念は、これまでにないほど強くなった。

第20章　特効薬はない

「わたしたちは一〇年前に作り出したフラペチーノのような、独自の技術による、おいしく、お客様に楽しんでいただける冷たいドリンクを長い間探してきました」

わたしは二〇〇八年の第２四半期報告の電話会議でそう言った。しかし、ソルベットというイタリア生まれのドリンクの名前はまだ発表していなかった。夏までに発売しようと、わたしがこの春に決断を下したおいしいドリンクである。「わたしたちは、とうとう、伝統に立ち返ることができるものを見つけました」

ソルベットの冷たい、滑らかな口当たりを説明しながら、この甘いドリンクによって、たくさんのお客様が来てくれるという楽観的な自信を伝えた。

もちろん、スターバックスを救うための特効薬などないことはわかっていた。信頼できる友人であるコストコのジム・シネガルとリミテッドグループの創業者レス・ウェクスナーもまた、話をするたびにわたしにそれを思い出させた。頭ではわかっていた。しかし、気持ちは焦っていたので、問題のすべてを奇跡のように解決してくれる商品があるに違いない、と願わずにはいられなかった。

二〇〇八年夏、わたしはソルベットにその願いを託した。

その夏、スターバックスが販売促進活動を行ったのはソルベットだけではなかった。ソルベットは、スターバックスが久々に売り出す新鮮で画期的な商品ではあったが、それまで同様、季節のドリンクの売り出しや販売促進が次々にあり、ときに重なった。販売促進は、必ずしも戦略的に同期化しているわけではないので、お客様もバリスタも攻めたてられているような感じがするときもあるだろう。たとえば、ブレンドコーヒー、新しいタゾティー、新しいフードがお客様の関心を競い合うような場合もあるのだ。ひとつの商品に注目を集めるのは簡単ではない。

しかし、その夏は、ソルベットに加えて、最初はつまずいたものの、需要増につながると期待される二つのことがあった。スターバックス初のロイヤルティープログラムと新たな健康食品である。

わたしが株主総会で発表して拍手をもらったリワードプログラムは、四月に開始して失敗に終わった。パイクプレイス・ローストの発売と同時期だったので、目立った宣伝をしなかったからだ。お客様が価値を求めても、バリスタが積極的に、豊富な知識をもって勧めなければ、うまくいかないのである。

しかし、二〇〇八年六月に、単独でプログラムを再開したときには、パートナーを教育し、オンライン登録すれば飲み物が一杯無料になることもあって、人気が爆発した。七月までに、一〇〇万人が登録し、一億五〇〇〇万ドルをスターバックスカードにチャージした。

リワードプログラムはイタリア生まれのドリンクほどロマンはなかったが、スターバックスにとって大きく、力強い流れの始まりになった。お客様の七人に一人がスターバックスカードを持つようになったため、わたしたちはプログラムをより充実させようとした。もし、ロイヤルティーと価値という暗号を解読できれば、複数の目的が達成できる。

●売り上げ増
●中核となるお客様に報いる
●ブランドの品位を落とすことなく、不景気のなかでお得なものを求めるお客様に応える
●クレジットカードによる支払いが減り、関連費用を何百万ドルも節約できる
●ウェブサイトの進化とともに、お客様とのつながりをあまり費用をかけずに強化する

マイスターバックスアイデア・ドットコムのおかげで、リワードプログラムの感想がすぐにわかった。どこが悪かったか、どこが良かったのかをお客様がネット上のコミュニティで教えてくれるからだ。その夏、いくつかの都市で実施したプログラムで人気があったのが、レシートを持っていくとおかわりを二ドルで提供するというプログラム、トリート・レシートだ。午前中に買い物をしたときのレシートを持って、午後二時以降にもう一度店へ行けば、グランデサイズの冷たいドリンクを二ドルで買える。マイスターバックスアイデア・ドットコムでリクエストがあったために、このプログラムは全米で実施され、午後の売り上げの落ち込みを埋め合わせることができた。

スターバックスカードとレシートによる割引によって、価値と見返りを求めるお客様の要求に応えることができた。これにより、お客様も選択肢を増やしたのである。

わたしを含めて、世界中の人々がより健康的な生活を送りはじめている。運動の機会を増やし、低糖・低脂肪の自然食品を求めている。スターバックスにとって、社会のために、そして、健康のために、この動きに応じることは、マーケティング上、正しいだけでなく、わたしたちの価値と使命を果たすことでもある。

質の高さで信頼されるブランドとして、スターバックスは、独特の立場で健康市場に参入している。二〇〇八年一月、わたしたちは、健康面および既存の商品の栄養価を改善するための取り組みを静かに始めた。主要ドリンクとペストリー類のカロリーと脂肪含量を減らす努力は既にしている。しかし、この分野にさらに踏み込んでいけるのではないかと考えたのだ。

そして、七月半ばに、スターバックス初の健康食品ビバーノ・ナリッシング・ブレンドが、アメリカ、イギリス、カナダで販売されることになった。

ビバーノはスターバックス版のスムージーである。バナナ一本を乳清、プロテインパウダー、牛乳あるいは豆乳、氷と混ぜ合わせた濃厚で冷たいドリンクだ。八カ月かけて開発し、オレンジ・マンゴー・バナナとバナナ・チョコレートの二つのフレーバーを用意した。果物、蛋白質一五グラム、繊維質五グラムを含みながら、二七〇カロリー以下に抑え、人工着色料も甘味料もブドウ糖果糖液糖も使っていない。

ビバーノには二つの問題があった。一つは、カリフォルニアで、ソルベットと同時期に発売されたことである。リワードプログラムがパイクプレイス・ローストの発売によって影が薄くなってしまったように、ビバーノも、ソルベットに押されてあまり注目されない危険があった。二つ目はより複雑である。スターバックスの店舗に初めて生鮮食料品を輸送し、新鮮さを保ち、捨てなければならなかったために、物流の問題が生じたのだ。

新しい健康的なドリンクとロイヤルティープログラムは、お客様とスターバックスのブランドに意味のある形で、ビジネスを拡大してくれる可能性を秘めていた。

それでもわたしはソルベットに賭けていた。

ソルベットの発売が二週間後に迫っていた。だが、クリフは愕然とした。「利益はどこにいってしまったんだ?」

二〇〇八年七月一五日、三つのフレーバー――ヨーグルトをベースにしたタンギー・ソルベット、かき氷のようなシトラス・アイス・ソルベット、二つをミックスしたもの――が南カリフォルニアの三〇〇店舗で売り出されることになった。原材料はイタリアからわたしたちの倉庫へ輸送され、パートナーはドリンクを作る研修を受け、店内は明るく、派手な宣伝文句で飾られた。

しかし、まだ値段が決まっていなかった。クリフは選んだ価格に、どのくらいの利幅があるかを検討していた。トールサイズより少し大きいカップの一〇オンス(約三〇〇cc)を一ドル九五セントに設定すれば、利幅は一六パーセント。二ドル二五セントであれば、二四パーセント。イタリアからの帰路に算出して有頂天になった七〇パーセントにはほど遠かった。

利幅は、予想以上に高かった商品原価と目に見えない厄介な問題によって、圧縮されてしまったのである。ベースとなる成分はいずれアメリカで生産するつもりだったが、いまは大西洋の向こうから莫大な費用をかけて空輸していた。また、ドル安ユーロ高がコストをさらに押し上げた。さらに、ドリンクの味を一定にするために、ヨーグルト・ベースのドリンクを混ぜるためだけの機械を何百台も買わなければならなかった。イタリアから戻ってくるときは、この費用を計算していなかった。

引き返すにはもう遅すぎた。何百というカリフォルニアの店舗は、宣伝用のためにピンクに装飾され、明るい色のペンキをこぼしたような大きな飾りを、店の窓や床に貼った。専用の容器に入った一〇オンスのソルベットは二ドル九五セントで販売され（なんとか利益が出た）、最初の数週間は、各店舗で一日四〇個が販売され、売り上げ増に貢献した。

しかし、すぐに問題が表れはじめた。

まず、あまりに大量のソルベットが、お客様に提供されることなく、廃棄されたのだ。

次に、ヨーグルト・ベースのソルベットを混ぜる機械は、毎日閉店後に一時間半かけて洗浄しなければならなかった。そのために仕事が増え、バリスタの販売意欲を奪った。味は好まれたが、洗浄は手順を変えて四五分で終わるようにしても嫌がられた。バリスタが気に入ってくれなければ新商品が成功しないことは、パイクプレイス・ローストの経験からわかっている。

また、ソルベットには砂糖が多く含まれていたため、栄養価の高い商品を望むお客様を満足させることはできなかったし、健康面に注力するわたしたちの戦略とも一致しなかった。

ソルベットは、夏の暑さが本格化しても、期待通りの売り上げを達成できず、収入増にはつながらなかった。これでは高い商品原価と複雑さに見合わない。

わたしは落胆する一方で、責任を感じていた。この商品はあきらめるしかない、というクリフの意見に同意せざるを得なかった。

別の時期の、別の環境であれば、あるいは、少数の店舗で販売すれば、改良することができたかもしれない。味は良かったのだから。しかし、わたしたちには取り組むべきもっと大きな問題があったために、損失をカットすることにした。ソルベットはフェイドアウトさせる。

いったいどうしたんだ？　わたしは自分自身を責めた。新しい商品を求めるあまりに、目が見えなくなっていたのか？　スターバックスはかつて、お客様の習慣さえ変えてしまうほど、商品開発がうまかったはずなのに。ソルベットもそうした可能性を秘めたものだと思っていたのに。

わたしはソルベットを特効薬だと考えていたのだ。

そんなものが存在しないことはわかっていたはずではないか。

来客数の増加も、新しいブレンドも、ロイヤルティープログラムや特典も、より健康的なフードやドリンクも特効薬にはならない。

スターバックスを収益性の高い、成長を持続させることができる企業に変えるチャンスはあちこちにある。しかし、一つの戦略、一つの商品、一つの販売促進活動、一人の人間が会社を救うのではない。たくさんのことがうまくいかなければだめなのだ。改革はジグソーパズルのようなものである。わたしたちの取り組み一つひとつが全体の成功につながる。パートナーのために、お客様のために、株主のために、スターバックスというブランドのために、正しいことをやるしかなかった。

第21章　真実を実現させる

「申し訳ありません」

わたしは目の前に集まった数百人のパートナーの前で、いつもよりゆっくりした口調で言った。

「過去数週間、とくに昨日、起こったことで、この会社の文化と価値が損なわれたと感じる人がいるとしたら謝罪します」

本社の九階に集まったパートナーたちは、肩をふれあうようにして立っていた。入りきれなかった人は吹き抜けの階段や八階の床に腰を下ろしたり、腕を組んだりして、壇上のわたしを見上げる。

「やむをえない決断でした」。わたしは言った。「残念ながらそうするしかなかったのです」

前日の七月二九日火曜日、スターバックスは店舗外の一〇〇〇のポジションを廃止し、五五〇人を解雇した。そのうち一八〇人はシアトル周辺在住で、多くは本社で働いていた。

解雇通告はできるだけ本人と会って伝えるようにした。その日一日中、各部門のマネジャーは、人事の専門家と一緒に、パートナーや友人に、もうスターバックスで働くことができないと告げるという、これまでで最も辛い経験をしなければならなかった。離職者には自分の机に戻り、私物をまとめ、コンピュータから必要な情報を取り出し、別れを言う時間が何時間か与えられた。あるいは、週末に私物を取りに来ることも許された。警備員の巡回もなく、みずから退去の支度が整えられた。また、再就職支援や、給付金やこれからのことについて相談できる場所や、新しいメールのアカウントや、従業員の補助プログラムにアクセスする方法が提供された。解雇手当や給付金も、それぞれの地位や在職期間に応じて、妥当な金額が用意された。それでも、だ。

離職する数人のパートナーと個人的にオフィスで話したあと、建物の中を歩いて回った。人々は泣き、同僚と別れを言って抱き合っていた。

「個人的な理由ではないんです」。わたしは解任されるパートナーに言った。

もちろん、解雇は誰にとっても個人的なことだ。決定を下す側、それを伝える側。長年、スターバックスのブランドを築き上げるのに貢献してきた人、最近、入社した人。間違いなく影響を受ける何百という家族。住宅ローンや請求書の支払いをしなければならなかったり、子どもの誕生日が近かったりする両親。家を買う、あるいは日用品が必要な若い夫婦。生活費、ローンの支払い、親戚への送金、引退後の蓄えが必要な男性や女性。健康保険や育児補助をスターバックスに頼っていた人、年金やスターバックスの株式に夢を膨らませていた人。すべての人にとって個人的なことだ。

わたしには彼らの気持ちを完全に理解することはできないかもしれません。ただ、スターバックスが初めて直面している不況を乗り切ろうとしているだけです。景気はわたしが復帰した一月以来、毎月、悪化しています。

アメリカでは、労働賃金は上昇せず、消費者の負債総額は減らず、ガソリン代は跳ね上がり、失業率は増え続けていた。二〇〇八年六月、失業率は二〇〇四年一〇月以来最悪の五・五パーセントに達した。リストラを行っているのはスターバックスだけではなかったが、私物をまとめ、IDカードを返却し、最後のエレベーターを待っている人々には、そんなことは慰めにもならない。会社で働いているはずの時間に家に戻り、将来の不安について思いをめぐらすほど個人的なことはないだろう。

いまわたしの目の前に立っている残されたパートナーたちもまた、解雇に大きな衝撃を受けていた。話しているうちに気持ちが落ち着いてきた。彼らの辛さや悲しさに気を配る一方で、差し迫った問題に対して現実的であろうとした。みんな前へ進むための自信を必要としている。これはめくらなければいけないページだったのだ。わたしは続けた。

スターバックスはこれまで経験したことがなかった瞬間に直面しました。いつもとはまったく異なる、辛い瞬間でしたので、昨日のことについて話をさせてください。やる気に満ちた、才能ある、素晴らしいパートナーに辞めてもらわなければならない日が来るとは思ってもいませんでした。気持ちの準備もできていませんでした。皆さんが怒り、悲しんでいるのはわかっています。とても腹を立てていることでしょう。しかし、会社を長く存続させるために、難しい決断をしなければなりませんでした。収益と利益を維持するために、より低コストな構造にしなければなりませんでした。そうでなければ、状況はさらに悪くなります。来客数は、毎月、減り続けています。新しいお客様を獲得することができません。

そこで、どう対応するかを考えなければいけないのです。

需要をつくり出し、来客数の伸びをプラスに転じるために行っている多くの取り組みに加え、費用の管理も必要だった。閉店と効率化はほんの手始めにすぎず、さらなる削減が必要なのだ。

大きすぎて潰せないと考えられているグローバルな金融機関とは異なり、スターバックスは無責任に金を使うことはできない。良すぎて潰せない会社でありたいとは思うものの、わたしたちはもっと賢く働き、会社を運営するべきだったのだ。これまで、資源《リソース》を最大限に活用しているかを、時間をかけて考えることはほとんどなかった。

シアトル本社も、クリフが店舗で目撃したのと同じ状態になっていた。リーダーもチームもいつもものすごく忙しく、プレッシャーのもとで長時間働いていたが、仕事は――できあがりを待つカップが並んでいるように――増えるばかりだった。店舗では、バリスタがいかにコーヒーを淹れ、飲み物を作るかを再検討するのではなく、人材を増やしたり、場合によっては飲み物が完璧でなくても我慢した。同様に、オフィスでは――新店舗を次々とオープンしていたので――一時しのぎに社員を増やしていた。とくに、新しい店が一軒増えるたびに、材料と器具を運ぶサプライチェーンには大きな圧力がかかった。サプライチェーンは動きが速いので、仕入れや輸送を最も効率よく、タイムリーに行うための方法を考える時間がない。彼らが悪いのではないし、問題は彼らだけにあるのではない。スターバックスの大半の部署は、目的を達成しようと誠心誠意尽くしていた。しかし、それが、最良のやり方ではないときもあったのだ。

ジム・ドナルドも、ＣＥＯだった二年のあいだに、スターバックスにはコストを管理する力がないことに気づき、〝新しいスキルを開発し〟、出費を切り詰めなければならないと促した。しかし、大規模な削減は行われたことがなかった。そうしなければならない切迫した理由がなかったからである。しかし、今は違う。売り上げの急落——七月の既存店売り上げは前年比マイナス七パーセント近かった——によって、利鞘が減り、業務の非効率的な面が明らかになった。経営陣とわたしは何千万ドルという固定費を削減する以外ないという合意に達した。つまり、従業員を減らすということだ。

その月の初めに張り詰めた空気のなかで行われた経営会議で、反対はあったものの、それぞれの部門が一定の割合でコストを減らすことに決まった。誰を、あるいは何人を辞めさせるかについて、他の人に指示した者はいなかった。わたしは痛みに耐えるために、わずかな人々を犠牲にすることによって会社を救い、残る多くの人を守るのだと考えることにした。長期的な価値を強化するために、行わなければならない選択だ、と。最終的な責任はわたしにあるのだ。

その日以降、各部の部長が部屋に閉じこもって、誰を残し、誰を辞めさせるかを選ぶ作業を行った。解雇者のリストを渡されたとき、わたしは、ページに記した番号ではなく、一人ひとりの名前を見た。全員の名前と職位を知りたかった。どんな人で、スターバックスに何年いたかを知りたかった。確かな仕事をし、素晴らしい業績をあげてきたにもかかわらず、ただ雇う資金的余裕がないというパートナーも多かった。政治的な意図や隠された思惑が人選に影響していないか、なぜこの人が辞めて、この人が残るのかなどと質問する場合もあった。わたしも経営陣も、会社の規模を縮小することは実に残酷な行為だと知った。あまりにも残酷だ。できるだけの配慮をしようとしても、わたしたちがやっているのは不当なことに思われた。

しかし、何もしなければ、悲劇はさらに大きくなる。

「会社を売ればいいじゃないか」。ある人はそう言った。大企業にはスターバックスにはない強みがあるから、大量解雇をしないで済むという。

新聞やネット上では、スターバックスの栄光の日々は既に終わったと囁《ささや》かれていた。大半のパートナーたちは知らなかったが、わたしは、CEOとして、大幅な費用削減の圧力をあらゆる方面からかけられた。投資家は自社所有・運営のモデルをやめ、店を第三者に経営させてロイヤルティー料をもらうフランチャイズ制にすることを望んでいた。一見、経済的には正しい選択のように思える。フランチャイズ制にすれば、活動資金が増え、投資収益率が大幅に増加する。しかし、店の所有権を何百人という人に許可すれば、パートナーたちの会社に対する基本的な信頼を維持するのは難しくなる。つまり、お客様との信頼や絆を築けなくなるということだ。会社運営という面ではいいかもしれないが、スターバックスの文化が薄れて、まったく違う会社になってしまうだろう。

「どのくらいのコーヒーを焙煎しているんだ?」別の人に訊かれた。

「一年に四億ポンド（一八万一〇〇〇トン）」

「品質を五パーセント落としたらいい。誰も気づかないし、数百万ドルが削減できる」。真剣に提案してくれているのだ。しかし、わたしは、コスト削減を理由に品質を落とすつもりはなかった。

予定されているリーダーシップ会議を中止したらどうか、という提案もあった。会議には一万人の店長、ディストリクトマネジャー、リージョナルマネジャーが一堂に会することになっていた。莫大な費用がかかるが、大きな目的があった。パートナーと、個人的な絆を結び直す必要があったのだ。

こうした提案を無視したわけではない。しかし、どんなブランドも、妥協をすれば、たとえ短期の収益が良くても固有の趣《おもむき》を失ってしまう。スターバックスの価値を守り、わたしたちを成功に導いたものに投資し、全力を注がなければならない。すぐに効く薬はないのだ。わたしたちが本物であれば、正しい道を進み続ければ、改革は成功すると信じなければならない。

「もしほんの少しでも疑いの気持ちがあるなら」。わたしはスターバックスの売却を提案した人に言った。「過去の栄光を、ブランドという資産を、店舗での体験を、パートナーたちの誇りを取り戻すことができないとわたしが思うようになったら、わたしが真っ先に言います。『スターバックスを売ろう』と」

同じ自信をオープンフォーラムでパートナーたちに伝え、状況を考えれば容易なことではないが、しっかりと仕事に打ち込んでほしい、と頼みたかった。

わたしには光が見えます。すべきことがわかっています。立ち上がり、やらなければなりません。やらなければならないのは、問題を解決する答えを見つけることです。大切なことに注力し、不適切なことに時間と金を浪費するのをやめることです。

大切なのは、わたしたちが直面する問題の解決策を求めることであり、これまで気づかなかったことに関心をもち、より良く、賢く、効率的な方法を探し、改革と革新を推し進めることです。

これは会社にとって、ここに集まっているわたしたち一人ひとりにとって、真の試練です。わたしたちが成功できる理由は、過去にわたしたちが成功してきた理由と同じです。株価もマスコミも関係ありません。わたしたちが信じるもの、わたしたちが守ろうとするものがわたしたちを成功に導くのです。

わたしはこの会社の将来を信じています。なぜなら、皆さんを信じているからです。

もちろん、全員がわたしのことを信じていたわけではない。社内でも社外でも、多くの人が、スターバックスは深みから抜け出すことができるのか、とわたしの統率力に疑問を投げかけていた。それまでの二四時間で、解雇された多くの従業員から、スターバックスの一員になれたことを感謝し、温情のあるやり方をしてもらったことに謝意を表するメールを受け取った。しかし、裏切られた、基本理念を守っていない、と感じている人たちもいた。あるメールにはこうあった。

「豊かな毎日を過ごせるように、気持ちが明るくなる体験を人々に提供する。これが意味のあるものだった頃を覚えていますか？　わたしは覚えています」

こうした失望があるからこそ、わたしがパートナーたちの前に立ち、彼らが、公の場で、怒りを示すチャンスを与える必要があったのだ。当然、彼らの間では不満が囁かれている。しかし、わたしに直接話をすることで、わたしが傷つけてしまったと彼らが感じている価値を取り戻してもらいたかった。何も隠さないというのがわたしの自然の対応だが、それはまた誠実であることの証しだと、みんなに理解してほしかった。

わたしが質問やコメントを募ると、何人かが部屋のまわりに設置したマイクの前に立った。用意したコメントを読み上げた者もいた。その場で思ったことを口にした者もいた。リスクマネジメント部門のマネジャーであるショーン・シャナハンは、彼のチームのメンバーを解雇しなければならなかった日から、口調がとげとげしくなっていた。彼は部屋の向こう側からわたしの目をじっと見た。

「わたしたちは、昨日、部下を解雇しなければなりませんでした」

彼は言った。「二度とこんなことはしたくありません」。彼は考えをまとめた。「聞こえていますか。二度とこんなことに耐えられるとは思えません。そこで、これまでにしたことがなかった質問をします。あなたとあなたのまわりにいる人たちの責任についてはどうなっているのですか？」

「きみの言う通りです」。わたしは答えた。「意見をありがとう」。ショーンの言う通りだった。スターバックスの経営陣は、過去になかった方法で説明責任を問われているのである。

こうした不安な時期には決断力が重要だ。わたしと一緒に会社を率いていくのは誰かを決めるときには、とくにそうである。わたしは経営陣の構成を継続的に見直し、再編成した。役割を変えたり、ある者には敬意を払いながらも去ってもらい、新しい才能ある人を迎え入れたりした。

取締役会、とくにクレイグ・ウェザアップは、大企業でブランド構築をし、優れた業績をあげた経験がある人を外部から経営陣に迎えるべきだと言った。わたしは常に、前に進むためには、新しい視点や手法を受け入れるべきだと信じていたし、スターバックスは企業の規模にかかわらずスキルをもつリーダーたちを引きつけてきた。

重要なのは、業績だけでなく、スターバックスの文化に合った価値観や、生まれながらのセンスをもつ人を見つけられるかどうかだ。これはとても難しいことだった。人選を間違えれば、スターバックスの整合性が損なわれることになる。社内での駆け引きとか、上司ばかりを気にして部下を顧みないとか、尊敬を得られなかったり、チームプレーヤーとして信頼できなかったりとかいった人は毒になる。しかし、わたしには人の性格がわかるアンテナのようなものがあるので、たとえ他の人が眉をつり上げることがあっても、人を雇うときはその直感に従うことにしている。これまでに何度も、社内からリーダーを見つけ出し昇進させてきた。彼らのスキル、決意、スターバックスが実現しようとすることに対する情熱が成功をもたらすと心の底から信じているからだ。

スターバックスの置かれた状況を考えると、経営陣に関する決定はこれまで以上に重要になっている。間違った人に間違った役割を与えてしまえば、わたしたちはさらに道を外れてしまうだろう。

七月の終わりまでに、解雇にひきつづき、わたしはいくつかの重要なリーダーの変更を行った。なかには意外と思われる決定もあったようだ。

ＣＩＯ（最高情報責任者）には、他社からやって来た三二歳のスティーブン・ジレット。フォーチュン五〇〇社のなかで最年少のＣＩＯであるため、スターバックスの古い技術構造を刷新するという大役を果たせるのかどうかという疑問の声があった。しかし、彼は、デジタルメディア会社コービス、ヤフー、ＣＮＥＴで磨きをかけた情報技術に対する見識とデジタルメディアに対する知識、飽くことを知らない好奇心をもっていた。わたしは彼の大胆な思考プロセスに感銘を受け、笑顔の裏にある善意を感じ取っていた。

サプライチェーンを監督するのは、話し方は穏やかだが意志の強いピーター・ギボンズだ。二〇〇七年、巨大な化学会社からやって来た生産部門の責任者で、規律と誇りを職場にもたらした。ピーターは、わたしたちの物流システムがだめになっていることをほかの誰よりも理解していた。わたしにはまったくわからないこの分野で、彼なら知識に基づいた決断力とプロ意識を発揮してくれるだろうと信頼して、グローバル・サプライチェーンのエグゼクティブ・ヴァイスプレジデントに指名した。

また、二〇〇八年九月、ヴィヴェック・ヴァルマが、一二年間働いたマイクロソフトを離れ、広報部門の責任者としてスターバックスに入社した。わたしは彼を以前から知っていて、スターバックスが直面しているいくつかの問題について助言を仰いだことがあった。彼の見方は、経験に基づいた、率直な、自信に満ちたものだった。わたしと意見が食い違うこともあるが、問題には戦略的に、いかに社会的に貢献できるかを考えながら取り組む。彼の手法は、わたしたちの物語をより繊細に、洗練された方法で語るうえで助けになるだろう。

クリフは、アメリカ事業を引き続き率いていくことになった。ミシェル・ガスは、わたしとともに変革に向けたアジェンダを完成させて会社の方向性を決めるという仕事を終えたために、現場に戻り、マーケティング、クリエイティブ、飲料、コーヒー開発、フードを率いるチームを監督することになった。デルからやって来たポーラ・ボグズは、引き続き法務部門のエグゼクティブ・ヴァイスプレジデントに、チェット・クチナードは人事部門の責任者になった。アーサー・ルビンフェルドは、グローバル開発のトップとして経営陣に戻ってもらった。彼は、仕事に信念をもち、創造性を発揮して、不動産関連の問題に取り組んだだけでなく、既にチームをスターバックスの店舗の将来像をつくり出すために動かしはじめていた。このようにいくつかの変更を行ったが、まだ変えなければならないところがあるのはわかっていた。

スターバックスはわたし一人で救うことはできない。CEOに復帰したときも、そんなことはできると思っていなかった。わたしは特効薬ではない。新しいアイデアをもたらしてくれる優秀な人々が、信念と勇気をもって古いものやわたしに立ち向かってくれる人が、周囲に必要である。そのために、何人かがスターバックスを去ることになった。

わたしが決めたことであろうとなかろうと、それは辛いことだった。

スターバックス内部では、二〇〇八年七月二九日は、暗黒の火曜日《ブラック・チューズデー》と呼ばれた。間違いなく、暗い時期だった。大量解雇が行われたことに加え、スターバックスは何を目指しているのかと疑問を抱く人々が社内にも現れた。売り上げは、とくに週末の落ち込みが激しかった。コスト構造が維持できなかった。

そして、明日になれば、世界中の新聞で、スターバックスが初めて赤字を出したことが報じられる。第3四半期は六七〇万ドルの純損失を計上したからである。マイナスになったのは、変革のための一時的なコスト増によるものだが――この費用がなければ、前年ほどではないが利益は出ていた――損失はあくまで損失である。

「未来へ《オンワード》」。スターバックスの挑戦を思うとき、わたしはまず、この言葉を思い出す。この言葉は、単なるスローガンや考え方を表すだけでなく、ますます複雑になり、不安が増す時代において、使命を果たしながらも、利益を上げていかなければならないというスターバックスの二重性を示している。「未来へ《オンワード》」。明るい気持ちで前をしっかり見つめ、過去を尊重しながら新たな未来をつくり出すための終わりのない旅を示す言葉である。

気持ちと希望だけでなく、知力と厳格さをもって、常に情理を尽くすとともに、説明責任を果たさなければならないことを表している。

自分たちの力を信じ、お客様のニーズを最優先し、競争の力を尊重する言葉である。

コーヒーでも、マーケティングでも、設計でも、信じるものに情熱を傾けるのは素晴らしいことだ。しかし、利益を出すのを忘れてはそれも不可能になる。

「未来へ《オンワード》」。泥だらけになってもがき、鮮やかな結果を出す。株主に対する責任と社会的良心の均衡を保つことであり、直感と人間性を重んじながら研究を重ね、収益を上げる。試練を乗り越えて、成長しようとするスターバックスにふさわしい言葉だ。頭を高く上げつつも、足元の現実をしっかりと見つめよう。そして、勝利を手に入れるのだ。

絶対に実現させる。

ありがたいことに、それを信じているのはわたしだけではなかった。二〇〇八年七月三一日の夜中に次のようなメールがカナダから届いた。エドモントン州のディストリクトマネジャーであるシンディ・ガンジ＝ハリスからだった。彼女とは一度も会ったことがない。

ハワードへ

あなたのボイスメールを聞き、新聞やブログの記事を読みました。多くの人があなたが行った決定に対して不安と失望を表しています。

しかし、あなたを信じているパートナーが、まだたくさんいることを知ってほしいのです。わたしはスターバックスで働いて一一年になるので、偉大な企業であり続けるためには、難しい決断を下し、犠牲を払わなければならないということもわかっています。わたしたちが正しい道を進み続けるために行われた決断を信じています。わたしたちはこれまで以上に精進し、注意を払い、努力を重ねて前へ進んでいかなければなりません。

わたしは担当する店舗を訪れるとき、店長だけでなく、すべての従業員と研修や体験について話し合い、彼らの意見を求めるようにしています。そして、わたしたちが現在、経験していることとについて説明し、過去にはなかった試練に直面してはいるものの、これまでにスターバックスが逆境にありながら〝正しいこと〟を行うために努力し、ミッション・ステートメントに恥じない決断を下してきた例を無数に見てきたことを話しています。

わたしに理想の仕事を与えてくれる会社を築くために、あなたが行うことすべてに感謝します。ときには辛いこともありますが、わたしの人生を変えてくれた人、わたしが人生を変えることができた人みんなのことを考えると勇気づけられます。

わたしたちは他の企業とは違うのです。働く者にとっては、業界で最高の企業です。素晴らしい未来が来ることを心から信じています。

第4部

希望

——Hope

第22章　危機のなかの真実

二〇〇八年九月一五日、景気は自由落下《フリーフォール》の状態に陥った。一八四四年に日用品店として創業した投資銀行リーマン・ブラザーズが破綻した。ＦＲＢや競合先の金融機関が最後まで下支えしようとしたにもかかわらず、アメリカ史上最大の負債を抱えた倒産となった。わたしは、その週にロサンゼルスで行われる取締役会の予備会議の合間に、オフィスにあるテレビで、私物の入った箱を抱えた社員たちがオフィスから出てくる光景を見て愕然とした。

同日、大手証券会社メリルリンチのバンク・オブ・アメリカによる買収が発表された。大手保険会社ＡＩＧも倒産寸前で、その余波は世界中に広がると見られていた。シアトルでは、アメリカ最大の貯蓄貸付組合であったワシントン・ミューチュアルが、サブプライムローンの破綻により危機に陥っていた。

世界最大手の金融機関による危険で複雑な投資がいかに絡み合っているかは、ほとんど誰にもわからなかったが、その日のうちに誰の目にも明らかになったことがあった。株価が一日で五〇〇ポイントも下落したのだ。一日の下げ幅としては、二〇〇一年九月一一日の同時多発テロ事件以来最大である。一五ドル近辺を動いていたスターバックスの株価はその日はそれほど落ち込まなかったが、何千億ドルという個人の資産が消え、スターバックスのパートナーや家族を含む何百万人もの人々が影響を受けた。

その日の《ニューヨーク・タイムズ》紙にアンドリュー・ロス・ソーキンがこう書いている。

アメリカの金融業界の地図を塗り替えてきた激動の年に、また新たな章が書き加えられた。かつて威勢をふるった金融機関が住宅ローンと不動産投資の破綻による巨額の損失を出した結果、持ちこたえられずに崩れ落ちたのである。「三五年間、この業界で働いているが、こんなとんでもないことが起こったのは初めてだ」。非公開株投資会社ブラックストーン・グループの共同設立者ピーター・G・ピーターソンは言った。一年前の時点で純資産総額が一〇〇〇億ドルのメリルリンチの買収やリーマン・ブラザーズの破綻によって、昨年からウォール街を低迷させ、景気を脅かしている金融危機の流れが変わるかどうかはまだわからない。景気は昨年より、金融危機が深刻化するにつれて悪化し、経済成長率の落ち込みとともに失業率が増加している。

多くの立派な会社が破綻し、多くの人がショックを受けていた。

危機によって、金融システムや経済の——そして、スターバックスの——致命的欠陥が明らかになったのである。一方では、銀行の経営ミスによる金融崩壊によって、スターバックスの問題は、わたしたち経営陣の失敗も含めて、あまり話題にはならなくなった。しかし、もう一方では、わたしたちの失敗は、銀行と同じように、破滅につながる。だからこそ、スターバックスを弱体化させる問題をすべて解決することがこれまで以上に重要なのだ。わたしたちは多くのものを危険にさらしている。何千人ものパートナーの仕事、投資家の資産と信頼。それらを失わないよう、過ちを認め、問題を解決するために闘わなければならない。

サポート業務部門はとくに見直しが必要だ。慎重な消費者が既に間違いなく切り詰めている支出が、深刻化する景気後退によってこれまで以上に圧迫され、わたしたちの売り上げや利益率はさらに脅かされるだろう。つまり、スターバックスに来るお客様が減るということである。お客様は、金融危機とスターバックスを贅沢の象徴のように扱う評論家に心理的な影響を受け、スターバックスのカップを持って歩くのは倹約の努力が足りないことのように感じてしまっている。

失った売り上げを埋め合わせるには、何億ドルという固定費を削減するしかない。二〇〇八年九月、営業部門の無駄の切り落としが新たな緊急性を帯びた。

「バスの車輪がはずれた」。電子メールにはそう書いてあった。

銀行倒産が起こった九月一五日の二週間前の、日曜日朝のことだ。北東大西洋地域のシニア・ヴァイスプレジデントであるジム・マクダーメットが相次ぐ店舗配送の問題点についてピーター・ギボンズにメールを書いて送った。ピーターは何週間か前にサプライチェーンの責任者になったばかりだった。しかし、調達、焙煎、包装、倉庫、そして、コーヒー、飲料の原材料、ペストリー、商品、その他の配送を担う一三〇〇の提携先から成るサプライチェーンが官僚的なモンスターになっているのに気づいていた。

「部門を越えて、いや、アメリカ中で、ディストリクトマネジャー、店長、パートナーたちに多大な迷惑をかけている」。ジムはそう書いた。

マンハッタンでは、一日、一〇〇を超える店舗で、フードや基本的な材料が足りなくなっていた。たとえば、健康志向に応えるメニューとして新たに加わった人気のオートミールのトッピングなどだ。配達のたびに遅配や欠品が、あちこちで起こった。カップがなくなってしまった店舗さえあった。優秀な店長やバリスタたちは足りないものをなんとかしようとするが、その結果、お客様に注意を払えなくなる。ニューヨークの問題の一部は、納入業者を苦しめている問題によるものだったが、売り上げは容認できないほど悪化していた。しかも、ここだけが例外だったのではない。物流機能が働かないために、北東地域では、店の売り上げと士気が落ち込んでいた。

スターバックスのサプライチェーンは常に挑戦を強いられてきた。毎週、世界中の四つのコーヒー倉庫、五つの地区焙煎工場、五〇の配送センター、複数の納入業者から、生鮮・非生鮮食品の配送が八万三〇〇〇もあった。毎年、アメリカとカナダでは、六億八〇〇〇万個のペストリー、三億九〇〇〇万リットルのミルク、一億一〇〇〇万キロのコーヒーが直営店に配送されている。大半の店には、少なくとも一日一回配達があった。気候によって、注文も変わる。シカゴでは、湿度が高い日には、正午に無脂肪乳が切れ、雨の週には在庫が増える。

必要とするものがすべてきちんと配達されなければ、店はお客様の注文に応えることができず、売り上げを失うだけでなく、お客様の気持ちを害することにもなる。まさにそうしたことが起こっていたのだ。二〇〇八年、店舗からの注文すべてが時間通りに配達される確率は三五パーセントで、毎日、何千もの店で、なにかが足りなくなっていた。お客様やパートナーたちはどれほど失望したことだろうか。「申し訳ありません。バニラシロップを切らしています」とか、「バナナの配達がなかったのでビバーノを作れません」とかいった言葉をバリスタがお客様に伝えるたびに、スターバックスとパートナー、そして、お客様とスターバックスの間にある脆い信頼の絆がほどけたに違いない。

改革の一環として、サプライチェーンは、店舗に対するサービス改善をアメリカ事業部から強く要求され、膨れ上がるコストの削減をCFOから要求された。

わたしたちはサプライチェーンの問題を無視していたわけではなかった。ピーターが責任者になる前にも組織変更は行われたが、事態をさらに複雑化し、パートナーや納入業者を混乱させるだけに終わった。ジム・マクダーメットが述べているように、この分野における規律の欠如は明らかだった。

二〇〇八年九月三日水曜日の午前五時、ジムがピーターにSOSのメールを送ってから四日後、スターバックスでの勤務が長いセントルイスのディストリクトマネジャーであるティナ・セラーノが地域の物流マネジャーにメールを送り、水の在庫がないことを訴えた。

「十数件の店でイーソスウォーターの在庫がなくなっていると聞いています。一週間ほど前からない店もあるそうです。なんとかなりませんか。今週末は町で大きな祭りがあるのに、水がないのです」

六時間後、ティナはさらに詳しく調べたあとで、またメールを送った。

「ご参考までに伝えます。どの店も水がないそうです！」

その日一日中、ティナのメールは次から次へと転送され、組織の上層部へ上がっていった。そして、ついに、次の日の午前六時三六分、リージョナル・ヴァイスプレジデントのリッチ・ネルソンのもとに届き、それが、店舗サービス担当のシニア・ヴァイスプレジデントであるクレイグ・ネッセルに転送された。クレイグはすぐにピーター・ギボンズにメールを送った。

ピーターへ

イーソスウォーターの問題が南東部に影響を及ぼしています。対応しようとはしていますが、彼らができる範囲を超えているようです。

問題はわたしの耳にも届いた。わたしは九階へ行き、ピーターのオフィスに入り、デスクの前の椅子に腰を下ろして、彼から手短に状況を説明してもらった。何十もの店舗でイーソスウォーターがなくなり、納入業者の在庫も底を突き、倉庫にも補充がないという。信じられないことだった。「どうしてこんなことが起こったんだ？」。イーソスの売り上げの一部は寄付に回されている。わたしの苛立ちは大きかった。

「心配しないでください」。ピーターは穏やかな口調で言った。「すぐに解決しますから」

「しかし、どうしてこんなことになったんだ？」

ピーターはその場を取り繕うでもなく、ずばり答えた。「サプライチェーンはいろいろな変化に混乱していて、誰がイーソスを注文するべきかがわからないのです」。そんな馬鹿な。「きちんと整理をして、二度と起こらないようにします」

これまで長い間、費用効率や製造や供給の効率化よりも、コーヒーの質を優先してきたのは確かだ。不満はあった。しかし、サプライチェーンは長年、会社の急拡大に追いついていくので精いっぱいだったのだ。「とにかく店に商品を届ける」というのが指令で、そのため、世界一流のサプライチェーンを築くのに必要とされる規律や技術に、正しい投資をする時間がなかった。また、経営陣にも、サプライチェーンに投資をするべきだと主張する理由もなかった。店舗の売り上げが良かったために、物流の欠陥が覆い隠されてしまっていたのだ。

さらに、ヨーロッパの店舗へ、現地ではなくアメリカで調達した材料を送るための輸送費など、毎年巨額の不必要な出費がある。また、たとえばブルーベリー・マフィンを一つか二つの納入業者から大量に買えばコストを削減できるのに、それをせずに地域の多くのベーカリーから味の一貫性が欠ける商品を仕入れていた。IT同様、スターバックスの規模が拡大し、組織が複雑化したにもかかわらず、サプライチェーンは未熟なままだったのだ。

問題のもう一つの原因は、サプライチェーンに関する専門知識が欠けていることだった。現在の責任者やマネジャーたちではなく、スターバックスの文化のせいである。スターバックスは優秀な人であれば、たとえ明らかな資質がないとしても、その人を伸ばし、成長させるために昇進させて新しい役割を与えることがあった。しばらくはそれがうまくいき、パートナーたちはチャンスを与えられたことを喜んだ。しかし、ただ真面目で勤勉だというだけではどんなに努力してもついていけないほど、サプライチェーンは高度で複雑な仕事になっていたのだ。サプライチェーンに必要なのは万能な人ではなく、専門家《スペシャリスト》だった。

責任はわたしにもあった。サプライチェーンには、会長時代もCEO時代にも、それほど注力してこなかった。率直に言って、会社のエンジン部ばかりに目がいっていたのである。スターバックスのブランドを構築し、スターバックス体験をつくり出し、パートナーたちを刺激して売り上げを伸ばす。それがわたしにとって最も大事なことであり、情熱であり、スキルであったので、そこに力を注いだ。

しかし、イーソスウォーターの問題は、たとえ企業の存続を脅かすものではないにしても、わたしにリーダーとして足りないところを教えてくれた。わたしは自分がよくわからない分野、関心が薄い分野はあまり深く調べてみようとはしないのだ。もっと知ろうとするべきだった。いま、それを直し、裏側を支えるバックエンドの業務についても把握する機会ができた。最高執行責任者という職務をなくしたときの意図の一つでもあった。

それでも、サプライチェーンには、断固たる決定権をもって、問題を特定し、確かな解決策を用いることができる責任者が必要だ。わたしはピーターに絶大なる信頼を置いていた。彼は以前いた会社よりも職位が下がるにもかかわらず、製造部門の責任者としてスターバックスへやって来た。スコットランドのビニール床材の工場で働いていた一八歳のときから、バックエンドの業務を行っている。そして、二〇年の職歴のうちに、スターバックスより店舗や商品の多い大企業で何度か大規模なサプライチェーンの改革を推進している。さらに、彼は生まれついてのリーダーだった。技術者でありながら、自信に満ちた、率直な、それでいて親しみやすい話し方をする彼は、すぐにパートナーに信頼された。彼らは、ピーターが初めてオープンフォーラムを開いたときに感じたように、サプライチェーンの基本からよくわかってくれているリーダーを必要としていたのだ。

その後ピーターは、繰り返しこう言うことになった。「最後には、誰かが注文をし、倉庫で誰かが注文に応え、トラックに載せて店舗に運ばれますよ。それがわたしたちの仕事ですから」

サプライチェーン改革の戦略は、次の三つの言葉だった。「サービス・コスト・人」。ピーターのもとで、サプライチェーンは三つの目標を立てた。「まず、注文者に優れたサービスを提供する。彼らはわたしたちのコーヒーをお客様に提供する店舗やホテルだ。次に、コストを節約する。さらに、社内の人材を教育し、輸送、物流、品質管理のスペシャリストを採用する」

「たくさんの言葉や約束で皆さんの時間を奪うつもりはありません」。ピーターはクリフや一二人のリージョナル・ヴァイスプレジデントに宛てて、サプライチェーンのサービスの悪さについて述べた。「現在のサービスの質は許されるものではありません。そして、これ以上続くことは許されません」

現在のシステムを徹底的に見直す一方で、コーヒーの質を維持し、これ以上供給元との関係を悪化させないようにしなければならなかった。

新しい商品が発売されるたびに、サプライチェーンには新たな混乱が生まれた。二〇〇八年九月一〇日、間接的ではあるが、わたし自身もサプライチェーンに対する不満をお客様から受け取った。

ご担当者さま

わたしはオレンジ・マンゴー・バナナ・ビバーノを作る材料が揃った店舗を見つけるのに苦労しています。車であちこちの店へ行きました。ある店ではバナナが、ある店ではジュースがありませんでした。これが改善されることを望みます。とてもおいしいので、できたら毎日飲みたいのです。

わたしはこのメールをなんの説明もなくピーターに転送した。「ビバーノが見当たりません」というタイトルを読めば、わかるだろうと思った。

五日後、リーマン・ブラザーズの倒産による金融危機が起こり、やがて世界中に広がった。

二〇〇八年九月、ウォール街の破綻が一般の人々にどんな影響を与えるかという議論は本格化した。わたしは取締役会へ参加するためにロサンゼルスを訪れる一端として、予定されていた店舗視察を行った。取締役のうちの二人が同行し、ダウンタウンの店舗でバリスタたちに会ったあと、二〇〇三年にスターバックスにバリスタとして入社した店長のクララ・ローランが、奥のオフィスへわたしたちを連れていった。彼女の店の業績について話すためである。何が売れて、何が売れていないのか、わたしは知りたかった。そして、お客様がどうしているかについても。

わたしは尋ねた。「景気はとても悪いがどうしたらお客様に戻ってきてもらえると思う？」

クララは一瞬、考え込んでから口を開いた。「それは常連のお客様に答えてもらうといいのではないでしょうか」

お客様を奥のオフィスへ入れてもいいものかどうか迷ったが、クララに任せることにした。クララは部屋から出て行き、スーツを着た男性と一緒に戻ってきた。腰にぶら下げたピストルがどうしても目にはいった。「すみません」。男性がわたしの視線に気づいて言った。「警察官なもので」。彼はロサンゼルス警察の刑事だったのだ。この店には一日に二度か三度来るという。

そんなに頻繁にスターバックスに来てくれる理由を直接尋ねてみた。

「セブン-イレブンに行ってもいいんです」。彼はあっさりと言った。そして、この前の週末にキッチンのテーブルで妻と交わした会話のことを話してくれた。彼らは多くの家族と同じように、いかに家計をやり繰りするかを話し合ったのだ。「妻に、スターバックスをやめられるか、と訊かれました」

彼は立ったまま言った。「やめられませんよ。ここにはコーヒー以上のものがあるからです。わたしの仕事はとてもきつい。ほかの人が見たり、体験したりすべきでないことを、毎日、見ています。

でも、毎日、楽しみにしているたった一つのことが、店の人たちに明るい気持ちにしてもらうことなんですよ」

さらに、わたしのほうを向いて言った。「あなたの従業員たちについて言わせてください。彼らはわたしの子どもたちの名前を知っています。わたしが休暇でどこへ行くかも知っています。カップにメッセージを書いてくれます。列の七番目にいても、わたしのドリンクを作りはじめてくれるんです」。バリスタたちは、彼の注文がグランデサイズの無脂肪乳のラテにスプレンダを二つ入れた、フォームミルクなしのエクストラホットだということを知っているのだ。

さらに彼は、自分は警察官なので、一人ひとり敬意をもって接することがどんなに大切かをわかっていると言った。「サービスを提供しているときは、相手の人生にどんなことが起こっているかわからないでしょう」。彼は言葉を切った。「わかるのは、もしかしたら今日がその人の最期の日かもしれないということです」

刑事として、それなりにトラウマを抱えているはずの彼の言葉はジョークではなかった。「ちょっとした逃げ場なんだ」。彼はそう妻に言ったという。「大目に見てくれ」。ケヴィン・コーヒー刑事は——そう、彼はコーヒーという名前だった——話ができてよかったです、と言い、クララと軽く抱き合って、部屋から出て行った。

わたしは人間同士のつながりを信じている。それをお客様から聞いたことで、取締役会に向かう勇気がわいた。

第23章　元気が出る瞬間

二〇〇八年九月の株式市場暴落から一カ月、そして、スターバックスが第４四半期の信じられないほどの減益を発表することになる数週間前のこと、わたしにはリーダーシップ会議を中止するべきだという圧力がかかっていた。二年に一回、北アメリカのディストリクトマネジャー、リージョナルマネジャー、店長が集まる会議である。中止するつもりなどなかった。ＣＥＯに復帰したときから、この会議は開くつもりでいたのである。

地元のリーダーとして、店長は改革の要である。費用削減もイノベーションも、バリスタがお客様と絆をつくるというそれぞれの責任を理解していなければ、そして、店長が責任をもって利益を上げていかなければなんの意味もない。店舗でパートナーたちがつくり出している体験が、スターバックスをわたしたちが望むところへと連れていってくれるのだ。売り上げと株価が落ち込み、景気が悪化しているいま、パートナーたちに望むことや何が危険にさらされているのかを直接伝えたかった。

それまで、この会議は何度か開催が中止になっていた。一度は同時多発テロ事件の直後に予定されていたためで、また別のときは、余計な出費だと思われたからだった。二〇〇八年の秋のいま、少なくともわたしには、開催がどうしても必要に思えた。パートナーたちを教育し、わたしたちの目的に誇りをもてるようにするイベントを緊急に開かなければならない。

アメリカのほとんどすべての都市が、わたしたちを呼びたがった。食事と宿泊だけでも三〇〇〇万ドル。地域経済にとっては思いがけない収入になる。

わたしたちはニューオーリンズを選んだ。

馬鹿げていると考える人もいるようだった。これまではシアトルで行ってきたし、何万人分もの移動と、二〇〇五年のハリケーン・カトリーナによる被害からいまだ立ち直っていない街での宿泊と食事と予定を調整するのは恐ろしいほど大変なことである。しかし、だからこそ、そこでなければならないと思ったのだ。七月の大量解雇と店舗閉鎖（ニューオーリンズでは閉鎖した店舗はなかった）によって、スターバックスは金だけでなく、パートナーの信頼も失っていた。新しいミッションを中心にマネジャーたちを集め、収益性の高い店舗経営を学んでもらわなければ、会社は沈没する。それは間違いない。

しかし、彼らの心と気持ちを掌握するには、直接会うしかない。デジタルメディアにも人々をまとめ上げる力はあるが、最も誠実で、持続力がある人間関係は、スクリーンを介してではなく、直接会って目を合わせることだとわたしは信じている。不安のなかで、パートナーたちはわたしや他の経営陣とオンラインではなく、直接会うことが必要なのだ。

ニューオーリンズほど、当時のわたしたちにふさわしい場所はないと思った。歴史的にこの土地はコーヒーと関連がある。メキシコ湾に注ぐミシシッピー川河口に広がるニューオーリンズは、アメリカで最初にコーヒーが持ち込まれた港だ。しかし、わたしたちにより関係が深いのは、この街が復興のための闘いを続けていることだ。アメリカ史上最も被害が大きかった五つのハリケーンのうちの一つが上陸したとき、堤防の決壊による洪水で、多数の家、学校、財産、家畜が失われた。およそ二〇〇〇人が死亡し、何千という人々が住むところを失った。一時は、ニューオーリンズの八〇パーセントが水没した。一〇万本の木が倒れ、ハリケーンが去ったあとに残された破壊の残骸は、三七年分のゴミの量に匹敵するという。

最も恐ろしいのは、緊急事態に対する救援と復興支援の遅れと政府の無関心だった。アメリカ中の多くの企業や個人と同じように、スターバックスも基金を通じて、すぐに五〇〇万ドルの義援金を約束した。シェリとわたしはさらに一〇〇万ドルを寄付した。しかし、三年たっても、復興は進まず、リーダーシップ会議のまとめ役であるクレイグ・ラッセルとシェリー・クロメットが市の代表者たちと話し合いをしたとき、ニューオーリンズ警察の警部が、彼の家族が受けた被害を説明しながら泣いたという。ある全米ホテルチェーンの支配人は、スターバックスが市に仕事をもたらしてくれることを思い、目に涙を浮かべた。

会議の一カ月前、クリフとナインスワードを歩いたときは驚いた。人々は、まだ、瓦礫のあいだや木の骨組みしか残っていない朽ちかけた家で生活していたのだ。公園も、校庭も、学校も破壊されたままだった。なにもない。すべてが崩壊し、まるで墓場にいるような気がした。想像以上に悲惨な光景だった。ハリケーンのあと、市民の多くはニューオーリンズを離れたが、残っている人たちは再建を決意している。ニューオーリンズを愛しているからだ。

わたしは、ルワンダの村の人々の、絶望と不屈の精神と希望と自信とを感じたときのことを思い出していた。彼らも、一九九四年の虐殺のあと、復興を目指していた。スターバックスの約八〇〇〇人の店長、九〇〇人のディストリクトマネジャー、一二〇人のリージョナルディレクター、二五〇人の海外から来るパートナーたち、何十人かのシニアリーダー、手伝いのスタッフが一〇月に一週間ここに集まれば、わたしたちはスターバックスを救うだけでなく、地元のコミュニティを救うこともできるだろう。

うまくいけば――もちろん、うまくやらなければならないが――ニューオーリンズでのリーダーシップ会議は、お客様の目前で、わたしたちの情熱や業績を必要な水準まで引き上げる刺激的なイベントになるかもしれない。

しかし、単にかけ声だけの、気楽なパーティーのようになれば、失敗だ。自己中心的な見本市、堅苦しい講義、スクリーン越しに講師が話すのを見る退屈なセミナーではうまくいかない。

直感的で、インタラクティブで、誠実で、感動的で、知的なものでなければならない。ニューオーリンズの一週間は経費削減の時代の愚かな贅沢ではなく、社員や変革への投資であり、スターバックスが目指すものを思い出し、ツールと知識を与えて、早く自分の店に帰ってより良い成果をあげたいと思えるようにマネジャーたちを刺激することである。

うまくいけば、従業員と会社のあいだの枯れかけている信頼の貯水池を、水を注いで生き返らせることができるとても有益なものになるだろう。

多くのことを起こさなければならなかった。

二〇〇八年一〇月二六日、わたしは、ミシェル、ヴィヴェック、ワンダ、ヴァレリーとともに会議へ向かうため、シアトルを発った。同様に、何千人ものパートナーたちが家や店舗を離れ、飛行機に乗り込み、急いで接続便に乗り換えた。誰も、何カ月もかけて準備をしてきたクレイグの七人のチームでさえも、会議がうまくいくかどうかはわからなかった。

約一万人のパートナーたちにとって安全で、かつ、わたしたちを迎えてくれる市に敬意を払って、宿泊し、食事をし、研修をするための後方業務は膨大なものだ。三八のホテルを満室にし、毎日三万三〇〇〇食を用意し、毎晩、ディナーのために三二のレストランや宴会場を予約し、市の巨大なコンベンションセンターで朝食や昼食の案内をする。センターのスタッフはわたしたちのニーズを満たすほど多くないので、結局、ニューオーリンズで家を失った人たちのためのシェルターから手伝いを雇うことになった。

また、約一万人分のお楽しみ袋《ウェルカムバッグ》とほぼ一万通りの日程表をつくらなければならなかった。パートナー一人ひとりに独自の予定が割り当てられていたからだ。主な活動は五つあった。

●**説明会**　討論会、パネルディスカッション、選択講座

●**四つの巨大インタラクティブ・ギャラリー**　スターバックスのミッション、価値、業務および店舗運営スキルを実現するためのインタラクティブな展示

●**コミュニティ・ボランティア・イベント**　市内で最も大きな被害を受けた施設や地域を再建・改築するためのボランティア活動

●**閉会式**　二つの突然の発表が予定されている

●**四ブロックストリート・フェア**　地元のレストラン、アーティスト、ミュージシャン、エンターテ

イナーを主役にした四ブロックにわたって行われる祭り

わたしは企画立案に参加したものの、それでも、会議がどんなものになるかは想像できなかった。達成すべきことはわかっていたが、費用はわたしが予想していた以上に膨れ上がり、飛行機が下降しはじめる頃には神経が最高に張り詰めていた。この会議はスターバックスにとって、おそらく一月以来最もリスクが大きく、パイクプレイス・ローストやクローバーやソルベットよりも費用がかかり、疑問視されるものだろう。投資しただけの成果を出さなければならないという圧力を強く感じた。しかし、投資成果を公式に測ることはできない。

ルイ・アームストロング・ニューオーリンズ国際空港に降り立ったわたしは、力がみなぎるのを感じた。楽隊がわたしたちとパートナーを出迎え、車でホテルまで向かう通りの街灯には「信じよう」と書かれた青と緑の旗があった。ミシェルの説明によると、スターバックスは何百万枚もの旗とポスターを送り、ニューオーリンズの商工会議所がわたしたちを盛大に歓迎するために街中に配布したのだという。素晴らしい。崩壊したナインスワードを通ると、自分たちの家に住むことができなくなり、政府が用意したトレイラーで暮らしている家族が目に入った。彼らがどれほど貧窮し、失望しているかは想像するしかない。

ニューオーリンズに来ることに決めた理由を誇らしく思ったが、その理由は胃が痛くなるようなものだった。

ホテルに着くと、気持ちはまた明るくなった。チェックインがもどかしくて仕方なかった。まるで、ディズニーランドを初めて訪れた子どものように、好奇心と期待でいっぱいだったのだ。ホテルのロビーへ急ぎ、ミシェルとヴィヴェックを待った。「早く、早く」。わたしは笑顔で手を叩いた。コンベンションセンターに行って展示を見たかったのだ。今年初めにビートルズを使ったブレーンストーミングを行って以来、スターバックスを熟知するようになった戦略コンサルティング会社のSYパートナーズが、四つの展示を、クリフとミシェルがマネジャーたちに吸収してほしいと考えるものをもとに概念化した。デザインおよび制作会社のタッチ・ワールドワイドがSYパートナーズの概念を具体化した。車のなかでミシェルが、わたしがスケッチで見ただけのものを説明してくれた。四つの一〇万平方フィート（約九二三〇平米）の展示場はそれぞれ、コーヒー、お客様、パートナー、店舗とテーマが異なっている。わたしはそこを歩いて、パートナーたちがのちに感じることを体験したかった。

巨大なアーネスト・M・モリアル・コンベンションセンターへ行き、ガラスの扉から入り、急いでコーヒーをテーマにしたギャラリーへ向かった。一歩、足を踏み入れて、目の前に広がる素晴らしい光景に思わず立ち止まった。二階建ての建物の高さほどあるかと思われる展示館は見本市というよりも、土に始まりカップに至るまでのコーヒーの旅を演じる舞台の一場面のようだった。一〇〇〇本近くの本物のコーヒーの木が、コーヒーの原産国を示している。コーヒー農家にある乾燥パティオを模したものもあり、大量のコーヒーの生豆を触ったり、日光で乾燥させるときのように熊手で床の上を転がしたりできる。巨大な焙煎用の機械も組み立てられ、数名の焙煎マスターが、店長たちを焙煎工場のバーチャルツアーに案内する。

さらに巨大なポスターと写真とビデオを使って、倫理的な調達とはどういうことか、スターバックスがコーヒー農家とどのように関わっているか、世界のコーヒー市場がどれだけ大きくて、可能性を秘めているかが説明されている。クライマックスはコーヒー豆の〝ラスト一〇フィート〟だ。粉になったコーヒー豆からバリスタがコーヒーを淹れ、最後にお客様のカップへ注がれる。展示の最後は、わたしたちのなかで最も熱烈なコーヒー愛好家であるダブ・ヘイのコーヒーテイスティングである。見事だ。

お客様がテーマの展示場では、パートナーがお客様の立場になれるようにすべてのセットがつくられている。塔のようなディスプレイではコーヒーカップを手にとり、耳に当て（子どもの頃に遊んだ糸電話を思い出した）、お客様の声を実際に聞くことができる。店舗での体験について、お褒めの言葉や不満の声を本社へ寄せてくれたのを録音したものだ。

楽しいビデオは、バリスタの名前を全員知っている常連のお客様にも、スターバックスへ来るのが初めてでグランデとベンティの区別さえつかないお客様にも、すべてのお客様に同じように敬意と注意を払って接しなければならないことを思い出させる。

三次元に仕立てた店舗のお客様のスナップ写真の間を歩いた。スクリーンの前や、車の運転席で過ごす時間がますます増えている人々が、実際に交流することができる数少ない場所がスターバックスであることを、それぞれの写真が思い出させてくれる。お客様にとって一日のうち唯一接するのが、スターバックスのバリスタかもしれないのである。バリスタの仕事は重要だ。

パートナーと店舗の展示場も、大きく力強いものだった。展示に使われた資材は、ほとんどが再利用か再使用が可能なもの、あるいは展示場に大きな足跡を残さないように持って帰れるものだった。すべてが機知と創造性と言葉ではないシグナルに満ちていることに、わたしは感心した。展示はそれぞれ、インタラクティブで、感動的で、多感覚に訴えるものだった。まさに物語を語っている。

展示は、パートナーの行動を変える力を持つ体験をつくり出していた。見て、感じて、関係しあえば、気持ちは変わる。店長たちは、チームの管理とお客様への接し方と店舗経営の新しいスキルを学んで帰ることになるだろう。コーヒーについても学び、話し合うことができるのだ。早くそれぞれの展示を体験してほしかった。

入り口に立ち、パートナーたちのために用意されたものの大きさを見て、わたしの気持ちは落ち着いた。そして、小声で囁くように言った。「大丈夫だ」。自分自身につぶやいたが、ミシェルにも聞こえたようだった。「きっとうまくいく」

「何人いらっしゃるんですか？」「二万人です」

電話越しでも、クレイグ・ラッセルは相手の驚く顔が見えるような気がした。わたしたちがニューオーリンズへ着く何カ月も前、クレイグと彼のチームはいくつかの非営利コミュニティとＮＧＯ（非政府機関）に連絡をとり、スターバックスのリーダーシップ会議でそちらに行くのでなにか手伝いをしたい、と伝えた。どこも感謝はしてくれたが、一度に何千人ものボランティアを迎えた前例がないことがすぐにわかった。ＮＧＯには十分な数の監督者もいないのだ。シャベルさえ十分な数はなかった。そこで、わたしたちは、シャベルとハンマー等レンタルトラック二台分、合計一〇〇万ドルに値する物資を運び込んだ。

会議開催の月曜日から木曜日まで毎日、約二〇〇〇人のパートナーが六つの団体のうちの一つに参加して、五時間、ニューオーリンズに必要なことをやった。公共の憩いの場である一三〇〇エーカー（五二〇ヘクタール）のシティパークは、カトリーナにより何百万ドルもの損害を受け、二六〇人のスタッフを三〇人強に減らされた。そこで、スターバックスのパートナーたちが六五〇〇株の海岸の植物を植え、一〇個のピクニックテーブルを設置し、トラック四台分の根覆いを置いた。

高校のフットボールの試合によく使われるタッド・ゴームリー・スタジオでは、一二九六の段と一二の進入ランプと何百ヤードもの手すりと半マイルのフェンスを磨き、ペンキを塗った。ジェンティリー地区では、遊び場を二つ造った。ブロードムーアでは、二二ブロックにわたる道と排水管をきれいにした。ホリーグローヴでは、ニューオーリンズ最初のアーバンファーム（工場農業）建設のために土をならした。また、ある一日は、クレセント・シティ・アート・プロジェクトと協力して、二五の公立学校の校庭にある壁画を塗り、植林活動をするNGO、ハイク・フォー・カトリーナとともに一〇四〇本の木を植えた。

NGOはわたしたちの生産性の高さに驚いた。これほど大人数のボランティアが参加したことはほとんどなく、ボランティアの大半は一時間かそこらハンマーを振り回して帰っていってしまうのだという。しかし、スターバックスのパートナーたちは積極的に、精力的に、情熱的に、四時間で予定されていた作業を二時間半で終えてしまう。「ほかにもっとないですか」。わたしたちはそう言って、さらに多くを行った。

わたしは初対面だった一〇人以上の店長を手伝って、家のペンキを塗った。その週、わたしたちが修繕した家は八六軒。これで、家族たちは三年ぶりに家に戻ってくることができるのだ。梯子を上り、玄関前の階段にペンキを塗り、亀裂を塞ぎ、ごみをかき集め、木を植え、地面を掘り、穴をあけ、木材を切り、釘を打ち、ドアを直して、床板を張りながら笑い、仲間であることを感じる一方で、胸が苦しくなるような思いもした。ハリケーンを体験した人々と話をして、それぞれが犠牲にしたものや失ったものを聞いたからだ。しかし、隣人同士が助け合う話も聞いた。ニューオーリンズでは、コミュニティの力というものが感じられた。人々はわたしたちの努力を喜んでくれたが、それを言葉にするのは難しく、笑顔だけでは足りないと思ったのだろう。涙を流し、わたしたちを抱きしめてくれた。わたしたちの心は大きく揺さぶられた。

「あきらめるなら、死んだほうがましです」。痩せ細った年配の男性が修繕された家を見て言った。わたしたちが家を建て直したことによって、彼らは尊厳を取り戻したのだ。地域への貢献は、スターバックスで働くことの意義を強化したのは間違いない。ただし、この体験は、その場にいなかった人に的確に説明するのは難しいかもしれない。

その週のあいだずっと、集団で働くスターバックスのパートナーたちの姿が見られた。バスいっぱいに乗り込んで作業場へ降り立ったわたしたちは、ほとんど全員がジーンズをはき、揃いの白いＴシャツか濃紺のトレーナーを着ていた。スターバックスのロゴはついていなかったが、かわりに〝未来へ（Onward）〟という言葉が胸のところにプリントされていた。ホテルの部屋に置かれていた袋からＴシャツを引っ張り出したときは驚いた。これはわたしのアイデアではなかった。わたしが結びの句としているこの言葉が、こうして使われたのは、覚えている限りこれが初めてだった。どこかシュールな感じがしたが、この言葉により大きな意味を与えるのにこれ以上適した時と場所はないだろう。

スターバックスのパートナーはニューオーリンズ滞在中、のべおよそ五万時間ボランティア活動を行った。先例のないことで、わたしはたいへん誇らしかった。パートナーたちもそうだったろう。滞在中にニューオーリンズのためにやったことに誇りをもつだけでなく、再建するためにここに来たわたしたちの会社に対してもより誇りをもつことができた。

「時代は苦しく、変化を求められていますが、スターバックスが何を目指しているのか、何でできあがっているのかがわかりました」。のちにこの週を振り返って、あるパートナーが言ったのを耳にした。「変化を遂げようとしているこの会社の一員でいられることに胸が躍ります」

ニューオーリンズのリーダーシップ会議はスターバックスの再発見を助けるという目的にかなっていた。そして、その週はまだ始まったばかりだった。

わたしは誰かがスターバックスのライバル会社のカップを持って歩いているのを見ると、それが独立系のカフェのものでも、ファストフードのチェーン店のものでも、その人がスターバックスに来ないという選択をしたのだと考え、傷つく。その人をスターバックスから遠ざけるようななにかを、わたしは、会長として、してしまったのだろうか。店へ来てもらって、わたしたちを試してもらうためにはどうすればいいのだろう。わたしたちのコーヒーを買い、忠実なお客様になってもらうには、今日は何をすればいいのだろうか。

もし、わたしたちが本当にスターバックスを改革するつもりなら、店長は店を自分のものと考えて運営しなければならない。わたしが会社をそう感じているのと同じように。ここニューオーリンズでは植える木の一本一本が、ペンキを塗る家の一軒一軒がとても大切だ。店でも同じように取り組めばいいのである。わたしたちはここでは傍観者ではなく、参加者になれた。水曜日、会議が終わりに近づき、自分たちに注意を向けるときがきた。わたしたちは認めなければならない。スターバックスは危機のただ中にあり、傍観者として、うまく行くことを願う余裕はないのである。わたしたち一人ひとりが、小さなことが大切だと認め、会社を救う責任を負わなければならない。店長の役割は、一週間に一〇〇万人のお客様とのやり取りを監督するのではなく、お客様との一回のやり取りが一週間に一〇〇万回起こるのを監督することだ。

一般討論の時間では、パートナーたちがスターバックスへの愛を取り戻し、彼らに自分の役割を確実に理解してもらうチャンスがわたしに与えられた。

会場は全米プロバスケットボール協会（ＮＢＡ）のチームであるニューオーリンズ・ホーネッツの本拠地ニューオーリンズ・アリーナ。わたしは、スターバックスのどこが悪かったのか、いかに自己修正すべきか、について考える一万ものことを話すつもりだった。考え方に加え、ビジネスツール、戦術、経営資源についてもだ。台本はない。しかし、厳しい現実主義と未来を信じる気持ちのバランスをとらなければならない。アリーナは舞台を照らす照明以外は暗かった。満席だ。わたしが〝未来へ《オンワード》〟という文字の入った巨大な黄緑のスクリーンの前に立つと、会場はしんと静まり返った。


わたしたちがここにいるのには理由があります。遺産と伝統を祝い、リーダーとしてやるべきことを率直に直接話し合うためです。わたしたちは完璧ではありません。毎日、間違いを犯しています。わたしたちは心と良心をまず大事にしなければなりません。しかし、同じように大切にしようとしていることがたくさんあります。様々な方面からの期待は大きく、業績悪化と不況のなかで、正しいことをしようと最善を尽くしています。

さて、わたしたちがいま直面している問題のおそらく原因となっているものをいくつか指摘してみましょう。他の多くの企業と同じように、わたしたちも大恐慌以来と言われる景気後退に苦しんでいます。それは現実で、とても深刻です。人々は以前ほどお金に余裕がなく、スターバックスはこれまで以上に、裁量的な支出と考えられるようになっています。景気の問題があることはたしかです。しかし、それ以外の問題もあります。新しい問題です。大小のライバル企業が、わたしたちがかつてのように無敵ではないと見なしています。以前ほど優れてはおらず、以前ほど情熱を燃やしていない、と。そして、わたしたちのお客様を奪おうとしているのです。だからこそ、この会議のテーマの一つが、会社を自分のものとして考えるということなのです。

しかし、それはどういうことでしょうか?

昨年と比較して、一日でおよそ五〇人のお客様がわたしたちの店に来るのをやめてしまったいま、それはどういうことでしょうか。朝の八時に、店の外まで注文を待つ列ができてしまい、そのためにお客様が帰ってしまうとき、それはどういうことでしょうか。顔見知りのお客様がわたしたちの店以外のコーヒーカップを持っているとしたら。お客様に渡した飲み物がエスプレッソ・エクセレンスの基準に到達していないことを知っているとしたら。これは深刻な問題です。わたしたちは自分が見たことに責任を負わなければならないのです。わたしたちが経験し、知ったことに対して。

わたしは三〇分以上、話し続けた。最後をどうまとめ上げればいいかわからなかった。スターバックスの流れを変える力を持つ人たちがわたしの言葉を聞いている。彼らがただここを去っていくのはいやだった。だから残る一秒一秒を、彼らの心をつかむために使った。

皆さんに自分が会社の代表だと考えてほしいと望むのと同じように、わたしも皆さんの代表になります。情熱的に。誠実に。誠意と人間性をもって、未来を過去と同じように素晴らしいものにするよう、皆さんの期待を超えるために全力を尽くします。

次に、数時間かけて行われる一般討論は、株主総会を手本にして、事実とインスピレーションを混ぜ合わせ、情報を伝えるだけでなく、集会的な要素を取り入れた。ゴスペル隊が歌い、他のリーダーが語った。舞台裏では、二つのびっくりするようなことが用意されていた。パートナーたちは大喜びするに違いない。ただ、どちらをより喜ぶかはわからなかったが。

「クランベリースコーンから飛び出すつもりだったけど、やめたよ」

U2のリードボーカル・ボノは、国際的な慈善活動家であり、わたしの友人である。トレードマークの薄く赤い色のサングラスをかけた黒いシャツ姿の彼がステージに上がり、マイクに向かって気さくに話し出すとみんなが仰天した。ボノとわたしはアフリカの国々を支援するという共通の関心事を通じて知り合った。わたしは彼がニューオーリンズに来てくれたことをありがたく思った。彼は有名人としてわたしたちを喜ばせるために来たのではない。スターバックスと彼の組織との新しい複数年契約について説明し、店長たちの行動を促すためにやって来たのだ。

（RED《レッド》）との提携の話は、わたしとMTVワークスの共同設立者であり元CEOのトム・フレストンがともにドリームワークスの取締役だった一年前に始まった。ミシェルの精査のおかげで、トムとの話し合いは実を結び、二〇〇八年のクリスマスシーズンに三つの季節限定ドリンクを（RED）と名づけ、アメリカとカナダで、ドリンク一つの販売につき五セントを、エイズ、結核、マラリアとの闘いを支援するグローバルファンドへ寄付することになった。ギャップ、アップル、コンバース、デル、そしてわたしたちの（ＲＥＤ）商品の売り上げによって集まった寄付金は、直接グローバルファンドへ送られる。スターバックスの価値と通じるものがあるはずなのに、なぜ（ＲＥＤ）に協力しないのかと気落ちしていたパートナーたちは、この知らせに胸を躍らせたに違いない。

「いまはものすごく面白い時代だよ」。ボノは話しはじめた。

「ハワードのおかげで、この興味深い、奇妙な、不安に満ちたときに、皆さんの前で話すことができます。スターバックスにとって、アメリカにとって、難しいとき。混沌としたときでもあるし、チャンスのときでもある。スターバックスの閉店は、時代を示している。でも、歴史的に、こういう崩壊のときは、アメリカが素晴らしい国であることを実感するときでもあるよね」

ボノはアフリカを訪れたときのことも話した。そこでは、毎日、四〇〇〇人が予防や治療が可能な病気で命を落としている。エイズ孤児の数は一二〇〇万人に達している。それに憤ったボノは、プロダクト（ＲＥＤ）をつくったのである。彼はわたしたちの言葉を使って、企業が良いことをするのが必要だということを話し、わたしたちを感動させた。

「『市場で大切なのは道徳ではなくて金だ』って言う人がいる。それは古い考え方だと思う。間違った選択だよ。大企業は利益を追う一方で、自分たちの価値を守るべき。ブランドの価値は商売と思いやりをつなぐ新しいビジネスモデルをつくり出す。それは心と財布さ。今世紀の偉大な企業は、賢く成功を収める一方で、企業の本当の成功は収支表では測れないという考え方に敏感じゃなきゃならない」

ボノは言葉を途切らせ、苦笑いを浮かべた。「収支表なんて、自分で言ってびっくりしたよ。バンドの仲間には、ぼくが収支表なんて口にしたことを言わないで」

わたしたちは笑った。しかし、会場にいる人のほとんどが、ボノが言っていることは正しいと思った。人は自分が尊敬し、信頼する会社のものを買いたいと思う。景気が後退し、何を買うべきかをよく考え、慎重に選ばなければならない、いまのような時期はとくにそうだ。

二〇〇八年三月にコンサベーション・インターナショナルとの関係を拡大して以来、正しいことを行い、お客様の尊敬を勝ち得るためにさらに励んできた。また、将来いかにビジネスに取り組んでいくかという大きな目標を立て、地面に杭を打ち込んだ。その目標は人間だけでなく、地球にも良いことをしたいという気持ちを込めて、スターバックス・シェアードプラネットと名づけられた。単なる哲学ではなく、スターバックスが初めて公表する、具体的で、意欲的で、将来に向けた目標である。

また、これはわたしたちがいかに店を設計し、建て、紙コップが地球に与える影響を軽減し、いかに地域に貢献し、そして、もちろんいかにコーヒーを調達するかを示す目標だ。スターバックスは倫理的調達への取り組みをさらに強化することにし、まず、東アフリカにコーヒー農家のための支援センターを増やすことを発表し、二〇一五年までにスターバックスのコーヒーを一〇〇パーセント倫理的調達によるものにする（現在より四五パーセント増）ことを誓った。

また、フェアトレード認証のコーヒーの年間買い付けを四〇〇〇万ポンド（一八〇〇トン）に増やし、二〇〇九年に、フェアトレード認証コーヒーの世界最大の買い付け、焙煎、小売り業者となった。これにより、何千もの栽培農家に影響を及ぼすことができた。なかには二、三エーカーの農園しか持たない小規模農家も多く含まれていた。

会社が苦しい時期であるにもかかわらず、こうした姿勢を打ち出したことによって、スターバックスはその価値を放棄するつもりはないことを多くのパートナーに示すことができたのである。

ボノが話し終えると、ミシェルが舞台に出てきて、彼に赤いバリスタのエプロンを着せた。パートナーたちから割れんばかりの拍手が起こった。(RED)への遅まきながらの参加、シェアードプラネットの取り組み、バリスタ姿のボノ。パートナーたちがこれほど喜ぶ姿をほかに見ることはできないだろう、とわたしは思った。しかし、それは間違っていた。

ボノが退場すると、クリフが出てきた。

スターバックスのアメリカ事業を率いるクリフは、謎めいたメタルのブリーフケースを手にしていた。中身は、発表の許可を得たばかりのものだ。彼は、前夜、ホテルの部屋で、最高情報責任者のスティーブン・ジレットからメールを受け取った。スティーブンはその役割を引き受けて以来、IT改革を進めていた。その一部に、店舗にある時代遅れのコンピュータを補完するための、ヒューレット・パッカード(HP)社製ノートパソコンを一万台確保することも含まれていた。スティーブンはニューオーリンズには来られなかった。彼の妻が四人目の子どもを出産する予定だったからだ。病院に着いたときは、HPとの交渉はまだ決着がついていなかった。しかし、ようやく分娩室の外から、やきもきしているクリフにメールを送った。「パートナーたちに話してください。いま、話がつきました」。そして、やっと安心して、携帯の電源を切り、妻のそばへ戻ったのだ。

ブリーフケースを開ける前に、クリフは店舗に設置される予定の新しいツールを紹介した。まず、新しく使いやすいPOSシステムが二〇〇九年に導入されることになっていた。また、店長がスタッフと経費をより効率的に管理するための勤怠管理ソフト、ビジネス感覚を強化するためのデータと共通語を提供するための「リテールダッシュボード」が発表されると、古いテクノロジーにうんざりしていた店長たちから歓声があがった。

「さて、このブリーフケースの中身がなんだろうと気になっていることでしょう」。クリフは、演壇の上にブリーフケースを置くと、なかを開けて、黒いノートパソコンを取り出した。大喝采が起こった。口笛も飛び交った。ハイタッチをしている者もいた。ヒューヒューという声もあがった。クリフはボノに負けないくらいの拍手喝采を受けたのだ。「皆さんが仕事に使うことができるツールを準備しているところです」。それぞれの店舗にまもなくノートパソコンが設置される、とクリフは発表した。パートナーたちの歓声は、この日で一番大きく、長く続いた。店長たちがより良いリソースをどれほど必要としていたか、より良い仕事をどれほどしたいと願っていたかが感じられた。

最後はわたしが話す番だった。

　この会社の力となるのは皆さんです。わたしたちはリーダーとして、いまが将来に大きな影響を与えるときだと認識しなければなりません。歴史上めったにないことです。試練であり、苦難のときです。いかに対応するかという挑戦でもあります。わたしは皆さんのパートナーであることを誇りに思っています。皆さんを信頼しています。スターバックスにはブランド力があると言われます。しかし、スターバックスの本当の力は外的なものではなく、皆さんであり、皆さんが代表しています。スターバックスを立て直すのは皆さんです。スターバックスという会社の歴史について、これからも物語が書かれていくことでしょう。そして、スターバックスはふたたび示すのです。良心に基づいて会社をつくり上げることができるのを。

ここで体験したことを、感じたことを忘れないでください。店舗に戻ったとき、傍観者にならないでください。この一週間に学んだ基準に一致しない行動があれば、それを改善し、さらに磨いてください。この会議は皆さんを信じるがゆえの投資です。どうかそれをそれぞれの店で生かしてください。日々のプレッシャーに追われ、ここで体験した気持ちや感情や一万人の力を失うことがないようにしてください。

会議は終わった。パートナーたちは荷物をまとめ、家へ戻った。ニューオーリンズの街は空っぽになってしまったように思われた。

クレイグ・ラッセルは、この一週間、彼のチームとともに一日一六時間もこのイベントを指揮してきたので、金曜の夜はゆっくり街で過ごしてからシアトルへ戻ろうと考えた。ニューオーリンズの有名なフレンチクォーターを歩いている途中、アーティストである若い露天商のところで、作品を見るために足を止めた。アーティストは言った。

「どこから来たんですか?」

「シアトルだよ」。クレイグは答えた。

「スターバックスの関係者ですか?」

クレイグが、そうだ、と答えると、アーティストは声を詰まらせて言った。「あなた方のおかげで、今月のローンが払えました」

そのとき、クレイグはようやく実感したという。ニューオーリンズの会議は大成功を収めたのだ。

人々を真に奮い立たせることができる機会はあまりない。意図的につくり出すこともできない。本物で、完璧で、それ自体に価値がなければならない。クレイグ同様、わたしも、ニューオーリンズはそれにふさわしいものだったと感じた。それを証明するのに必要なのは、パートナーたちから直接受け取るフィードバックだけだ。

何百というメールが会議の何日かのち、何週か後にわたしの手元に届いた。勤続八年のリージョナルディレクター、ジナ・ハースタックからのものもあった。

ハワードへ

わたしはスターバックスのパートナーであることを誇りに思います。一杯のコーヒーから会社を変えていきたい、変えていこうと考える素晴らしい人々と働くことができるのです。多くの人にとって人生を変える四日間になったでしょう。最も素晴らしかったのは、ニューオーリンズ復興の手伝いをしたこと。あなたの情熱とわたしたちへの信頼に感謝します。あなたを、コーヒーを、パートナーたちを、お客様を、栽培農家を、株主たちを失望させるようなことはしません。不況やライバル企業と闘わなければなりません。パートナーたちは、リーダーを求めています。お客様が望むことも大きくなります。わたしたちはそれに応えます。あなたがビジョンを持ち、それをわたしたちと共有し、わたしたちに実現させてくれることを感謝します。

その週のことを思い出すと、しばらく忘れていた言葉が頭に浮かんできた。〝愛〟である。わたしはこの会社をずっと愛してきた。だからこそ、ＣＥＯとして復帰したし、会社の失敗と成功には個人的に責任を感じている。

一方、長い道のりのどこかで、パートナーたちがスターバックスを愛する気持ちがかすんでしまったように思えた。しかし、ニューオーリンズでは、焦点を取り戻し、わたしたちの価値を浮き彫りにすることができた。ほかの何千ものパートナーも自分たちが築き上げてきたものを愛しているはずだ。そして、ニューオーリンズでの体験から、理解できるようになった。愛するとはどんなことか。そして、それに伴う責任とはなにかということを。

第24章　すばやい動き

誰かがテリー・ダヴェンポートの肩を叩き、膝の上にノートパソコンのマックブックを載せた。「見てください」。デヴィッド・ルバーズだ。彼はスターバックスの広告代理店ＢＢＤＯのチーフ・クリエイティブ・オフィサーである。テリーは一般討論を終えたパートナーたちをホテルへ連れて帰るバスの前方に座っていた。デヴィッドが走行中のバスの通路に立ち、パソコンのキーを押す。テリーは待った。まず、繊細な、やや古くさいピアノ音楽が聞こえた。それから、スクリーンの落ち着いた背景に、緑のくっきりとした大文字の文が現れ、また別の文が現れた。問いかけの文章だった。音声はなかった。ピアノの音と文章が二つだけだった。

もしみんなが選挙を大切に思ったら？

投票率が五四パーセントではなくて、一〇〇パーセントだったら？

二〇〇八年のアメリカ大統領選挙まであと一週間もなかった。歴史に残る選挙戦だった。元ファーストレディで上院議員のヒラリー・クリントンは民主党予備選で、バラク・オバマに僅差で敗れた。オバマはイリノイ州選出の上院議員で、初のアフリカ系アメリカ人の大統領候補だ。五日後の二〇〇八年一一月四日、オバマ上院議員と副大統領候補ジョー・バイデンか、あるいは共和党の大統領候補ジョン・マケイン上院議員と、予想外の副大統領候補となったアラスカ州知事サラ・ペイリンのどちらかを選出する投票が行われる。しかし、大事な選挙だというのに、投票率は半数をわずかに上回る五四パーセントと推定されていた。

バスがニューオーリンズの通りを走り続けるあいだ、テリーはそのCM映像を見続けた。緑の文字で書かれた疑問文が、クレッシェンドになるピアノの音に合わせて現れ、ときに他の文章を押しのけながら画面の上で躍った。

一一月四日を一一月五日と同じように大切に思ったら？
ある時間を、ほかのときと同じように大切に思ったら？
都合が悪いときも、都合が良いときのように大切に思ったら？
あなたの住む地域はもっと良くなるでしょうか？
わたしたちの国はもっと良くなるでしょうか？
世界はもっと良くなるでしょうか？
きっとそうなる、とわたしたちは考えます。
もしあなたが選挙を大切に思うなら
わたしたちはあなたを大切に思い

コーヒーを無料で差し上げます。
一一月四日にスターバックスへ来て
投票してきた、と言ってください。
わたしたちは、お疲れさま、と言って
トールサイズのコーヒーを差し上げます。

デヴィッドが背後からのぞいているのを感じながら、テリーは最後の文章を見た。

あなたとスターバックス
コーヒーより大きなもの

六〇秒のCMだった。見事だ、とテリーは即座に思った。

シンプルで、静かで、知的で、感情に訴える。こんなCMは見たことがないと思った。少なくとも政治評論家が放送電波を独占しているいまは見られない。それでいながら、いまにぴったりのものだった。素晴らしいのは、スターバックスについてのCMではなく、スターバックスが大切にしているものを表現していることだ。つまり、コミュニティと個人の責任である。

「これはやらなきゃな」。テリーは言った。

ＢＢＤＯはスターバックスの指定広告代理店になってようやく二週間ほどがたったところで、聡明で愛想の良い最高執行責任者ジェフ・モードスを含む六人が、ニューオーリンズの会議に参加していた。スターバックス側では、彼らにすぐになにかをつくってほしいとは思ってはいなかった。ただ、見て、聞いてほしかったのである。しかし、デヴィッドは、ニューオーリンズに来る前に選挙をテーマにしたCMを思いつき、会議で見たことに大変感動して、制作チームに頼んでアイデアを練ったのだ。早業である。

わたしも初めてそれを見たとき、CMとして放映すべきだと思った。広告として完璧だし、店舗のパートナーたちを誇らしい気持ちにさせてくれると考えた。そして、ノーマン・リアにも見てもらった。彼はわたしの友人で、尊敬できるテレビ作家であると同時にプロデューサーでもあり、ニューオーリンズの会議にも参加してくれた。ノーマンもこれはまさにぴったりだ、と言ってくれた。わたしは彼の感覚を信頼している。

もしうまくいけば、スターバックスの二度目のCMがテレビで流れることになる。

もしうまくいけば。

もし一週間の会議を成功裡に終え、疲れ果ててシアトルに戻ったマーケティングとPR部門の人たちが、休むことなく集まることができれば。

もし視聴率を最大化するために適切な枠を確保することができれば。

もし費用が払えるなら。

もしお客様に知らせ、店舗のパートナーたちを調整することができるなら。

そして、もし店に押し寄せるお客様に提供できるコーヒーが十分にあるなら。

すべてを四日以内に解決しなければならない。

わたしはこれまで伝統的な広告は採用してこなかった。スターバックスというブランドは何億もの広告をかけてつくったのではなく、毎日、何百万回と起こるお客様とのやり取りを通して築き上げられたものだ。スターバックスは、お客様と店のパートナーとの間に生まれる究極の体験のブランドであり、それが三〇年間にわたってわたしたちを特徴づけてきた。しかし、それだけでは足りないのだ。

デヴィッド・ルバーズは古い知り合いなので、わたしが伝統的な広告を避けているのを、おそらく誰よりもわかってくれている。彼は以前、スターバックスで働いていたが、二〇〇四年に経営幹部としてＢＢＤＯへ移り、広告業が集中するマジソン街でも最も自由な発想をすることで知られる。ＢＭＷの斬新なＣＭやアップル、ＨＢＯ、フェデックスなどの画期的なキャンペーンの構想も彼のものだ。

二〇〇八年九月、スターバックスは、四年間、主要な広告代理店であったオレゴン州ポートランドに本拠地のあるワイデン＋ケネディとの契約を残念ながら打ち切ることになった。ダン・ワイデンはナイキのキャッチフレーズ「ジャスト・ドゥ・イット」やその他の象徴的なキャンペーンをつくり出した人で、わたしは彼を尊敬していた。彼が偉大な広告の専門家であることは疑う余地もなく、一緒に仕事ができなくなるのは悲しかった。その後、ＢＢＤＯを含む複数社が売り込みに来た。一〇月にわたしはふと思い立って、サンフランシスコでデヴィッドと会った。ジェフ・モードスも同席した。

コーヒーを飲みながら、わたしは、以前とは広告に対する考え方が変わったことを、マーケティングチームの説明をさらに詳しくして話した。いま、スターバックスは創業以来、初めて、外的な力で定義されようとしていた。その秋、シアトルの本社近くで、マクドナルドが「四ドルも払うのは馬鹿らしい」という掲示板広告を出したのだ。わたしたちはなんの抗議もしなかった。しかし、わたしは激怒していた。「攻撃に出なければならない」とわたしは言った。「喧嘩をするのではなく、積極的にみずからを定義し、声をあげ、会社の個性を表現したい」

スターバックスの広告について真剣に検討する心づもりはできたが、よくあるクライアントと代理店の関係には興味がなかった。代理店にアイデアを頼るのではなく、無駄に形式的なことは避け、良いものをつくり出すために議論や話し合いを重ね、対話を続けながら問題解決に力を貸してほしかった。

「マクドナルドやダンキンドーナツなどのファストフード店に下から突き上げられ、高級な独立系のコーヒーショップに上から押さえつけられている」。わたしは説明した。「中流のブランドに甘んじるつもりはないことをはっきり示さなければ」

一緒に仕事をするなら、創造性を奪いかねない代理店とクライアントという力関係を排除したかった。BBDOと契約することが決まったあと、わたしはデヴィッドにとくに改革のあいだは、スターバックスに密に関わってほしいと頼んだ。彼の感覚を信頼していたからだ。彼もスターバックスを最優先にすることを約束してくれた。

サンフランシスコでの話を終える前に、わたしは話題を変え、デヴィッドとジェフに、もしBBDOと契約することになったら、二〇〇九年に取り組んでもらわなければならない秘密の計画について話した。鞄に手を滑り込ませ、人さし指の長さと大きさの小さく薄いアルミのスリーブを取り出した。中身は新しいコーヒーのカテゴリーをつくるとともに、スターバックスの成長を促すものだ、と二人に言った。しかし、そのための打ち合わせはまだ先だ。

テリーがBBDOと契約することを決定したあと、わたしはデヴィッドとジェフと彼らのチームをニューオーリンズのリーダーシップ会議へ招待した。スターバックスの文化と価値を理解するには理想的な機会だと思ったからだ。ＢＢＤＯが新鮮で、ブランドと関連性の強いアイデアをすぐさま思いつき、それを遠慮なく見せてくれたこと――そして、それをさらに磨き上げるためにできることはなんでもしようと熱心に取り組んでくれたこと――から、彼らはこの改革の時期における最適のパートナーだとわたしはさらに確信した。

スターバックスのパートナーたちの熱意にも圧倒された。ＣＭ映像を見たあと、小さなことにこだわり、意見が分かれ、妨害にあったとしてもおかしくなかった。しかし、そうはならず、やろうと決めて、すばやく行動した。わたしたちは埃をかぶっていた起業家精神を生き返らせたのである。

「アメリカ中をパーティーに招待しておいて、コーヒーが切れたとは言いたくない」。テリーは金曜の朝早くシアトルに戻ってそう言った。既にＣＭ映像を見たミシェルとともに、次にどう動くか戦略を練っていたのだ。

サプライチェーンのピーターとコーヒーチームには既に話をして、考えられる状況を考え、無料コーヒーキャンペーンを行えるだけのコーヒーと必要なものがアメリカの店舗に十分にあるかどうかを確認してほしいと頼んだ。その一方で、クリフは現場にいる直属の部下たちに、何千もの店舗で実施できるかどうかを調べるよう連絡した。リージョナルマネジャーたちはこのアイデアを支持し、実現できるよう全力を尽くす、と言った。直営店に――ライセンスストアでは実施されない――十分なコーヒーが用意できることを確認すると、ＢＢＤＯにテレビ用ＣＭ制作のゴーサインを出した。

第一の最も大きな問題は、プライムタイムの枠を確保することだった。その時間帯は大物が並んでいる。選挙の前日、話題の番組の合間に一回だけ流して強烈なパンチを決めるということは誰にも異存がなかった。そして、サタデー・ナイト・ライブに狙いを定めた。その深夜のコメディショーは、ティナ・フェイがペイリン知事の物まねをするという政治風刺のおかげで、最高の視聴率を記録していたからだ。コメディの寸劇が大きな話題になるだけでなく、九〇分の番組の間のとくに前半に流れるコマーシャルも注目を集めた。投票日の前の週末は、多くの人が番組を見るはずだ。選挙をテーマにしたわたしたちのＣＭは中立的で、番組が〝選挙を祝う〟と呼ぶショーによく合うように思えたが、こんなにぎりぎりになって誰もが望む枠を確保できるかどうかはわからなかった。

そこで、ノーマンと、ビジネスニュース局ＭＳＮＢＣの新しい社長に任命されたフィル・グリフィンが寛大にもわたしたちに手を貸して関係者に働きかけてくれる一方で、ＢＢＤＯのメディア分野における提携先ＰＨＤが、ＮＢＣとＣＭ枠を買う交渉を行った。価格は、スターバックスがこれまで一度の宣伝広告に使ったなかでは最大だったが、天文学的なものではなかった。番組の途中のどの時間にＣＭが流れるかは、土曜の夜のそのときになるまでわからなかった。

やはり、大物が並んだ。東部標準時午後一一時三〇分、番組のオープニングで、サラ・ペイリンを演じるティナ・フェイと本物のマケイン上院議員が並んでテレビショッピングのＱＶＣチャンネルにプレゼンターとして登場し、選挙の記念商品の売り込みをしたのだ。そのあとがわたしたちの番だった。既に何度も聞いたピアノ曲が流れ、四日前にニューオーリンズのバスのなかで誕生したＣＭが初めて電波に乗った。

ある時間を、ほかのときと同じように大切に思ったら？……

自宅でシェリとこれを見ているのはなんとも言えずシュールだった。

サタデー・ナイト・ライブはその晩、深夜およびプライムタイムの番組のなかで最も多くの視聴者を獲得しただけでなく、およそ一一年間で同局第二位の視聴率を達成した。

しかし、スターバックスにはまだやることがあった。

CMが終わってすぐ、デジタルチームがこれまで三六時間かけて立てた計画を実行に移した。たった一度だけ流した六〇秒のCMを、デジタルおよびソーシャルメディアの活動を利用して増幅させるのである。ホームページをアップデートして（まだ映像を流すことはできなかったので）YouTubeへ誘導した。番組の合間にCMが放映された直後、誰もがいつでも見られるようにここにそれを投稿したからだ。また、スターバックスカードの所有者で、メールアドレスをデータベースに登録している全員に、火曜日に行われるこのイベントを知らせるメールを送った。ツイッターも利用した。八月に、デジタルチームがお客様と真の絆をつくるためのもう一つの手段として導入したものだ。仰々しい宣伝も、堅苦しい戦略もなく、元バリスタで現在プロダクトマネジャーのブラッド・ネルソンが、会社の代表として〝つぶやき〟始めていた。そして、彼をフォローする何千もの人々に、YouTubeを見て、投票し、無料のコーヒーをもらおう、というメッセージが送られたのである。

しかし、このキャンペーンの主なエンジンは最大のSNS（ソーシャルネットワーキングサービス）であるフェイスブックだった。数名のファンが自主的にスターバックスのページをつくっていたが、公式のページができたのはつい最近だった。このキャンペーンはそれを発展させる好機である。時間は迫っていたが、わたしたちはそれに飛びついた。フェイスブックと協力してスターバックスの公式ページをつくり、広告を買う交渉をしたのである。

この後、数日間は、フェイスブックにログインした人が最初に見る五つの広告にスターバックスの二つの広告のどちらかが必ず入ることになった。一つはテレビで流れたCMだった。もう一つは、投票のあとにスターバックスへ来るよう誘い、「行く」「たぶん行く」「行かない」のどれかをクリックして返事をもらうものだった（フェイスブックでは初めての試みだったそうだ）。

誰かが返事をクリックしたり、CMの映像を見たりするたびに、その人のニュースフィードにメッセージが表示される。つまり、クリス・ブルッゾのフェイスブックの友人の一人が「行く」をクリックしたとする。すると、「行く」とクリックしたことがその友人のニュースフィードに表示され、友人のネットワーク全員がそれを見ることになるのである。この間接的、あるいはバイラル（クチコミ）な伝達によって、フェイスブックが表示するオリジナルの七五〇〇万回に加え、インプレッション（広告の露出回数）が一四〇〇万回増えたことになる。つまり、八九〇〇万人がCMを見たことになるのだ。他のウェブサイトにもより伝統的な広告を出したが、広がりに火をつけたのはフェイスブックだった。

ネット上でスターバックスにとって否定的な噂が広まる状態が何カ月も続いていたので、良い噂のもとになるのはとても励まされた。

あとは店舗でやるべきことをやるだけだ。

選挙の日にどんなことが起こるかは、まったく想像がついていなかった。

店舗のほうでは、コーヒーの在庫を増やし、パートナーの準備を整えるためにできるだけのことをしていた。わたしはその朝、投票を終え、あちこちの店を訪れた。どこも賑やかで、仲間意識のようなものが広がっているのが感じられた。投票所では、ボランティアの人たちが投票を終えた人に、スターバックスで無料のコーヒーをもらうように言っていたことを、その日は何度も耳にした。

見事な着想と制作によるＣＭ、サタデー・ナイト・ライブでの放映、デジタルマーケティング、そして、それがニュースになったことが功を奏して、スターバックスは人々の話題になり、お客様が店に殺到した。歴史に残るその日、スターバックスは無料のコーヒーを配る以上のものになった。地域の人が集まる場所になれたのである。それが、わたしたちの設立当時の目標だった。

もちろん、問題が起こるのは避けられなかった。ペストリーがなくなってしまった店舗があった。来店するお客様が増えたことで、既に働きづめのバリスタにさらに重労働が課せられた。また、パートナーの多くは誇りに思い楽しんではいたが、突然のお客様の殺到が大きな負担になった店もあった。

わたしたちに対する批判も出ていた。スターバックスはこのキャンペーンで選挙の結果に影響を与えようとしている、という噂が流れたのだ。投票の見返りに無料のコーヒーを提供することを約束していることから、連邦法やいくつかの州法を侵しているという主張もあった。訴訟を避けるために、わたしたちは方針を転換して、希望する人には誰にでも無料でコーヒーを提供することにした。残念ながら、店のパートナーよりもお客様のほうがそれを早く知ってしまうことも多く、ときどき、混乱が起こった。

しかし、全体としてキャンペーンは様々な面で成功だった。その日、お客様に無料で提供したコーヒーは二〇〇万杯超。通常の平日の二・五倍だ。なによりも、多くのお客様が来店し、ペストリーが売れただけでなく、コミュニティという感覚に店が包まれた。パートナーたちは、無茶や混乱があったとしても、会社の意気を誇らしく思う気持ちで乗り越えた。

慌ただしい四日間だったが、わたしたちが、大きすぎて身動きがとれないとか、古い慣習にがんじがらめになっているとかいうことがなく、いまでも迅速に行動できることが明らかになった。また、比較的少ない費用で、これだけ多くの人々にメッセージが届いたことに驚いた。ＹｏｕＴｕｂｅではＣＭが四一万九〇〇〇回再生され、選挙の日に四番目に多く見られた動画になった。フェイスブックでは、四〇万五〇〇〇人が「行く」か「たぶん行く」をクリックした。ツイッターでは、担当者のブラッドだけではなく様々な人が、八秒間に一回、スターバックスのことをつぶやいた。さらに、このキャンペーンを知らせる従来の紙媒体や放送やオンラインのニュースによって七〇〇〇万回のインプレッションを得た。

このキャンペーンをきっかけに、わたしたちは莫大な費用をかけることなくブランドに合った方法で来客数を増やし、お客様と積極的に関わる方法を見つけた。また、ＢＢＤＯとともに、こうしたマーケティング手法を「ブランドスパークス」と名づけた。利己的な売り込みをせず、文化や人道的な問題にからめることができる機会を活用し、巧みで、意表をつくマーケティング手法は、スターバックスの企画の特徴である。

一一月四日の選挙の日のキャンペーンによって、様々な人たちのあいだで善意が生まれ、ある意味傷ついていたスターバックスのブランドが天使の光輪をいただくことができた。そして、その冬、スターバックスは何よりも善意を必要としていた。

第25章　プランB

スターバックスの使命は、設立当初から、利益と社会的良心の健全な均衡を維持した、他とは異なる会社を築くことだった。しかし、二〇〇八年秋、収益はかつてないほど危険な状態に落ち込んだ。九月に終わった第4四半期の利益は、九七パーセントも落ち込み五四〇万ドルだった。一年間では収益は五三パーセント減の三億一六〇〇万ドルである。減益の一部はリストラや改革に関する一時的な費用一億五〇〇万ドルで、この費用がなくても、一株当たり利益は四セントと予想を下回った。

来期の見通しも暗かった。石油や食料品などの必需品の値上がりや住宅の価値や信用の収縮が続くのであれば、二〇〇九年は売り上げの回復は遅れる、とわたしたちは公式に発表した。経済危機はヨーロッパやアジアにまで拡大していたので、海外へできるだけ多く出店するという計画も取り下げる予定だった。既存店売り上げの伸びは、マイナス八パーセント。多くの小売業が記録した二桁のマイナスと大差はなかった。

景気がこれからどれほど落ち込むかは誰にも予想ができなかったので、取締役会は最悪の場合に備えるよう経営陣に助言し、それまでになかった要求を示した。すなわち、既存店売り上げの伸びがマイナス一五パーセント、あるいは二〇パーセントになったらどうなるか財務的なモデルをつくるように、というのである。ぞっとした。それをしなければならないということ自体がわたしたちの苦境を語っていたし、実際に数字を弾き出してみると、売り上げがこの水準で落ち込んだら、スターバックスにはとても大きな問題が起こることがすぐに明らかになった。つまり、収益が、売り上げよりももっと早く落ち込むということである。これまで以上にコストを削減することも要求された。「徹底的にやれ」というのが命令だった。

既に二〇〇八年四月に一億五〇〇〇万ドル超を削減することを決め、その結果、七月に店舗を閉鎖し、従業員の解雇を行った。それにより、二〇〇九年度は二億五〇〇〇万ドルのコスト減になる。しかし、それだけでは足りず、一一月の取締役会の前の一週間はすべての部署で予算を見直した。費用をゼロから始めて、一つひとつの項目の必要性を確かめていったのである。

コストを減らす方法を必死で探った。金額だけでなく、気持ちのうえでも辛かった。会社の文化と価値を守りながら、お客様を第一に考えていないコストを削減するにはどうしたらいいかを問われていたからだ。財務的な責任とパートナーの期待に応えるという責任のバランスを探るのは、科学というよりは苦闘だったので、話し合いをするたびに論争が起こった。

とはいえ、後方支援のインフラについては、贅沢をしているわけではないものの、これまであまり厳しい規律もなく、継続的に有意義な改革を行ってこなかった分野ですぐに成果を出すことができそうなものが見つかった。サプライチェーンでは、ピーターが調べた結果、運営経費――サプライチェーンを運営するために発生する日々の経費――が毎年一億ドル増加しているのがわかった。彼はこれを〝スーパータンカー〟と呼び、二〇〇九年一月までに増加を止めると言った。また、製造および物流コストを二五〇〇万ドル、調達コストを七五〇〇万ドル削減するつもりだとも。

クリフとアメリカ事業チームは、一店舗当たりの採算性を調べ、廃棄コスト――売れ残ったフード、コーヒー、ミルク――を減らすことにした。七五〇〇万ドルの人件費削減も行われることになった。解雇ではなく、店舗内での手順や時間を全体的に見直すつもりだった。既にバリスタの仕事を単純化・簡素化するために、リーン生産方式の手法が導入されていた。彼らの時間とエネルギーを最適化することによって効率化を実現する一方で、忙しい午前中はサービスをより迅速化し、午後は来客数が減るのに合わせて、労働時間を減らすのである。これまで新店舗開店に注力してきたディストリクトマネジャーは、既存店の改善に取り組むことになった。

こうした徹底したコスト分析は、スターバックスやその経営にとっては健全なものだった。景気をコントロールすることはできないが、それに合わせてどう業務を行うかを決めることはできる。新しい支出を減らしたり、凍結させたりするだけでなく、より費用がかからない業務モデルをつくるのである。スターバックス体験を復活させたとしても、劇場的要素と品質を取り戻してパートナーとの絆を強めたとしても、お客様本位の取り組みがうまくいったとしても、財務的に生き残るためには、業務改革を行わなければならない。

最終的に、経営陣は四億ドルの固定費削減に自信をもった。

そして、一一月に取締役会に、予備の計画、プランBとして発表した。

ところが、取締役会はこう言った。それがプランAだ、と。

取締役会の役割は会社を経営することではない。会社の経営が確実にうまくいくようにすることだ。

取締役会は、完全な透明性をもち、より良い経営を行うために、経験に基づいた視点を提供し、詳細な情報を得た上で助言するべきだとわたしは考えている。たとえば、二〇〇八年の春、変革に向けたアジェンダの最終版をつくり上げたとき、取締役会は、わたしとミシェルが目標と道標をより的確にするための助けとなった。

また、CEOは取締役会に対して良いことも悪いことも頻繁に報告し、取締役会の経験や助言を尊重するべきである。取締役会の提案をすべて聞き入れなければならないということはないが、聞く耳を持たなければ、自己修正の機会を失ってしまう。

二〇〇八年、スターバックスの取締役会は多様な経験と経歴を持つ人々で構成されていた。

●バーバラ・バス——一九九六年一月に取締役に就任。ガーソン・バカール財団の代表であり、カーター・ホーリー・ヘイル・ストアのエンポリウム・ウェインストック部門の元社長兼CEO。

●ビル・ブラッドレー——アレン・アンド・カンパニーの常務取締役。一九七九年から一九九七年まで上院議員を務めた。プロバスケットボール選手としてニューヨーク・ニックスで活躍。二〇〇三年六月にスターバックスの取締役に就任。

●メロディ・ホブソン——二〇〇五年二月に就任。投資顧問会社アリエル・インベストメントの取締役社長。ドリームワークス・アニメーションSKGおよびエスティローダーの取締役でもある。

●オルデン・リー——二〇〇三年六月に就任。二八年間ペプシコで働き、その間、傘下のタコベルで人事部のシニア・ヴァイスプレジデント、ケンタッキーフライドチキンの人事部長を務めた。TLCヴィジョン・コーポレーションの取締役でもある。

●ジェイミー・シェナン——一九八九年から二〇〇五年までトリニティ・ベンチャーズのゼネラル・パートナーを務める。また、P・F・チャンの中華料理店チェーンの取締役でもある。スターバックス設立当時の投資家で、一九九〇年に取締役に就任。
●ジャヴィエル・テルエル——コルゲート・パルモリーブの副会長を務め、勤続三六年ののちに同社を退社。ペプシ・ボトリングとJ・C・ペニーの取締役でもある。
●マイロン・〝マイク〟・アルマン——上級取締役。元J・C・ペニーの取締役で、その前は、LVMH・モエ・ヘネシー・ルイ・ヴィトンの常務取締役、DFSグループのCEO、R・H・メイシーのCEOを歴任。二〇〇三年一月にスターバックスの取締役に就任。
●クレイグ・ウェザアップ——一九九九年二月就任。元ペプシコCEO兼社長、元ペプシコ・ボトリング・グループCEO。メイシーズの取締役でもある。

ジェイミー・シェナンは重要な考えをシンプルに、明確に伝えるのを得意としている。そして、状況が厳しくなるほど、取締役会とCEOが協力して、非政治的に、感情的にならずに、事実に目を向けた取り組みをするのが大切だと考えていた。二〇〇八年を通して、わたしは取締役たちと頻繁に連絡をとっていた。そして、秋には、そうした一対一の関係がわたし——ひいてはスターバックス——にとって大変な力になった。

とくに、マイク・アルマンはCEO復帰時のわたしを支えてくれて、その後もメンターであり続けた。最近では、クレイグ・ウェザアップがシアトルに来たとき、夕食の席で、ペプシコで苦労した時代のことを話してくれた。尊敬する人がいかに苦難を乗り越えたかを聞くだけで、自分自身にかかる圧力が和らぐ気がした。

　また、わたしがリーダーとして成熟することができたのは、おそらく、オルデン・リーの影響が大きいだろう。ペプシコの重役を務めた経験がある彼は、チェットが家庭の事情で退社しなければならなくなったとき、一時的に人事部門を率いてくれた。コミュニケーションの能力に優れ、的確に選んだ言葉で物事の真髄を言い表す。彼のバランスのとれた考え方は大いに尊敬されていた。彼がどことなく遠慮がちに人事部の責任者を引き受けたときは――普通は取締役がそうした役割を担うことはないし、ＣＥＯもあまり好まない――わたしたちは互いをあまりよく知らなかったが、スターバックスもわたしも彼の見識が必要だったので、彼は私心を捨ててくれたのだ。

　わたしたちは定期的に顔を合わせるようになり、やがて、話題は人事の枠を超え、わたしのリーダーとしてのスタイルに及ぶようになった。彼は経営会議に参加し、あとから二人だけのときにわたしの手法について感じたことを述べ、別のやり方があることを教えてくれた。彼がわたしのコーチだったとも言える。

　また、わたしは友人を必要としていた。この時期に、社外の友人との関係を維持することはとても役に立った。いつも忘れずわたしを訪れ、わたしが必要としているときに話を聞いてくれた人たちには大変感謝している。トッド・モーガン、スティーヴ・フライシュマン、リチャード・ヤームス、ダン・レヴィタン、ニコル・デヴィッド、デイヴ・ヴィルツシャフト、ジョナサン・レヴァインとステーシー・レヴァイン、マット・マックチェン、ドロン・リンツ、ジェフ・ブロットマン、ロバート・フィッシャー、パノス・マリノポウロス、アルベルト・トラード、ジェフリー・カッツェンバーグ。彼らはわたしを陰から支えてくれたのである。

スターバックスが闇から脱するのを疑ったことはない。しかし、わたし自身は、毎日、感情的な浮き沈みを経験していた。それでも、常にうまくいっていたわけではないが、パートナーに接するときは感情を抑えるように努力した。わたしの気持ちがみんなに波及するのがわかっていたし、なによりもわたし自身が自信をもっていればみんなは安心する。だから、オルデンや信頼する友人たちといると学べることが多いだけでなく、素直な気持ちになれるので精神的にも役立った。簡単に言えば、わたしも人間であり、はけ口が必要だったのである。取締役と親しくするのを警戒するＣＥＯもいるが、わたしはオルデンを信頼していた。結局は、わたしもオルデンも――そして、取締役全員が――スターバックスの成功という同じ目的を抱いているのだ。

取締役会はプランＢをその通り実行するよう主張した。

コスト構造の見直しは、企業として成熟していくには不可欠であるが、大きなニュースにもなる。ニューヨークでは、スターバックスが二年に一回行うアナリスト会議の開催が予定されていた。スターバックスの株を買うか、あるいは売るかを検討する投資家や、格付けを上げたり下げたりするアナリストたちと直接顔を合わせることになる。収支報告では伝えることができないわたしたちの物語を語って、ウォール街の信用と信頼を取り戻す機会だった。

しかし、わたしたちの物語とはなんだろうか。二〇〇八年はどの企業も業績悪化を抑えられなかった。いったい、なにを語ることができるのだろうか。未来への青写真も、どうするべきかを教えてくれる過去の教科書もない。ほとんどの企業が、ＦＲＢ（連邦準備制度理事会）前議長アラン・グリーンスパンが〝一〇〇年に一度の信用収縮の津波〟と称した未知の海のなかを生き抜こうと必死で闘っているだけではないか。スターバックスが業績発表を行った日、米国で最大の家電小売店の一つであるサーキットシティが倒産した。ゼネラルモーターズの株価は第二次世界大戦後最安値の二・九二ドルに下落し、そのライバルであるフォードは一・八〇ドルで取引された。他企業のCEOに電話をして、不況にどう対応しているかを教えてもらおうとすると、逆に、わたしがどうしているかを教えてほしい、と言われた。先例のないこの瞬間、真に舵を握っている人はいなかった。握っていると主張する人がいるとしたら、嘘をついているのだろう。

世界の経済的展望が変わりつつあるだけではない。株価や住宅価格が不安定なだけではなかった。時代精神といったものが足元から崩れ去った。習慣も、大切にしていたものも、信じていたものも、期待も。どの経済階層の人々も新しい現実に直面し、どう生きていくべきかを再定義しなければならなくなった。変わらなければいけないのは、スターバックスやわたしだけではない。いま、企業リーダーたちがすべきことは、お客様の立場になり、助言者と自分の直感に耳を傾け、会社の最も大切な価値を貫き通すことである。必要であれば、プランBの実行に同意することもやむを得ない。

第26章　やり遂げる

ウォール街に姿を現すには決して理想的な時期ではなかった。

二〇〇八年一一月、経営陣とわたしが予算と業務を徹底的に見直す一方で、アナリスト会議が迫っていた。開催は、何カ月も前に、一二月四日にニューヨークで、と決まっていた。わたしが株主たちの前に立つのは、三月に業績が悪いなかで株主総会が行われたとき以来になる。参加者は、当然、スターバックスの全体像を知りたがっているだろう。しかし、わたしたちは組織改革の真っ最中だったし、昨年の取り組みの結果の多くはまだ業績に具体的な影響をもたらしていなかったので、会議の準備をするのは台本を書きながら芝居を演じるようなものだった。

開催日の変更という選択肢はなかった。あまりにもリスクが大きい。ニューヨークへ行くしかなかった。

ところが、直前になって、ＣＦＯ（最高財務責任者）が辞任した。彼はスターバックスにやって来て一年とたっておらず、テクノロジー企業へ移るという。タイミングの悪さに驚いたものの、わたしは五分後には後任に最適の、おそらくより良い人物を思いついた。

トロイ・アルステッドをオフィスに呼んだ。彼はグローバルファイナンスのシニア・ヴァイスプレジデントでCFOと密接に仕事をしていた。スターバックスで働いて一六年になる。大変賢く、とくに財務に関しては伝えるべきことを明確に伝え、以前からパートナーたちに尊敬され、親しまれてきた。CFOを一二年間務めたマイケル・ケイシーが退任したあと、新しいCFOに次ぐ役割を——アメリカでもグローバルでも、企業全体においても業務部門においても——担ってきたので、スターバックスの戦略と業務については細部まで見ていた。賢く、自信に満ち、誠実で、必要なときは決断力を見せるスターバックスの文化を体現する人物だ。

「ピートが辞める」。わたしは単刀直入に言った。「きみに新しいCFOになってほしい」。経営陣に最適な人物を選ぶことは、この不安定な状況においてわたしが下す決断のなかでも重要なものの一つだ。既にピーターとクリフを登用し、ミシェルのスキルを必要なときに活用してきた。ワンダが一一カ月のあいだコミュニケーションチームを率いたあと、マイクロソフトからヴィヴェックが意欲的な計画をもってやって来てくれた。若すぎることを疑問視されつつスティーヴンをCIOに決めたように、経験あるCFOを雇うのではなく社内から昇進させることについて、眉をひそめる人がいるだろうことはわかっていた。トロイ本人も、CFOになるにはまだ数年かかると考えていた。しかし、わたしは、履歴書にどうあろうとも人のスキルや知識や情熱や誠実さがスターバックスに合っているかどうかを見極める自分のアンテナを信じていた。

わたしはトロイを昇進させた。彼ならウォール街の信頼を得られるはずだ。社内では、多くのパートナーたちがそれを喜んだ。自分たちの仲間が長年にわたって熱心に働き、優れた業績を上げてきたことが認められたからだ。

アナリスト会議がトロイの初舞台になる。

砂時計の砂が全部落ちた。一二月二日火曜日、アナリスト会議の二日前の日に、わたしのマンハッタンのアパートメントには大勢の人が集まっていた。空気が張りつめている。クリフ、ミシェル、テリー、ヴィヴェック、トロイのほかに、元CFOマイケル・ケイシーも来ていた。彼は、寛大にも、わたしの頼みに応じてこの大事なイベントを手助けするために飛行機で飛んできてくれたのだ。

スターバックスがこの会議をシアトル以外の場所で開催するのは初めてである。世界の金融活動の中心地であるニューヨークを選んだ大きな理由は、スターバックスの業績の立証責任はアナリストではなく、わたしたちにあると思ったからだ。業績は過去に比べて大きく落ち込んでいたので、いかに収益を回復するつもりかをウォール街に示さなければならない。過度の約束や大胆すぎる予測をするのではなく、わたしたちの問題を理解し、それを修正しつつあることを自信をもって表明しなければならなかった。

ダイニングテーブルを囲んで、台本を書いては直し、スライドをつくった。シアトルを発つ前に仕上げておきたかったが、ほかの仕事に追われてできなかったのだ。事実を集め、見通しの明るい話にまとめ上げるのは、限られた時間のなかでは、とてもストレスが大きかった。過去一一カ月のあいだに、大きな成果を上げてきたにもかかわらず、最近の悪いニュースのせいで、それも色褪せて見えた。既存店売り上げは全般的に落ち込み、アメリカで前年比マイナス九パーセント、海外ではマイナス三パーセントで、世界全体でマイナス八パーセントだ。今年度第一四半期の最初の九週間はさらに悪く、利益一株当たりマイナス二二セントと予想された。

外部者の視点も必要だと考え、社外からビリー・エトキンにも来てもらっていた。彼は、M&A専門の代理店を経営し成功していた。わたしが知っている最も頭の切れる経営者の一人で、ウォール街に対して重大な、ときに複雑な情報を伝えるのにとくに長けていた。部外者の参入に警戒する者もいたが、ビリーのビジネス感覚とありのままの意見は一目置くべきもので、木の間から森全体を見渡し、現状を正確に伝えるのに大変役立った。わたしはビリーと彼の好意を信じていた。彼は、ただスターバックスの力になろうとして来てくれたのだ。

二〇〇八年一二月三日水曜日、わたしたちは西四一丁目にあるタイムズセンターの人のいないホールでプレゼンテーションの予行演習をした。空の座席の一つに腰を下ろしたわたしの気持ちは、長らく経験がないほど沈んでいた。おそらくこんなことは初めてだろう。不安でたまらなかった。準備の時間があまりなかったし、シアトルでは問題が山積みで、毎日が緊張に満ちた白兵戦のようだったから無理もない。会社を救うための闘いである。経営陣がステージにあがると、わたしはすぐにそれを遮り、プレゼンを修正するように言った。誰にとっても、自信を呼び起こすのは難しかった。

とうとうヴィヴェックがわたしに言った。「ハワード、帰って休んだほうがいいと思うわ」。ヴィヴェックの言う通りだ。みんな自分がやるべきことはわかっている。ここにきてわたしが思いついたことを言っても、ただ、邪魔になるだけだ。わたしはコートをつかんで、会場から出て行った。

その晩、わたしはビリーと五番街の八四丁目と八五丁目の間にあるヴェスパという現代的な小さなイタリアンレストランで食事をした。夏は開放的な庭に太陽の光が明るく差し込むのだが、冬の夜は暗く、冷たい。わたしは言い表しがたい不安に悩まされていた。あまりに苛立っていて、注文をとりに来たウェイターにあたってしまったほどだ。メニューにある料理じゃなくて、メカジキのグリルにパスタだけでいい。衣も香辛料もいらない。ただのグリルだ、メカジキの。ウェイターは困惑した顔でテーブルを離れた。沈んだ経営陣の顔、スターバックスに対する批判的な記事、一桁台の株価。わたしの頭のなかではそんなイメージがぐるぐる回っていた。

「明日は株価が五ドルになるかもしれない」。思わずビリーに向かってつぶやいた。そんなことになったらどうしたらいいのだろう。「買収されてしまうかもしれない」

これも大きな心配事の一つだった。そんなことはあり得ないと思っても、わたしの不安は頂点に達していた。長い一年だった。まるで踏み車《トレッドミル》を回し続けるように、次々と新しい商品やイベントを企画して、実行した。実を結ぶのを待っているものもたくさんある。株主総会、パイクプレイス・ローストの発売、ニューオーリンズの会議で素晴らしい胸の高まりを覚えたものの、店舗の閉鎖、解雇、ソルベットの失敗、会社の時価総額の落ち込みなどで気持ちが塞いだ。ＣＦＯが大切なときに突然辞めてしまったせいで、わたしの頭はおかしくなりそうだった。二〇〇八年が終わろうとしているこのとき、わたしは疲れきっていた。心も、体も。

「ハワード、あきらめちゃだめだ」。ビリーが静かな声で言い、にっこりと微笑んだ。

「きみが大切にしている価値と会社の理念を守り続けなきゃいけない。それがいまきみが握っている舵なんだ。海が鎮まり、風が変われば……」。ビリーは話し続けた。「景気が回復することを信じ続ければ、スターバックスが提供する価値と顧客との絆がまやかしでなければ、いまでも店に来てくれる世界中の何百万の人々が自分たちを偽っているのでなければ、やがて、海は鎮まり、風は変わる。いまは、会社の規模を適正化するためにしなければならないことに注力し、改革と中核事業に集中すればいい。それが一つのまとまった力になってスターバックスを後押しし、いま否定的な人たちもまた支持してくれるようになるだろう。わたしはそれを信じているよ」

ビリーは、わたしが既に信じていることを言ってくれたにすぎない。

しかし、それはわたしが聞きたかったことだった。

とうとう一二月四日の木曜日の朝がやって来た。ホールはおよそ二〇〇人の影響力をもつ人々でいっぱいだった。バイサイドやセルサイドのアナリスト、機関投資家、少数の招待客や記者、スターバックスの大株主上位三〇社のうちの一一社など、シアトルで会議を行うときのほぼ二倍の数の人々が参加していた。また、スターバックスのパートナーを含む一〇〇〇人近くが、ウェブ上でライブの画像を見ることだろう。この会議はスターバックスにとってこれまで以上に重要な会議であり、伝えるべきことを明確に、自信をもって伝えなければならない。

わたしはチームの他のメンバーとともに、控え室に待機していた。最初にわたしが話し、そのあと、トロイ、ミシェル、テリー、クリフと続く。それから、ふたたびトロイがコスト管理の取り組みについて説明する。一〇〇枚を超えるスライドも用意した。今年一年の活動をまとめた見応えのある写真の数々だ。誇らしい気持ちの一方で、大きなプレッシャーを感じていた。わたしたちが株主のための価値をつくり出す能力があると信頼してもらえるかどうかは、今日、ここで話すことによって決まるのだ。前夜のディナーはわたしの心をすっかり洗い清めてくれたが、それでも部屋に満ちた緊張感は重くのしかかっていた。なんとかしなければ。

「ビル！」わたしは立ち上がり、突然、控え室に入ってきたビル・ブラッドレーに歩み寄った。彼が会議に参加してくれるとは思っていなかった。取締役の一人に会えたことで、ほっとするとはいかないまでも嬉しかった。プロバスケットボール・チーム、ニックスの元選手で、二回NBAのチャンピオンを経験した彼が笑顔を浮かべて、わたしたちのほうへ歩いてくる。まるでわたしたちが知らないことを知っているかのように見えた。そして、コートに出ていこうとするスターティングメンバーにコーチがするように、わたしたちを集めて一五分ほど励ましの言葉を言って力づけ、わたしたちが信じるものを思い出させてくれた。

どの企業も苦しんでいる。しかし、スターバックスには語るべきものがあるのだ、と。本当の物語を、世界で最も尊敬されるブランドの一つであるわたしたちの一年間を、在庫を調整しリスクをとってきた一年間を語ればいい。ビルは、わたしたちがこの危機と懸命に闘ってきたことを思い出させてくれた。わたしたちを信じる自分の気持ちを信じ、スターバックスの勝利を信じ、その日のわたしたちの成功を信じていた。その気持ちがわたしたちにも伝わったのだ。

ビル・ブラッドレーは独自の才能を持ち、それをいつ使うべきかを知っているに違いない。控え室で彼がくれた言葉は、わたしたちがまさに必要としていることだった。思いがけず元気がわいてきた。たいしたものだ。風が変わったのである。ビルが控え室を出ていったとき、わたしたちは背筋がまっすぐになったような気がした。さあ、ステージに立って、やるべきことをやろう。チームとして。自信をもって。

わたしはステージに向かった。流れをつくるのはわたしの役目だ。控え室でビルが植え付けてくれた自信をさらに強固なものにし、チームのメンバーのために追い風を起こさなければならない。また、株主に対する責任だけでなく、シアトルにいるみんなや、すべてのパートナーたちに対する責任も感じていた。スターバックスの代弁者であることがわたしの仕事であり、人生なのだ。

「おはようございます。スターバックスの代弁者であることがわたしの仕事であり、人生なのだ。

「おはようございます。皆さんのご参加に感謝します。大変な状況のなか、本日はお集まりくださいましてありがとうございます」。演技ではなく、わたしは心からそう言った。そして、一言話すたびに、スターバックスの目的とわたしたちの可能性を信じる気持ちが戻ってきた。

「環境が変わったのだから、ビジネスモデルを変えるべきだ」。そう言う人もいるかもしれません。しかし、わたしは訊きたいのです。皆さんにも、それぞれの仕事をもち、なにかを達成してきた皆さんにも、従うべき原則があるのではないですか、と。皆さんにも文化があり、大切にする価値があります。いまここで、存在意義を失うような大きな戦略の変更をするべきでしょうか。状況はやがて好転するでしょう。人々はコーヒーを飲み続けます。わたしたちのブランドの価値も、第三の場《サードプレイス》に育つ共同体としての一体感も、スターバックスの成長の可能性も、アメリカ国内で、そして世界で、これまで以上に強化されるのです。

わたしたち経営陣は強力なメンバーの集まりです。わたしたちの目的は一つです。創造的な議論が起こることもありますが、それを恐れてはいません。ここにそのメンバーを紹介します。

経営陣が一人ひとりステージに立ち、それぞれ発表すべきことを語った。

初めてCFOとして紹介されたトロイは、落ち着いて、淡々と、コスト削減と四億ドルの固定費圧縮の取り組みについて語った。そのうち二億ドルが二〇〇九年のうちに達成でき、既にその年の早い時期に行った取り組みによって減る二億五〇〇〇万ドルに追加できる見込みである、と。

「これにより、わたしたちのコスト構造は大きく変わります」。トロイはそう言って退場した。次はミシェルだ。

「それでは、スターバックスでは何が行われてきたかを説明しましょう」。ミシェルは頭上に映し出されたスターバックスの来客数の減少とアメリカの消費者信頼感との関係を示す一二カ月のグラフを示して言った。「既存店の売り上げの伸びは、一年前から減少を始めました。これは景気後退の始まりと言われている週です」

その通りだった。前日発表された全米経済研究所の報告書では、二〇〇七年一二月がアメリカの景気後退の始まりと認められた。わたしが一年前に言ったことが公のものとなったのである。ミシェルは数字をうまく使いながら、過去と未来について広く語った。顧客調査を拡大し、コーヒーの権威としての地位を維持する戦略を打ち立て、新しい飲み物とフードを発売した。タゾティーの商品ラインを拡大したことと、ブレックファスト・サンドイッチを復活させたことにも触れた。

二〇〇八年一月の業績発表で販売終了を発表したあと、サンドイッチはすぐに陳列棚から外された。ただし、お客様の注文があれば提供できるようにはしておいた。そして、予想通り、サンドイッチを販売していた店の売り上げはあっという間に落ち込んだ。しかし、お客様の熱心な訴えがマイスターバックスアイデア・ドットコムとコールセンターに寄せられた。〝朝食のサンドイッチを救え《セイブ・ザ・ブレックファストサンドイッチ・ドットコム》〟というサイトもできた。

わたしはそれを知りつつもあまり乗り気ではなかったのだが、フード部門では、わたしの不満とお客様の願いに取り組むために研究を続け、材料の質を改善――脂肪の少ないベーコン、高品質のハムとチーズ――することで、においを軽減できることを発見した。また、強烈なにおいはイングリッシュマフィンにも原因があるとわかり、供給業者にレシピを変えてもらったり、チャパタなどのパンも使うようにした。最後に、チーズを具の一番上にして、チーズが焼けないようオーブンの温度を一五〇度に下げた。その結果、コーヒーによく合う(とわたしも認めざるをえない)ものができた。

二〇〇八年六月、わたしはブレックファスト・サンドイッチの再販売を認めた。過去六カ月間、販売は順調だった。サンドイッチの改善によって、フード販売の取り組みが前進したのである。大半のレシピを見直し、含有物を減らして、人工調味料・着色料、トランス脂肪酸、ブドウ糖果糖液糖を排除した。思えば、わたしが過度な反応を示したのは、社内で起こっている他の問題が原因だった。サンドイッチは、スターバックスの悪いところの象徴であり、それほど大きな問題ではなかったことがわかったのだ。わたしたちはサンドイッチの経験を通して、業務を改善することを学んだ。

ミシェルはプレゼンテーションをまとめると、テリーを紹介した。テリーは危機においても、わたしたちの特質を忘れないマーケティング戦略について話した。つまり、一貫した価値を提供することである。

二〇〇八年、小売店はどこも安売りを行っていた。

道を歩けば、マジソン街の高級ブティックも、ロンドンのデパートであるマークス&スペンサーも、どの店のショーウィンドウにも〝セール〟という文字があった。八割引きというところさえ見かけた。店もレストランも値引きの圧力にさらされていた。しかし、スターバックスがやらなければならないのは、値引きをすることなく、より安い品物を求めるお客様のニーズとコアなお客様のロイヤルティーに応えることだった。大幅な値引きをすれば、もとに戻すのが難しくなるかもしれない。また、マクドナルドの術中にはまることにもなる。そうした競争は避けたかった。これまでと同じように品質とサービスで競いたかった。

しかし、お客様のためになにかしなければならない。コストコのジム・シネガルが以前、助言してくれたように、お客様が離れていってしまうのは困る。コストを惜しんで価値を提供することを忘れてしまえば、離れてしまったお客様に戻ってきてもらうためにもっと多くの費用をかけなければならない。

嬉しいことに、アナリスト会議の頃には、どんなことをするかが決まりかけていた。

三カ月前、ロサンゼルスで行われた会議からシアトルへ戻る二時間のフライトのあいだに、トム・ダヴェンポートと、創業以来最悪となるのが確実なクリスマスシーズンを活気づけるにはどうすればいいかブレーンストーミングをした。思いついたのは、二〇〇八年六月の再開以来、順調に展開しているリワードカードだった。このカードを使ってこれまで以上の価値を提供することはできないだろうか。わたしたちはいろいろ数字をいじって、二五ドルの年会費で、一年間スターバックスでの買い物が一割引になるゴールドカードを思いついた。そして、興奮しながら、飛行機からリワードカードチームに電話をして、プラス面とマイナス面について話し合い、シアトルに着陸したときには、スターバックス・ゴールド・カードにゴーサインを出していた。大きな問題は起こらないだろうと思った。目標は最初の一週間で二万五〇〇〇枚を売ること。しかし、最初の週末でそれを超えてしまった。

スターバックスのカードプログラム――スターバックスカードとリワードカードおよびゴールドカード――はお客様に価値を提供するための魅力的な手法になった。カードは使いやすいし、クーポンよりも交換率がいい。お客様とバリスタのやり取りを通したスターバックス体験の一部となって、ブランドを強化している。お客様の財布のなかに留まり、人々の生活のなかで活用されるからだ。

また、お客様とわたしたちとのあいだを近づけてもくれる。特典を受けるために、お客様に電子メールのアドレスをインターネットで登録してもらう。その結果、お客様のデータベースができあがる。それをわたしたちはお客様の行動をより良く理解し、特典を提供するために活用できるのだ。また、選挙のときのキャンペーンのように、費用効率が高いやり方で、お客様と関わることができる。たとえば、夏にビバーノの販売が始まったときには、カードを持っているお客様には来店いただければ試飲用ドリンクを無料で提供する、と連絡した。反応率は一六パーセント。電子メールによるキャンペーンとしては並外れたものだった。

「伝統的なマスマーケティングにあまり費用をかけない企業にとって、データベースは隠された資産になるでしょう」。テリーが話をまとめた。

彼の言う通りだ。スターバックスカードは、市場において真に継続可能な競争力になる。裁量支出が圧縮されている状況では、最も重要なマーケティングツールだ。

わたしたちはうまくやっていた。個人としても、チームとしても。冷笑は感じられたものの、座席にいたわたしは、大切なメッセージの大半はウォール街に伝わったと思った。スターバックスは、基盤となる事業と改革に注力し、さらに強い企業となって危機を脱却する。プレゼンが進むにつれて、わたしの不安は消えていった。株式市場もそれに合意してくれたようだった。午前中そっとｉＰｈｏｎｅで調べたところによると、その日、スターバックスの株価が八ドルを下回ることはなかった。

この会議によって、わたしたち経営陣は、過去何カ月かわたしたちがむしゃらに取り組んできた日常業務から一歩距離を置き、これまでに達成してきたことや、これからどんなことが待ち受けているかを考えることができた。クリフがプレゼンで説明したように、スターバックスの北米事業には収入増のチャンスがいくつかあった。

●消費財――主に食料品店で売るコーヒー豆やグラインド（挽いてある）コーヒー
●約四〇〇〇のライセンスストア
●ホテル、レストランなどフードサービス事業による週当たり二五〇〇万杯超の売り上げ
●家庭用、シングルサーブ用コーヒー市場
●二〇〇三年に買収したシアトルズベストコーヒー

しかし、成長の可能性の大きいのは、アメリカ以外の地域の事業がすべて含まれるスターバックス・コーヒー・インターナショナルだ。いまのところ、最も見込みが大きく、楽しみな部門だ。アメリカの陰に隠れて目立たないものの、カナダは、ブリティッシュコロンビア州バンクーバーに三つ目の店舗を開いて以来、堅実な業績を達成し続けている。北米以外には、四八カ国に五〇〇〇の店舗があり、初めての海外店舗である東京では、一九九六年の開店初日から、スターバックスが提供するコミュニティとしての一体感と第三の場《サードプレイス》の体験が受け入れられてきた。スターバックスは世界中で認められているのだ。

「海外」とか「グローバル」とかいう呼び名は、スターバックスが一つでないことを示しているよ

うでわたしはあまり好まないのだが、実際、アメリカ国外の事業は収益が高かった。しかし、もっとうまくやれるはずだ。ビジネスモデルがあまりにも複雑になっていて、地理的な違いだけでなく、財務構造も提携先も業務のやり方も地元の法律や規制によって異なり、まるで何十という会社を経営しているようなものだ。これまでの成功は、主に提携先企業が優れていたおかげである。店舗の運営は、たいがい、パートナーとなる企業との提携によって行われている。多くは、わたしたちの価値観に共感してくれる家族経営の民間企業である。何年ものあいだ、スターバックスの海外進出を支え、アジア市場での優位を築いた王金龍《ワン・ジンロン》と七カ国語を操るヘルマン・ウスカデグイの助言によって選んできた。

スターバックス・コーヒー・インターナショナルは成功していたが、さらに改善の余地が残されている気がした。残念ながら、アメリカの事業が安定するまではそれぞれの市場に注力する余裕はない。しかし、北米事業以外で、とくに中国で得られるものは相当大きいはずだ。

●海外事業
●小売り分野の改革
●沈滞する部門の活性化

二〇〇九年はこうしたことにより注目していくことになるかもしれない。しかしいまは、まず基盤を立て直さなければならない。最後までやり遂げなければ。

質疑応答の時間になると、アナリストたちは自分たちが望むものを執拗に手に入れようとした。あるアナリストは、スターバックスの新しい成長モデルについて詳しく説明してほしい、と言った。わたしは答えた。

「いまは成長や店舗の数について大きすぎる数字を言うべきときではないと思っています。事業を別の視点から見るべきときです。既に説明した通り、生産性と収益性を店舗レベルで最大化することが大切だと考えています」

さらにこう言わずにはいられなかった。「しかし、スターバックスはふたたび高成長企業になれると信じています」。これはわたしがずっと信じてきたことである。

結局、その日、わたしが恐れていたことは現実にはならずにすんだ。概して、会議はうまくいった。全員が予想以上に強くなっていたのだ。そして、多くの情報を、誠実に、自信をもって伝えた。株式市場の反応がどうであろうと、わたしたちは勝訴を勝ち取って、法廷を出るような気分だった。

出席者からの感想も概して肯定的なものだった。投資家もアナリストも、わたしたちが最も大切な問題に取り組んでいることを感じてくれたらしい。会議ののちに発行されたアナリストレポートは、用心深くはあったが、コスト削減の取り組みを評価し、市場での最上位《プレミアムポジション》を維持しつつ、価値を提供していこうとする努力を認めてくれているようだった。競争を真剣に考えていないとか、宣伝が足りないとか、新店舗の開店がまだ多すぎるとかいう批判はあったが、スターバックスの株価は、九・四一ドルの日中最高値をつけ、終わり値はその週の寄り付きよりわずかに高い八・六一ドルで引けた。

それでも、一年前の二二・三四ドルよりも六一パーセントも下落していたのである。

閉会のときがきて、わたしはまたステージに戻った。

わたしたちは、現在の株主価値に満足してはいません。多くは、本日説明したように、景気が大きく後退したせいですが、これまでにわたしたちが行ってきた決定にも責任はあります。しかし、二年後、ふたたびこうして集まるときは、株価はいまではここまで上がっています、と説明することができると信じています。この機を十分生かせば、大きな利益が得られるでしょう。

自信と大げさな約束は紙一重である。しかし、わたしはその日、大げさなことを言ったつもりはなかった。心から信じることを口にしたのだ。

第5部

勇気
――Courage

第27章　イノベーション

一〇年以上前から、わたしの机の上には薄茶色の液体が入った瓶がある。クラシックなコカコーラの太った瓶のように見えるが、実は、一九九〇年代後半に、スターバックスとペプシコが共同で開発し、市場に送り出し、残念ながら失敗に終わった炭酸入りコーヒーだ。

マザグラン。

それがボトルに白い文字で書かれたこの商品の名前だが、わたしの意識にも象徴として刻み込まれている。讃え、学び、失敗から逃げないということだ。

マザグランは、スターバックスのコーヒーを使った発泡性飲料で、取締役のクレイグ・ウェザアップがペプシコにいた当時、彼と共同で開発したものだ。従来になかった方法で、店舗の外にもスターバックスのコーヒーを広げたいというわたしの最初の試みだった。食料品店の棚にスターバックスの豆やグラインドコーヒーが並ぶようになる以前、アイスコーヒーが人気になる前のことだ。わたしは、新しいドリンクを生み出した勇気を誇りに思っていた。消費者の心をつかむことができなかったのには落胆したが、それでも、新しいものを生み出したいという気持ちは損なわれることはなかった。

しかし、長い間、スターバックスは、新しいものを創出したいという気持ちを忘れていた。市場を驚かせ、何百万ドルもの収益が見込める商品を作ったのは、フラペチーノが最後ではないだろうか。リスクをとる勇気が失われた。怠慢のせいなのか。失敗が怖いのか。おそらくそうだろう。しかし、失敗は大きな結果に結び付く。マザグランは成功しなかったが、その経験が、二〇〇九年には二〇億ドルの売り上げを達成するであろうフラペチーノの開発に役立ったのだ。

わたしは常にスターバックスが期待を超えたものを追い求めていることを誇りに思ってきた。ＣＥＯとしてのわたしの役割の一部は、創業時からずっとわたしをとらえて離さない、新商品開発の興奮と勇気を組織に植え付けることだ。パートナーたちを、彼ら自身が思い込んでいる限界を超え、さらにわたしが信じる限界を超えるところまで後押しするのが、わたしの責任である。

しかし、彼らに大胆に考えることを教えつつ、わたし自身も学ぶ必要があった。わたしが現場にいた頃とは異なり、スターバックスは何百万ドルものグローバル企業に成長している。正しいやり方で革新を実行するにはどうすればいいのだろうか。二〇〇九年に向けて大胆で、大きな、オリジナル商品を作らなければならないと強く感じていたが、ソルベットの経験から、直感だけに頼ってはだめなこともわかっていた。スターバックスにとって適切で拡張性があるもの、十分にテストし、すべての部門が一丸となって取り組み、店のパートナーたちに受け入れられるものでなければならない。

つまり、アイデアだけでなく、いかに実現するかも重要なのだ。

より慎重で、計算されたやり方は、〝とにかくやる〟というわたしの起業家的気質に反する。しかし、会社もわたしも、新商品販売のやり方を変え、新商品の開発にもコーヒーの焙煎に歴史的に用いられてきたのと同等な水準のスキルが必要であるとわかりかけてきた。成長を新規店舗の開店に頼ることはもうできない。未来はグローバルな物流のマルチチャネルにおいて、革新を行えるかどうかにかかっている。

拡大として自然なのは、店舗でよりヘルシーなフードやドリンクを提供するだけでなく、健康市場でより大きな役割を担うことだ。この可能性を探るために、リチャード・テイトにスターバックスがこの分野で成功できるかどうかを考えてまとめてほしい、と頼んだ。彼は受賞歴のあるクラニウムというゲームやおもちゃを販売する会社の共同設立者で、現状を改革する才覚を持っていた。リチャードは次のような胸躍る、しかしリスクを含んだ画期的なアイデアを持ってきた。経営陣とわたしはこの時期に実現できるリソースがあるかどうかを決めなければならない。

二〇〇九年、わたしたちは創造力に富み統制のとれた成長のためになにができるかを探っていた。そのためには次のようなことを考えてみなければならなかった。

- ブランドの伝統であり基礎である店舗体験をいかに復活させ、改善するべきか
- 人間的・感情的絆という価値の提供を拡大することができるか
- わたしたちの物語をよりうまく伝えるにはどうすればいいか
- わたしがマザグランで試みたように、店舗の外でもコーヒーの権威としての存在を確立するにはどうすればいいか

個人的には失敗を恐れてはいなかった。しかし、株価と士気が低迷しているいま、大きな失敗をすれば、会社が感情的に、財務的に生き延びることができないのではないかと心配だった。実行を決め

た以上は、正しく、うまくやらなければならない。リスクはとてつもなく大きかった。しかし、前に進むしかなかった。改革はわたしたちのDNAなのだから。

一九八九年、デイブ・オルセンがわたしのオフィスにやって来て、このコーヒーを飲んでみてほしい、と言った。

「どうだい？」彼は訊いた。

「素晴らしい」。一口飲んで、わたしは答えた。「新しいブレンドかい？」

デイブは、違う、と言った。うちのスマトラコーヒーだ、と。しかし、ドリップではなく、粉から作ったという。まさか、とわたしは思った。つまり、スターバックスのインスタントコーヒーだ。やはり、信じられなかった。インスタントコーヒーと言えば、ロブスタ種とアラビカ種を混合した酸っぱくて、薄くて、とにかく飲めたものでないと相場が決まっている。それがなぜ、スターバックスの濃い香ばしいコーヒーに似たにおいと味がするのだろうか？　これはいったいなんだろう？

デイブがわたしのオフィスに来るずっと前のことだ。ドン・バレンシアという男性がパイクプレイスの店にやってきて、彼が作ったというコーヒーパウダーが入った小袋をバリスタに差し出し、熱湯に溶かして飲んでみてほしい、と言った。バリスタは礼を言って試飲し、味は悪くはないが、スターバックスのコーヒーにはまったく及ばない、と伝えた。ドンは、妻のヘザーの家族を訪問するためにサクラメントからやって来たとのことだった。それから妻のためにラテを買い、スターバックスで一番人気のスマトラコーヒーを一ポンド買った。ドンはサクラメントに戻ったあと、今度はスターバックスのコーヒーを使って、コーヒーパウダーを作り、そのサンプルをまたバリスタに送った。バリスタたちはその味に感心し、本社のスペシャリストに送った。それから間もなく、デイブがわたしのオフィスへやって来て、ドンについて話してくれたのだ。

彼に会ってみなければ、とわたしは思い、数日後、サクラメントへ飛んで話を聞いた。

ドンは驚くべき人物だった。

細胞生物学者で自己免疫疾患診断を専門としていた。患者に体が自分の細胞を攻撃する狼瘡などの自己免疫疾患があるかどうかを診断するのが専門だった。二八歳のときにイミュノコンセプトという会社を設立した。ほかの人から時間の無駄と言われたアイデアを追究するためだった。そして、自己免疫疾患を血液検査で診断できるより良い方法を発明して成功し、自分が正しかったことを証明した。医者や病院で使われている従来のテストキットと同じように、彼が発明した商品にも細胞が含まれている。しかし、彼の細胞は有効期間が長い。なぜなら、彼は、細胞の特性を傷つけることなく、安全にフリーズドライする方法を思いついたからである。世界中の病院の検査技師が、彼の発明したキットを使い始めていた。

次にコーヒーについて話してくれた。彼は自由な時間はアウトドアで過ごすのが好きだという。ところが、妻のヘザーと一緒にハイキングへ行くときに持っていくことができるのは、インスタントコーヒーだけだ。しかし、インスタントはひどい味がする。あるとき、キットの細胞に使用したのと同じ科学を用いて、コーヒーの粉を作ろうと考えた。

彼はキッチンを臨時の実験室にして、週末になるとコーヒーの濃縮液を作り、オフィスの研究室へ持っていった。そこで、細胞をフリーズドライにする大きな箱型の機械を使い、細胞に用いたのと同じ手法を用いて、風味と香りを保ったまま濃縮液を乾燥させるより良い方法を見つけ出そうとした。月曜の朝、出勤した同僚たちは、コーヒーのにおいのする研究所で、彼が作った最新の試作品を飲んだという。

やがて、とうとうそれが成功した。熱湯に溶かすと、これまで飲んでいたものよりずっとおいしいコーヒーパウダーができたのだ。

わたしは、八〇年代後半にドンと出会うまで、スターバックスがインスタントコーヒー事業に参入することになるとは思ってもみなかった。考えるだけで不適当に思えたし、ブランドとプレミアムポジションにも合わない。避けるべき理由はたくさんあった。スターバックスは小売業であり、製造卸業ではない。そうなりたいとも思っていないし、そのためのリソースもなかった。それに、人々の偏見だけを考えても、そんなことは検討するべきでなかった。スターバックスとインスタントという言葉が同列に語られたら、お客様もバリスタも恐怖で身がすくむことだろう。インスタントは低俗で、わたしたちの基準よりもずっと下のものだ、と。

インスタントコーヒーが高品質のドリップコーヒーに比べて味がかなり落ちるのは、製造業者が質の悪い豆を水で抽出するうえに、乾燥の過程で香りと風味が失われるからだ。コーヒーパウダーあるいは結晶が熱湯と混ざる頃には、生豆のもつ特質はすべて失われてしまう。しかし、インスタントコーヒーの消費者はそれを受け入れている。舌が慣らされてしまっているのだろう。消費者が改善を望まなければ、会社は可能な限り金をかけずに湯に溶けるコーヒーを作ろうとする。その結果、第二次世界大戦以来、真の技術革新《イノベーション》は起こらなかった。

小さな企業にいったいなにができるだろうか。

ドンが実験のことをわたしたちに教えてくれたのに感謝し、お元気で、と言って、仕事に戻るのは簡単だったし、そうしてもちっともおかしくなかった。しかし、ドン・バレンシアと彼の発明はわたしを引きつけた。彼の科学的に優れた能力、生来の好奇心、深く根ざした価値観を素晴らしいと思った。さらに、彼を訪ねたこと自体が楽しかった。彼もまた、不可能に挑戦する起業家なのだ。「そんなの無理だ」と言われることがなにより大きな刺激になるのかもしれない。彼は、スターバックスにとって大きな財産になるだろう、とわたしは思った。

わたしたちは連絡を取り続けた。そして、一九九三年、ドンはスターバックスの研究開発部門の責任者を引き受けてくれた。もちろん、研究開発の設備はなかったが、そんなことは問題にならなかった。ドンはわたしに新しい可能性を見せてくれた。スターバックスは若く、意欲的で、動きが速かったために、想定外のことも受け入れられた。そして、わたしは、起業家として、CEOとして、彼の情熱と創造力と潜在的価値を見逃すことはできなかったのだ。わたしは、いつも「なぜ?」と質問するのではなく、「やろう」と言う。そして、小売業でもコーヒー業界でも働いたことのないドンに、世界でも一流の研究開発チームを作り、スターバックスの淹れたてのコーヒーと同じくらい力強く、豊かで、大量生産と商品化が可能な可溶性のコーヒーパウダーを作るよう頼んだ。

目標はよりおいしいインスタントコーヒーを作ることではない。望みはもっと大きかった。そのときは具体的ではなかったかもしれないが、スターバックスはいつかふたたび新しい商品カテゴリーを、インスタントコーヒーを飲もうなどと考えたことがなかった人にも愛されるものを作り出せるかもしれないと思った。

ドンはこの秘密任務をＪＡＷＳ《ジョーズ》つまり「熱湯を加えてかき回すだけ《ジャスト・アド・ウォータ・アンド・ステア》」と読んだ。こんなシンプルな名前のものが、とてつもなく複雑なものになるとは誰も思っていなかった。

ドンの研究手法はとても知的だ。コーヒーの化学成分を研究し、なぜ香り成分が抽出と乾燥の過程で失われて、コーヒーの風味をだめにしてしまうかを理解しようとした。いずれにしても、大量生産するには、ドンが自分の研究室でやったことを拡大するだけでは難しいことがわかった。新しい工程で作った粉ができるたびにカップに入れて熱湯で溶かしたが、どれも淹れたてのコーヒーの味も香りもせず、スターバックスのコーヒーとは似ても似つかないものだった。しかし、ドンはあきらめなかった。何人かの才能ある人々をチームに引き入れた。

そのなかの一人が粘り強いパナマ出身の技術者ウラノ・〝ウーリ〟・ロビンソンだ。化学企業で働いていたウーリは、ドンと同じようにコーヒー業界での経験はなかった。しかし、ドンが、ゴリアテに挑むダビデの闘いのようなこのプロジェクトについて説明すると、ウーリの好奇心はそそられた。彼は根気強く、ドンや他のスターバックスのパートナーと同じように、意味を見つけられる仕事をしたいと願っていた。一九九七年、ウーリは家族とともにシアトルに移ってきて、スターバックスの小さな研究開発部門に参加した。

何年ものあいだ――そしてその先何年も――ドンとウーリのチームは、秘密裏にプロジェクトを進めた。誰もそのことを知らなかったし、関心をもたなかった。ドンは常にこのプロジェクトをキリマンジャロの山を登ることにたとえていた。優れた技術と折れない心と自信が必要なのだという。そして、最も大切なのは、プロジェクトの目標と目的を一心に信じることだ。つまり、インスタントコーヒーの認識と質を改善することによってコーヒー業界の新しい形をつくるのである。スターバックスは、コーヒーの飲み方を変えることができるかもしれない。暗号を解読できさえすれば。

一九九八年、わずかな予算で、ドンとウーリと少人数の技術者のチームは、かねてより求めていたものとは違うものを作り出した。ドンがもともと思い描いていた高品質のインスタントコーヒーではなかったが、有益で利益をもたらすことができる。社内ではＢＢＣＢと言われるもので、新しいフラペチーノ・ブレンドのコーヒーベースとなり、やがては、ペプシコとの共同開発により人気商品となった瓶入りフラペチーノのベースとなった。

このパウダーの発見は決して小さなものではなかった。そのときまで、フラペチーノは、とても濃く抽出したコーヒーとミルクと砂糖等を混ぜて作っており、準備が複雑で時間がかかった。フラペチーノの売り上げが急増し、ニーズに対応するために手順を単純化することは急務になっていた。新しいパウダーはフラペチーノを作る時間を短縮し、本物のコーヒーの味を維持すると同時に、収益性を大きく伸ばした。実際、ＢＢＣＢによる恩恵は大きく、スターバックスは北米以外でも急拡大していたので、ＪＡＷＳは二〇〇〇年まで保留にされ、研究開発チームは世界中の店で売るフラペチーノのベースとなるＢＢＣＢの生産拡大に注力したのである。五年間の熱心な研究の成果によって、ウーリと他のメンバーはヨーロッパ、アジア、南アメリカでも活躍することになった。やがて、二つの大陸の製造業者と協力して、スターバックスは二種類のコーヒーパウダーで特許を取得し、様々なＲＴＤ（そのまま飲める）《レディ・トゥ・ドリンク》飲料やフレーバーアイスクリームやコーヒー味のアルコールなどのブランド拡大に使われた。

一九九九年にドンが妻のヘザーや二人の子どもたちとより多くの時間を過ごし、慈善活動に従事するために引退したとき、わたしは親しい友人がいなくなってしまうように感じた。ドンは、元来の目標を達成することはできなかったが、彼の開発はスターバックスには不可欠なものになった。そして、たとえ彼がいなくなっても、ウーリと同僚たちは、ドンが思い描いていたものをあきらめるつもりはなかった。

二〇〇五年、世界中のＲＴＤ飲料とブランド拡大商品向けにコーヒーパウダーを生産する能力は限界に達していた。新たな生産源を探す一方で、研究開発チームは、さらに質が高く、より少ない費用で生産できるコーヒーパウダーを作る努力を続けていた。その年、チームは、可溶性コーヒーの商品を拡大する取り組みを正式に始めることにした。

二〇〇六年、三年計画がつくられた。目標は、熱湯に溶かしたとき、それだけでおいしく飲める可溶性コーヒーパウダーを作り出すことだった。つまり、ふたたびＪＡＷＳを捕らえようというのである。その計画は「スターダスト」と名づけられ、依然として秘密裏に行う必要があった。

その年、わたしは最初のアフリカ行きの準備をしていた。旅のあいだ、高品質のコーヒーが見つかるか、どこで見つけるべきかわからなかったので、研究開発部門にサンプルを少し分けてほしい、と頼んだ。完成していないのはわかっていたが、市場で売られているインスタントコーヒーよりはましだろうし、何もないよりはずっといい。そして、旅の間、これがわたしの予想よりもずっとおいしかったことを知ったのだ。完璧ではないが、間違いなく前進している。

「完成にどのくらいまで近づいていると思うかい？」

シアトルに戻ったわたしは、ドンの構想がようやく実現するかもしれない、と思いながら訊いた。「六〇パーセントくらいでしょうか」。そう答えが返ってきた。「もしかしたら七五パーセントかもしれません」

わたしたちにはここまでくる技術があったのだ。しかし、ここから先は正しい生産パートナーとの協力が必要だ。わたしは強い関心を抱いた。そして、インスタントコーヒーを市場で売り出すためにはどうすればいいかを話し合うための会議を設定した。

七階のベラ・ヴィスタ会議室には大勢の人がいた。わたしの隣には、スターバックスの経営陣が座り、その向かい側には研究開発部門とコーヒー部門の専門家たちが座っていた。アンドリュー・リンネマン、ウーリ、そして現在、研究開発部門を率いるトム・ジョーンズもいた。トムは開発スケジュールを示し、インスタントコーヒーの販売までにあと三二カ月かかる理由を説明した。

「なぜそんなにかかるんだ?」

わたしはいらいらとして口を挟んだ。

「アップル社はｉＰｏｄを一年以内に開発したんだ。わたしたちにもできるはずだ」

緊迫感のようなものが欠けているのに苛立った。しかし、二〇〇七年一月当時、わたしは、ほかにも多くのものがこの会社に欠けていることに苛立っていた。その多くについて、バレンタインデーに経営陣に向けてメモを送ったのである。

トムは穏やかに理由を述べた。現在のコーヒーパウダーはスターバックスの高い品質に恥じないものにするための改善——まさにドンが解こうとしていた暗号だ——が必要なだけでなく、ほかにも同時にやらなければならない複雑なことがたくさんある。その多くが、スターバックスがこのような規模や速さでやった経験がないことだった。もし、スターバックスが、最高品質のコーヒーをインスタントの形で紹介して、市場にショックを与えるつもりなら、部門を超えてこれまで以上に協力しあい、物流の問題も解決しなければならない。企画、包装、商標、特許、製造、世界での生産と物量、顧客リサーチ、検査、デジタル媒体と販売促進キャンペーンを一体化したマーケティング、パートナーの支援。商品名さえまだ決まっていない。

誰も口を聞かなかったことから分かるように部屋の中にいる人でインスタントコーヒーに関わりたいと思っている人はほとんどいなかった。格下の商品という偏見があまりにも大きかった。アメリカ事業部の責任者（クリフ・バローズの前任）でさえ、そんなものは店に置きたくないと思っていた。スターダスト計画に任命されれば、社内での経歴に傷がつくと思うパートナーもいた。

しかし、わたしは、前へ進むべきだ、と固く決意していた。世間一般の考え方の逆を行くのだ。それが、スターバックスの存在の基礎である。いま、わたしたちはふたたび、飲み物の新しいカテゴリーを創出するチャンスを手にしようとしている。

インスタントコーヒーを飲まない人が飲むためのインスタントコーヒーを作らなければならない。いつでも、どんなときでも、誰でもおいしいコーヒーを飲めるようにするのだ。スターバックスは、ドンがわたしのオフィスにやって来たときよりもずっと大きくなってしまったが、逃げるつもりはない。わたしは向かい側に座っているパートナーたちを信じていた。

一年以内に商品を販売して成功するのは難しいというトムの立場は尊重した。しかし、のちに一部の人が「ｉＰｏｄ会議」と呼ぶようになったこの場でのわたしの反応によって、プロジェクトに切迫感が生まれた。

プロジェクトを率いたのはウーリだ。それから九カ月間、彼とアンドリューのチームは、スターバックスの品質とアイデアを実現するために全面的に協力してくれる外国の供給業者と密接に協力しあいながら、作業を続けた。シアトルでは一日一四時間、何週間も何カ月間もかけて、技術者とコーヒーエキスパートが試作品を作り、調整し、試飲し、調整し、ついに、ある日、全員が試飲して頷いた。できあがったのは期待を超えるものだった。既存のパウダーが大きく改良され、お湯に溶かしてかき回せば、スターバックスの淹れたてのコーヒーのように豊かで際立った風味のインスタントコーヒーができあがった。

二〇〇七年秋、わたしが初めてドンに会ってからおよそ二〇年を経て、スターバックスは暗号を解読したのだ。

その証拠はいまカップの中にある。


「ハワード、ドンに会いに行ったほうがいい」。デイブ・オルセンが電話の向こうで言った。「具合が悪いらしい」

二〇〇六年、ドン・バレンシアは、扁平上皮癌に肺と肝臓と結腸を侵されていると診断された。ドンなら負けやしない、とわたしは信じていた。一五カ月、ドンは勇敢に闘った。しかし、二〇〇七年一〇月に病状が悪化した。わたしはスターバックスのCEOに戻る準備をしているときだったが、一週間おきに彼の自宅を訪れた。ドアを閉め、ドンは毛布をかけてカウチに横たわり、わたしはそばの大きな椅子に座って、一時間以上、コーヒーだけでなくもっとたくさんのことを話した。

最後にドンに会ったのは病院だった。一二月初めのある火曜日、わたしは彼のベッド脇に立ち、体をかがめて囁いた。「ドン、スターダストを販売するよ」。彼のビジョン――彼は一生のあいだにたくさんの成果を出した――が、また一つ実現することを知ってほしかった。

四日後、二〇〇七年一二月八日、ドン・バレンシアはこの世を去った。

第28章　確信

ときどき、スターバックスを創業した頃がとても遠くのことのように思えた。大学へ行く年になった子どもたちの幼い頃の声を思い出そうとするときのように、当時のことは記憶から消え去りつつある。

しかし、古い友人がわたしのオフィスをひょいと訪ねてくれたり、パイクプレイスの一号店を訪ねたりすると、過去の光景や感情が、突然、まるで昨日のことのようにはっきりとよみがえってくる。ある意味、それは昨日のことなのだ。

スターバックスの成長過程で起こったことは、すべてわたしの一部だ。そして、二〇年以上たった二〇〇九年、二度目のCEOとして、わたしはまだ失敗から学び、経験を重ねている。若き起業家だったわたしの核の部分は変わっていない。心からなにかを信じれば、熱意も情熱も実現するための意欲も中途半端ではいられないということだ。

最初はドンがわたしに伝えてくれ、そして、パートナーたちが完成に向けて長いあいだ熱心に取り組んできたインスタントコーヒーが、お客様の行動に変化を起こすことをわたしは微塵の疑いもなく信じていた。なぜそれほどの確信があったのだろうか。最良のイノベーションとは、存在することさえ認識する前からニーズを感じ取り、満たし、新しい考え方をつくることだからだ。スターバックスの可溶性コーヒーパウダーはまさにそれだった。イタリアのエスプレッソバーに着想を得たスターバックスが、世界中の人のコーヒーの飲み方と時間の過ごし方を変えたことを思い出させてくれる。

インスタントコーヒーの販売が、スターバックスの創業を思い出させるのはもしかしたら皮肉なことかもしれない。エスプレッソバーと同じように、インスタントコーヒーも、ありふれたものから新しいものを考案し、使い古されたものを新しく魅力的なものに変え、ライバルから市場を奪うのではなく、新しい市場をつくり出すのである。これまでインスタントコーヒーを飲んでいたお客様にスターバックスの商品を飲んでもらうだけでなく、インスタントを飲まないお客様も飲みたくなる価値を提供するのだ。サードプレイスがコミュニティの文化的欲求を満たしてきたように、〝お湯を加えるだけ〟と請け合うことで、新しい世紀のモバイルで、活動的で、舌の肥えたお客様に、いつでも、どこでもおいしいコーヒーを提供する。二〇年以上前、わたしは、お客様が高品質のコーヒーと比類ない体験に高い代金を払ってくださると信じた。今回も同じだ。そして、わたしの初期の夢が一店や二店ではなく一企業を築くことだったように、いまの夢はインスタントコーヒーを一種類か二種類販売するのではなく、他の商品が生まれるブランドのプラットフォームを築くことだった。

しかし、皮肉なことに、インスタントコーヒーなど出すべきではないという反対派も、また、過去のことを思い出している。わたしは、イル・ジョルナーレの資金集めをしていたときのことを思い出した。投資家たちはわたしのことを頭がおかしい、と思ったのだ。「いったい、どうしてこんなことがうまくいくと思うのかね？　アメリカ人はコーヒーに一ドル五〇セントも払わないよ」

インスタントコーヒーを疑う人もそれと同じだった。

「子犬の置物みたいに棚を肥やすだけですよ」。スターバックスの経営陣の一人はわたしのデスクの前に立ち、そんなものを食料品店に並べても売れ残って埃をかぶることになる、と言ったのだ。また、会社が危機を脱する前にそんな極端なものを販売すること自体が、成長戦略によるものではなく、インスタント市場に参入するという捨て身の策略ととらえられてしまうだろう、と。インスタントコーヒーはスターバックスの品位を汚すものだ、と言われた。そして、そのつもりなのではないか、と。「もし、自分たちがやろうとしたのなら、ハワードはきっと反対しただろうに」。インスタントコーヒーにスターバックスの名をつけようとしていることを知って、現場のあるパートナーが言った。パートナーたちの疑いの強さは相当なものだった。もちろん、賛成してくれる人も多かったことは言っておかなければならない。

意見は聞いた。みんなの不安が、どうマーケティングすべきかを知らせてくれるからだ。しかし、反対する者があってもわたしの確信は揺るがなかった。

わたしの昔からの友人で、メンターであるウォレン・ベニスは、リーダーシップについての研究でも一目置かれている。彼は、リーダーの能力で最も重要なのは、正しい判断をすると同時に直感を大切にし、知識と知恵に基づいて土台をつくり、目的を達成するまで諦めないことだ、と述べている。わたしは彼の言葉をよく思い出し、CEOに戻ってからは何度も彼と話している。業績低迷から抜け出そうとするスターバックスと、世界経済危機を生き抜こうとしているアメリカとはどこか似ている気がした。どちらも、ウォレンの言葉を借りれば、背水の陣を強いられ、刻々と変わりゆく状況に対応しようとしている。直感だけが頼りなのだ。

インスタントコーヒーを販売するという大きな決定ができるのは、その商品が成功することを知識に基づいて信じているからだ。まず、品質が素晴らしいということ。また、巨大な市場があること(だから開発した)。世界的にインスタントコーヒーは全コーヒー消費の四〇パーセントを占め、年間売り上げは二〇〇億ドル、そのうち高級市場は三四億ドルに近い。何十年も革新が起こっていない市場は、刷新の機が熟している。消費財事業を本気で大きな収益源にしようとするのであれば、インスタントコーヒーがまさに最適だ。

何百万ものお客様を獲得したスターバックスを見てきたわたしの直感は、インスタントコーヒーを疑問視する人たちもいずれはこれが妥協でも策略でもないことを理解し、誇りをもって支持してくれるようになると告げている。

インスタントコーヒーの販売は、ウォレンの言葉をふたたび借りると、会社の最優先の目標に一致する。うまく実行できれば、変革に向けたアジェンダの七つの柱にぴったり合うのだ。

- コーヒーの権威としての地位を揺るぎないものにする
- パートナーとの絆を確立し、彼らに刺激を与える
- お客様との心の絆を取り戻す
- 海外市場でのシェアを拡大する——各店舗はそれぞれの地域社会の中心になる
- コーヒー豆の倫理的調達や環境保全活動に率先して取り組む
- スターバックスのコーヒーにふさわしい創造性に富んだ成長を達成するための基盤をつくる
- 持続可能な経済モデルを提供する

もし、インスタントコーヒーの質が劣っているとか、スターバックスの本質から外れているとか思えば、このような大きな賭けはしないだろう。

おそらく、これを最もよくわかってくれるのはシェリだ。彼女は、スターバックスの社員以外でドンが最初に作った粉末のコーヒーを飲んだ数少ないひとりである。海外へ出かけたとき、ドンがくれた粉でシェリのためにコーヒーを作った。彼女はその味に驚き、何年ものあいだ、インスタントコーヒーの開発が後回しになっているときでさえ、早く商品化するべきだ、とわたしを促した。コーヒーが大好きで、旅に出ることが多く、優れたビジネスウーマンである彼女は、商品として、そして、スターバックスにとっての価値を本質的に理解していたのだ。

いつものように、シェリが陰で信じてくれていることがわたし自身の確信に火をつけた。そして、一九八五年にわたしの未来に投資してほしいと知らない人たちを訪ねてシアトルの舗道を歩いたときと同じように、その確信は強かった。

わたしは、いま、資金を集める以上のことをしなければならなかった。何万人ものパートナーたちの気持ちを共通の目的のもとに集め、共通の未来へと導いていかなければならない。パートナーの多くが不安に押しつぶされそうになっているのはわかっていた。リスクを負う不安。みんなの前で失敗する不安。景気の先行きが見えず、自分たちの未来がどうなるかわからないという不安。それは会社の未来にもつながっている。だから、不安のせいで、足止めを食うわけにはいかなかった。

わたしは地面に杭を打った。スターバックスは勇気を出すのだ。他の人々が不可能だということを可能にし、インスタントコーヒーを一〇億ドルのビジネスに発展させる。

スターバックスの商品を成功させるのはひとりの情熱ではない。わたしのリーダーとしてのスタイルは、組織の実行力と密接な関係がある。

インスタントコーヒーの販売はスターバックスの歴史のなかで、最も大きく、最も複雑なものになるだろう。世界中の市場に新しいカテゴリーをつくるのである。すべての部門と専門家たちがこれまでになかったような形で力を合わせ、問題を解決しなければならない。

わたしはエイミー・ジョンソンをプロジェクト全体を監督する責任者に任命した。エイミーは、明るく、才能あるリーダーで、キャンベルスープからスターバックスにやって来た。スターバックスのインスタントコーヒーは瓶入りのフラペチーノも含めて、これまでとはまったく違う商品となる。たとえばアウトドア用品販売店ＲＥＩ（アール・イー・アイ）など、これまでスターバックスの商品がなかった何千という場所で販売することができるのだ。世界中のそうした多くの場所で商品を販売するには、ピーター・ギボンズが現在やっているサプライチェーンのさらなる見直しが不可欠である。彼の改革があったからこそ、これほど意欲的になにかを製造し、倉庫に保管し、流通させようと夢見ることができるのだ。

またマーケティングの観点からは、この商品があらゆる意味で、これまでのインスタントコーヒーとは違うことを伝えていかなければならない。

まずは、完璧な名前をつけなければならなかった。

商品のネーミングは、科学というよりはアートであり、地図をもたずに宝探しに出かけるようなものだ。確かな道はない。外部の専門家を雇った。集まって、ブレーンストーミングを行った。夜中にメールで相談もした。サイドキックはどうだろう？　スパークは？　カフェ・カダブラ？　ＳＢカザム？　リトル・ヒーロー？　単にスターバックス・インスタントでいいのでは？　一時期は候補が五〇〇ほどにもなり、それを絞り込んだ。あるとき、社内のクリエイティブスタジオがある名前を付け加えた。ヴィア。これが候補になった。

ヴィアというのはイタリア語で、「通り」とか「道」という意味で、「動く」とか「中間の場所」といったことを感じさせる。スターバックスがイタリアで着想を得たことに加えて、商品が意図するものを伝えていた。持ち歩きでき、手軽に飲める。また、短くて、言いやすい。大文字で書くととてもエレガントに見えた。マーケティングチームで採決したところ、ほぼ満場一致でこれに決まった。

「決まりました」。エイミーとミシェルがわたしのオフィスへ入ってきて言った。わたしはその名前を聞いて、一瞬、戸惑った。呑み込むまで時間がかかった。ヴィア。そして、ようやく合点がいった。

ヴィア（ＶＩＡ）。

バレンシア（ＶａｌｅｎｃＩＡ）。

ドンを思い出して、笑みが浮かんだ。

本当に完璧な名前だ。

わたしはとてもがっかりしていた。

金曜の午後、ヴィアの包装デザインを最終的に決める日が迫っていた。よくある虹色のデザインを見せられた。わたしはそれに不満だった。なにか足りない。一人用のスティックを入れる箱を見て、これではヴィアが祖母たちの時代からあるインスタントコーヒーとは違い、革新的でありながら、なじみの深い体験を提供するものであることをお客様に確信してもらえないと思った。デザインをしたクリエイティブチームが一生懸命やったのはわかっている。それに、ヴィアの発売予定日はすぐそこだ。それでも、わたしは首を横に振った。

これは認められない。デザインをやり直せば、スケジュールに支障をきたす危険があるのはわかっている。この商品には、多くの人が熱意と、時間を捧げてきたし、わたしたちはこの商品に多くを賭けている。細部に至るまですべてが完璧でなければならない。

ヴィアの包装自体が商品の成功を決めるわけではないが、デザインが悪ければ成功は望めない。もっと良いものができるはずだ。妥協するつもりはなかった。そこで、やり直しを命じて最高のものが上がってくるのを願うのではなく、スターバックスの創業時代によくやったことをやることにした。「日曜日、わたしの家に来なさい」。エイミーとミシェルにそう言った。ほかのパートナーは呼ばなかったし、理由も彼女たちが来るまでは言わなかった。

「こちらはジャック・アンダーソンだ」。わたしはエイミーとミシェルに、シアトルで最古の戦略ブランディングとデザイン会社の一つであるホーノール・アンダーソンの共同設立者を紹介した。彼は、スターバックス創業期にフラペチーノの商品イメージと店舗用の最初の紙袋とカタログをデザインし、素朴な温かさをつくり出してくれた。いま、変わろうとしているスターバックスには、わたしの言葉とブランドの全体性《ゲシュタルト》をわかっている人の力が必要なのだ。

わたしの依頼で、ジャックは彼の会社の才能あるデザイナー、デヴィッド・ベイツと、戦略担当のヴァイスプレジデント、ローラ・ジェイコブセンを連れてきてくれた。彼らは、ヴィアが発売されることや、わたしがその包装のデザインを依頼するつもりであることを知らなかった。

わたしは決意と熱意を思うままに込めて説明した。「この商品はお客様やパートナーたちにとって、これまでとはまったく違うものになる。信じて、試してもらうには、スターバックスの他の商品に似ていながら、画期的なものであることを示すイメージが必要だ」。思ったとおり、ジャックはそれを理解してくれて、その週のうちに、彼のチームとエイミーのチームは共同作業を始めた。

わたしがこっそり外部の企業を雇ったという情報が不満を引き起こした。誰かを傷つけるつもりは毛頭なかったのだが、変化を起こすとき――つまり、スターバックスの歴史を通してずっと――難しい選択をするとき、会社にとって利益になると思うことを決めるときは、個人や個々のグループの利益と反することもある。何千人ものパートナーのために、人々の感情や人間関係を犠牲にしなければならないのは、スターバックスCEOの役割の最もつらい部分だ。

ジャックと彼の同僚にふたたび仕事を依頼したのはやはり正しかった。シンプルで優れた、画期的なデザインは、ヴィアが店舗で販売されるスターバックスの他の商品と同じ質と信頼を約束することを伝えている。一杯分の細いスティックを入れる箱の正面は、スターバックスの特徴的なカップの形に切り抜かれ、内側の厚紙にはスターバックスのホットドリンクのカップにあるのと同じチェックボックスがあった。デカフェ（カフェイン抜き）、ショット、シロップ、ミルクなど、バリスタがお客様の注文に応じて印をつけるものだ。カップとチェックボックスは店舗での体験を思い起こさせ、スターバックスの伝統を示しながら、新しい商品の質を証明している。繊細でありながら直接的で、洗練されていながら素朴で、信頼できる。

ホーノール・アンダーソンは、ヴィアのユニークでシンプルな魅力を端的に示すキャッチフレーズ――素晴らしいコーヒーをいつでもそばに――をつくるのにも力を貸してくれた。ヴィアがあれば、倫理的に調達された良質のコーヒーを、いつでも、どこでも楽しむことができるのだ。バッグに、ポケットに、バックパックにヴィアのスティックを入れて出かければ、ハイキングのときでも、飛行機のなかでも、オフィスでも、外国でも、寮の部屋でも、ほかの人の家でも、自分の家でも飲むことができる。

しかし、ヴィアがこれまでのインスタントコーヒーとは異なる、まったく新しいドリンクだということをすぐにわかってもらうにはどう説明したらいいのだろうか。わたしはコストコのジム・シネガルが言った言葉をいまでも覚えている。彼は〝インスタント〟という言葉から逃げずに、それを受け入れるよう、わたしに助言してくれたのだ。これについては、社内で多くの意見が交わされた。ヴィアをインスタントと呼んで、あまり良くないイメージを与えてしまうのか。ヴィアはインスタントと同じカテゴリーなのか。やがて、クリエイティブ部門が商品に新しい見方を与えるシンプルでエレガントなフレーズを思いついた。〝インスタントに飲めるスターバックスコーヒー。〟これで新しい飲み物と新しい行動を示すことができる。

ポジショニング。包装。商品名。

それぞれが、インスタントコーヒーに対する世間一般の見方を変える助けになるだろう。しかし、成功には、パートナーたちがほかのスターバックスのコーヒーと同様にヴィアを大切に思わなければならない。社内の偏見を解消するのが最優先だった。しかし、それはわたししひとりではできない。

エイミーとマーケティング部門のヴァイスプレジデントであるブレイディ・ブリュワーが解決策を

思いついた。ヴィアがインスタントコーヒーだと事前に知れば、パートナーたちは最初から否定的な気持ちでそれを体験することになる。だから、彼らの裏をかくのである。ミーティングを開き、パートナーに二種類のコーヒーを試飲してもらい、風味について話し合う。誰もコーヒーの正体には気づかないだろう。そして、両方とも新しいインスタントコーヒーだと発表すれば、みんなの偏見は消えるはずだ。疑いが驚きに取って代わるのである。

オフィス、会議室、パートナーたちのいる店舗で、この計画は繰り返し実行された。わたしも、家のダイニングルームで、ディナーパーティにやって来た客に、こっそりヴィアを出してみた。みんなが驚き、ヴィアは加速度的に受け入れられるようになった。

疑われるのを恐れるのではなく、それを利用したのである。ヴィアの販売を公にするときも、そうして流れを変えることができるだろう。

しかし、最初は、わたしたちが恐れていたことが現実になってしまった。

二〇〇九年二月一三日、スターバックスがインスタントコーヒー市場に参入することが正式に発表される四日前、投資サイトであるモントレー・フールにこんな見出しの記事が掲載された。〝スターバックスよ、やめてくれ！〟

《アドバタイジング・エイジ》誌のサイトでヴィアの販売がリークされ、多くのブロガーが試飲もせずに商品を批判していた。モントレー・フールのコラムはこう書いていた。スターバックスはインスタントコーヒーの世界を掘り進む――あるいは退行する――予定。そして、あからさまにこう述べた。

「ハワード・シュルツは、経営陣がなにかしていることを証明したくて、混乱し、必死になっているのだろう」。また、ブロガーたちは、スターバックスが質の悪い、味もおざなりのインスタントコーヒー売りに成り下がるのだ、とそれぞれに書いた。あるブロガーはこう述べた。「インスタントコーヒーをがぶ飲みするために、スターバックスへ行く詩人やミュージシャンや哲学者がいるだろうか？」

ブロガーたちはとても辛辣だったが、わたしは、大手メディアはどう反応するだろうか、と考えていた。二〇〇九年二月一七日、ニューヨークの満員になった記者会見場で、わたしは一身に注目を集めてヴィアの販売を発表した。集まった人たちにヴィアを試飲してもらい、ビジネスチャンスを理解してほしかった。ヴィアは、シアトル、シカゴ、ロンドンで何週間か後にテスト販売が始まる。その前に早急な判断を下して、世間の評判に影響を与えてほしくない。

わたしは、こうした影響力ある人たちが静かにコロンビアとイタリアンを飲むのを見ていた。記者会見の前にいつも行う試飲用のコーヒーとしてヴィアを提供したのだ。そう、まさしく試飲だった。そして、ついに、子どもが隠していた秘密を興奮して話すように、わたしはどちらもスターバックスの新しい長期的戦略であることを発表した。ヴィアのお披露目だった。

「わたしたちは見事にだまされた」。《ニューヨーク・タイムズ》紙のジョー・ノセラはのちにコラムで書いている。

ヴィアはこれで注目を集めることができた。次は、スターバックスにとってインスタントコーヒーが最後の賭けなのではなく、コーヒーというわたしたちの基盤のうえにある革新的商品であり、未来にとって大きな意味があることをわかってもらわなければならない。

「これは祖母たちの時代のインスタントコーヒーではありません」。わたしは言った。「そして、わたしたちにとって、新しいカテゴリーを創出し、新しい習慣をつくり出し、顧客基盤を育てる重要な戦略です」

わたしはこれが非常に有望なビジネスであることを説明した。いまは、インスタントコーヒーはありふれたものと考えられ、アメリカで年間に消費される六五〇億杯の四パーセントを占めるにすぎない。しかし、ヴィアによってコーヒーを飲む機会が増え、市場が拡大すると同時に、当社のシェアも増えるだろう、と。

しかし、大きなチャンスは北米以外にある。世界では、インスタントコーヒーは二〇〇億ドル規模の市場だ。スターバックスが八三九店舗を運営する日本だけでも二九億ドルで、コーヒー総消費の半分をインスタントコーヒーが占めている。七〇〇店舗があるイギリスでは、一二億ドル超で、全体の八〇パーセントだ。これは驚くべきデータだった。アメリカ人の大半は、世界の他の国ではインスタントコーヒーがこれほど人気があるとは思ってもみなかったのである。しかし、ヴィアの重要性をわかってもらうには、実物を飲んで評価してもらうしかない。わたしたちは待った。アメリカ中の編集室で、記者たちがそれぞれヴィアを試してくれることを。そして、少しずつ、感想が表れはじめた。

「水曜日、アドバタイジング・エイジの筋金入りのコーヒー中毒者たちは驚いた。スターバックスのインスタントコーヒーと、店舗で買うドリップコーヒーとの区別がつかなかったからだ」――アドエイジ・ドットコム
「苦肉の策だと非難する前に、ヴィアを試してみるといい。フォーチュンでもスターバックスの豆で

ドリップコーヒーを作り、すぐにヴィアと飲み比べてみたところ、どちらがインスタントなのかわからなかった。どちらも豊かな香りと風味があった」――《フォーチュン》誌

「（いくつかのインスタントコーヒーを試したあと）インスタントのコーヒーは、たいがい苦くて、風味と香りの深みに欠け、淹れたてのドリップコーヒーとは大きく異なるという意見で一致した。しかし、スターバックスのヴィアを試してみて驚いた。コーヒーの味がするのだ」――スマートマネー・ドットコム

もちろん批判もあった。ヴィアは他のインスタントコーヒーよりはましというだけで、ドリップコーヒーには及ばないという者もいたし、わたしたちの戦略に疑問をもつ者もいた。「同社の長引く問題に対する短期的な解決策に思える」という意見をもつコーヒー業界専門のコンサルタントは言った。「大きなギャンブルだ」

ウォール街もすぐには認めてくれなかった。ヴィアを発表した日、スターバックスの株価は九・六五ドル。前日より四八セント下落して引けた。

勝利まではまだ遠い。しかし、多くの人が考えるよりもずっと大きく前進していた。

わたしは、リーダーとして成功する決まった方法があると考えたことはない。しかし、優れたリーダーには二つの関連する要素があると思っている。自分の組織が正しいことを目指しているという揺るぎなき自信と、人々を率いる能力だ。

ヴィアに関しては、わたしには既に絶対的な確信があった。より難しいのは、パートナーに自信と熱意を抱かせることだ。しかし、ヴィアが秋にアメリカで、その後世界で発売される頃には、シアトル本社の、そして世界中の店舗のパートナーたちがそれを支持してくれることを疑っていなかった。ヴィアが商品として素晴らしいからだけではない。改革の、そして、不況のただなかにいるわたしたちには、信じることができる具体的なものが必要だからだ。

しかし、二〇〇八年秋のスターバックスにとって、それは新しいエスプレッソマシンやお客様のロイヤルティープログラムよりも大きく、ニューオーリンズのリーダーシップ会議よりもお客様を大切にした全社的なものでなければならなかった。ソルベットとは異なるもっとコーヒーの伝統に根ざしたもので、フラペチーノのように独自性の高い、とてつもないもの。店舗のパートナーたちが支持し、誇りに思い、会社として新しい市場を獲得できるもの。そういうものでなければならなかった。

ヴィアの成功は、利益よりももっと重要なものをスターバックスにもたらしてくれるだろう。わたしたちの起業家精神をふたたび呼び起こし、組織にとって革新が重要であることを実感させ、現状を打破し、自分を、同僚を、そしてなにより真に優れた商品を信頼することの興奮を思い出させてくれるはずだ。わたしたちは新しい勇気を得た。スターバックスは、誰かのあとをついていくのではなく先頭に立つことで、新しいカテゴリーを、習慣を創出し、業界を変えていくことで真価を発揮する。わたしは心から信じていた。ヴィアはわたしたち自身が変わるのに力を貸してくれると。

第29章　点をつなぐ

ヴィアの発表記者会見からわずか数時間後、わたしはニューヨーク証券取引所のカメラの前にいた。ＣＮＢＣの生放送でマリア・バーティロモのインタビューを受けていたのだ。マリアがわたしに最初に訊いたのは、ヴィアのことでもスターバックスのことでもなく、景気についてだった。

二〇〇九年二月一七日、オバマ大統領はここ何十年となかったほどの不況から国を救うために、七八七〇億ドルの景気刺激策に署名した。アメリカの失業率は過去二五年間で最悪水準の八・一パーセント。ＧＤＰ（国内総生産）は前四半期に六・二パーセント減少し、二七年間で最大の落ち込み幅を記録した。消費者信頼感は一九六七年以来最低の二五だった。

「景気刺激策は消費の落ち込みを解消する助けになるでしょうか？」

マリアは取引所のざわめきのなかでわたしに質問した。わたしは答えた。消費意欲を刺激するという効果はある。消費者が金をまた安心して使っていいと思えることは重要だ。しかし、現在の状況が劇的に変わるとは思えないし、この状況はすべての企業が受け入れなければならない。経済状況の悪化は企業がコントロールできるものではなく、できるのは状況にどう対応するかということだけだ。

スターバックスでは、業務を効率化して、難しい、ときに痛みを伴ったコスト削減の努力が続けられた。サプライチェーンを改善し、店舗業務を合理化し、ＩＴシステムを見直した。店舗も、さらに三〇〇店を閉鎖した。最もつらかったのは、ふたたび、前回ほどの人数ではないにせよ人員整理をしなければならなかったことだ。本当ならば、パートナーたちは二度もそんなつらい経験をしなくてもよかったはずだが、しかし、二〇〇八年七月以降、景気が著しく後退したため、半年前の予想を大きく変えざるをえなかった。

景気が悪化するにつれて、スターバックスも含め、企業はよりお客様の立場に立たなければならなくなった。お客様は大変な思いをしている。スターバックスも価値を提供する方法を見つけなければならない。値下げをしてブランドのイメージを傷つけることなく。

これまではリワードカードやゴールドカード、午後二時前に買い物をしたレシートを持っていけば午後二時の冷たい飲み物が二ドルになるというトリート・レシート、またフードとコーヒーとのセットで四ドルになるというサービスも提供した。また、ヴィアのこともマリアに説明した。一カップ一ドル以下で飲めるので、この経済状況においてはお客様に意味のある価値を提供できるだろう、と。ヴィアの三本入りは二・九五ドル、一二本入りは九・九五ドルだ。

「いまの消費者をどう見ていますか？」

マリアはさらに訊いた。こうした質問をされることは多い。スターバックスは世界中で消費傾向を測る先行指数のように思われているのだ。

「秋以降、北米はそんなに悪くなっていません」。わたしは答えた。「心配なのは西ヨーロッパ、とくにイギリスです。イギリスは悪循環に陥っています。イギリスの消費マインドはとても弱い」

五分後、インタビューは終わった。わたしは次の約束へ向かい、ニューヨークのアパートに戻ってきたときは、ほっとすると同時にとても疲れていて、これからニューヨークや大西洋を越えた国でなにが起こるかは考えてもみなかった。

次の朝、目を覚まし、いつものようにフレンチプレスでスマトラのコーヒーを淹れ、すぐにメールをチェックした。驚くほど大量のメールが来ていた。ボイスメールもチェックした。四〇近くのメッセージが残っている。

誰かが亡くなったのだろうか。

まもなく理由がわかった。前日、わたしがCNBCのインタビューに答えたあと、マリアは自国の景気安定を促すためにニューヨークへ来ていたイギリスのビジネス大臣ピーター・マンデルソン卿にインタビューしたのだった。彼女はまずわたしがイギリスの景気の悪さについて指摘したことに触れた。マンデルソンは言い返した。「悪循環になど陥っていない。スターバックスの業績が悪いのはわかっているが、それは市場の状況に対して、店舗が多すぎるからだ。スターバックスの業績をイギリスの景気と一緒にしないでほしい」

その後の新聞記事と、ネットの記事によると、その日カクテルパーティーに出席したマンデルソン卿は、まだ怒っている様子で、わたしのことを個人的に非難していたという。それはイギリスのタブロイド紙の一面記事として格好の話題になった。

「ピーター・マンデルソンがスターバックスの長を攻撃」。《テレグラフ》紙はそう見出しをつけた。「マンデルソンとスターバックスがイギリス経済について激突」。《ガーディアン》紙は一面に。

それに続く記事やブログの投稿が問題をさらに悪化させ、ネット上であっという間に広まった。電話が殺到し、スターバックスはイギリスの経済力を信じ、これからも注力していくことを表明しなければならなかった。

この事件は始まりと同様にすぐに沈静化したが、大事なことを教えてくれた。二年前にリークされたメモと同じように、デジタル化時代には、情報は瞬時に広がり、制御できなくなるということだ。ヴィアの物語とビジネス上の戦略について語るのに何カ月も準備したのに比べて、まったく関係のないコメントによって、何時間かのうちにスターバックスに話題が集中したのである。

また、スターバックスは、消費者ブランドとして良くも悪くも、人々が語り、意見を聞きたい対象なのだということ。大きなことでも、小さなことでも話題になる。そして、CEOに復帰してすぐ思ったように、もっと意見を交換する機会はつくれるということだ。

フェイスブックやツイッターといったソーシャルネットワーク、またマイスターバックスアイデア・ドットコムはお客様の声を聞き、お客様とつながる助けとなった。今日までに、マイスターバックスアイデア・ドットコムに基づいた二五のアイデアが採用されている。初めてのロイヤルティープログラムである、リワードカードやゴールドカードはここから生まれたものだ。ロイヤルティープログラムは、いまでは、スターバックスの最も収益の大きい取り組みとして成果をあげている。フェイスブックでは、一〇〇万人近い人が登録し、ツイッターでは一五万人がフォローしてくれている。彼らはわたしたちの声を聞きたいのだ。

スターバックスは、これまで以上に、会話をし、わたしたちのやっていることに興味をもってくれる人たちと常に関わっている。ソーシャルネットワークは、スターバックスがかつてのように守りにはいるのではなく、人々の先頭に立つことができるのを示してくれた。割引クーポンをばらまいたりせず、スターバックスとお客様にとって大切なこと――コーヒーからリサイクルまで――について意見を交わし、お客様に語ると同時に耳を傾ければ、お客様はわたしたちについてきてくれるし、より強い愛着を感じてくれるだろう。

ブランドに光の輪を頂かせるだけでなく、スターバックスは双方向性の会話を促進させ、わたしたちの活動に対する注目、信頼、そして、売り上げを拡大してきた。

たとえば、この前のクリスマスの季節には、まだ作ったばかりのフェイスブックのウォールで、〝友達〟にスターバックス（ＲＥＤ）について伝えた。おかげで、ＲＥＤの売り上げは伸び、アフリカのＨＩＶ患者に治療薬である抗レトロウイルスを約三四〇万日分を寄付することができた。翌月、二〇〇九年一月二〇日、第四四代大統領バラク・オバマの就任式の日には、ネット上のファンに、店に来て、ボランティア活動に登録してほしい、と呼びかけた。そして、一二〇万時間分のボランティアを集めることができた。

デジタルメディアとソーシャルメディアは、お客様と関わり、なにかを企画するための重要な役割を果たすことになると理解したため、フェイスブックの最高執行責任者であり、グーグルの最初の三〇〇人の社員のひとりであるシェリル・サンドバーグをわたしたちの取締役会に迎えた。同時に、ケヴィン・ジョンソンにも取締役になってもらった。ケヴィンと知り合ったのは、彼がマイクロソフトでウインドウズのオンライン・サービス・ビジネスを運営する社長だったときだ。彼は、最近、ジュニパー・ネットワークのＣＥＯになったので、現役ＣＥＯとしての視点を取締役に持ち込んでくれることになるだろう。テクノロジー、業務、リーダーとしてのスキルをもつシェリルとケヴィンが加わったことによって、取締役会にはさらなる厚みができた。

二〇〇九年春、スターバックスほどソーシャルメディアとデジタルメディアの影響力を活用している企業はないだろう、とわたしは確信していた。毎日、新しい可能性が生まれていた。

しかし、慎重さは大切だ。

論調、メッセージ、相手を間違えれば、ブランドの価値を損ない、お客様との関係を傷つけることになるかもしれない。デジタルメディアをどこで、どのように使うかは注意深く選ばなければならない。革新的なアイデアは常に受け入れつつも、細心の注意を払って行動しなければならない。


最高情報責任者であるスティーブン・ジレットは経営陣の前に立ち、既存店の売り上げをただちに大きく伸ばすためのアイデアを説明していた。

わたしはできるだけ大きなことを考えるように、とチームに言った。ヴィアの発売も予定されていたが、確実な方法というのは存在しないし、挑戦は続けなければならない。お客様と株主にさらなる価値を与えるにはどうすればいいのだろうか。わたしたちがもつ資産をさらに活用するにはどうしたらいいのだろうか。スティーブンはこの職位に就いておよそ一年だが、ＩＴシステムを見直しただけでなく、わたしたちの誰もが想像もしないようなことを思いついた。

「ゲームストップを知っている人はいますか？」

スティーブンが尋ねた。誰の手も挙がらない。ゲームストップは世界最大の、新品および中古ゲームの小売店だという。他の小売店が低迷しているにもかかわらず、ゲームストップの六〇〇〇あまりの売り場による既存店売り上げは前四半期に一〇パーセント上昇したということだ。一方、スターバックスは一〇パーセントの減少である。スティーブンはもうひとつの質問をした。

「これまで一番多く販売されたオンラインゲームを知っていますか？」

またもや誰の手も挙がらなかった。スティーブンはにっこりして言った。「ワールド・オブ・ウォークラフト」です。

わたしにはなにがなにやらさっぱりわからなかった。スティーブンは困惑する経営陣を前に、ワールド・オブ・ウォークラフトとは、オンラインの、双方向性のある、複数のプレーヤーで楽しめるファンタジー・ゲームだと説明した。『指輪物語』のような架空の世界で、参加者であるプレーヤーは、自分のキャラクターを作り、冒険と探求の旅に出て、途中でポイントを稼ぐのだという。世界中で約一二〇〇万の人々がこのゲームに参加していて、まもなくわかったことだが、スティーブンはそのひとりであるだけでなく、最も優秀なプレーヤーとして、コミュニティのなかではヒーローなのだそうだ。コミュニティを構成する大半が一八歳から三四歳の男性らしい。スターバックスがあまり取り込んでいない層だ。

ゲームストップのビジネスモデルを探ってみることをスティーブンは提案した。おそらく彼らはなにか正しいことをやっているのだろうから、と。また、ワールド・オブ・ウォークラフトを運営しているブリザード・エンターテインメントとの提携も考えてみるべきだ、と言った。店舗でビデオゲームを売ることができるかもしれないし、スターバックスの〝ペット〟を、ゲームのなかで誰もがほしがるキャラクターにすることができるかもしれない。ワールド・オブ・ウォークラフトを使ったリワードカードはどうだろうか。

最初は、そんな提携はあり得ない、と思った。しかし、スティーブンがまとめた数字は、とても魅力的だった。ブリザードと提携すれば、世界中で何百万という新しいお客様に店に来てもらえて、必要としている既存店売り上げも伸びるだろう、とスティーブンは言った。

わたしは椅子に深くもたれた。大きな、形にとらわれないアイデアを求めたのはわたしだ。そして、スティーブンはITの専門家でありながら、実に見事な計画をもってきた。ワールド・オブ・ウォークラフトが、スターバックスの価値に合わないのは明らかだ。しかし、ほかの人たちがよく知りもせずに、ヴィアはうまくいくはずがない、と決めつけたのと同じようなことをわたし自身はしたくなかった。少なくとも、検討だけはしてみたかった。そして、二〇〇九年四月、わたしたち少人数のグループは、カリフォルニア州アーヴァインにあるブリザード・エンターテインメントの本社を訪れた。

ブリザードがお堅いソフトウェア会社ではなく、ファンタジー・ゲームの生産者だということを示すのは、建物の入り口にある、恐ろしい形相のオオカミにまたがった一フィートの高さのオークの戦士の銅像だけだ。ワールド・オブ・ウォークラフトのキャラクターのひとつらしい。わたしは首を横に振ったが、スティーブンは満面の笑みを浮かべていた。彼は水を得た魚のようだった。ブリザードの重役と会い、彼らのビジネスモデルや熱心な顧客基盤について説明を聞いて、わたしは感銘を受けた。これほど商品にのめり込んでいる人たちはめったにいない。ブリザードのお客様は、スターバックスのお客様に似ているのだ。

わたしはシアトルに戻ったが、さらに選択肢を探るために、スティーブンをアーヴァインに残した。スターバックスへやって来たばかりのアダム・ブロットマンも一緒だった。彼はワシントンを本拠地とするプレイネットワーク企業レドモンドの創業者で、スターバックスや他の小売店に音楽CDのカスタマイズプログラミングやシステムを提供してきた。アダムは生来、好奇心に満ちた人物で、ビジネス戦略、マーケティング、テクノロジーをうまく混合させる才能をもっていた。デジタルベンチャーというスターバックスの新しいビジネス事業を発展させるために、スティーブンが彼を呼んだのだ。

ふたりはシアトルに戻る飛行機のなかで、ブリザードとの提携についての良い点と悪い点を話し合った。若い成人男性という新しい顧客層とのつながりをつくり、多数のお客様に店に来てもらえれば、一晩で売り上げは急増する。しかし、飛行機が着陸する頃には、ふたりともワールド・オブ・ウォークラフトはスターバックスの中核事業とはあまりにかけ離れているということで意見が一致した。ミシェルとも同じ考えだった。

スターバックスが財政的に、そしてライバルたちから受けている圧力から考えれば、簡単な選択ではなかった。どんな企業でも逆境にあれば、すぐに痛みを解消してくれるアイデアに飛びつきたくなるものだ。しかし、会社を人生として考えると、従うべき指針や核となるものには忠実でなければならない。目先の利益を追う者は、目先の利益しか考えていないことになる。スティーブンはブリザードとの提携を強く願っていたはずだ。しかし、ワールド・オブ・ウォークラフトは魅力的な商品で、ブリザードが素晴らしい社員文化をもつ企業であるとしても、スターバックスに合うものではないと感じたのだ。それは、アダムもミシェルも同じだった。

たとえ、アイデアが完全なものでなくても、それがさらに良いものの発見につながることもある。スティーブンのビジョンは、スターバックスが、店内のワイヤレスネットワーク・サービスを活用して、デジタルスペースでお客様と深いつながりを築くことができるかどうかという重要な疑問を提示した。スターバックスはＷｉ‐Ｆｉによる店舗内サービスを世界で最も大規模に提供している。既に、毎日、何百万ものお客様が利用していた。

第三の場《サードプレイス》の上に展開するのがバーチャルな第四の場《フォースプレイス》だ。これをお客様に新しい価値を提供する方法として活用するときがきたのである。

わたしがよく言うように、イノベーションとは商品を見直すことではなく、関係について考え直すことだ。スターバックスのお客様と店舗でつながりをつくるのと、ネット上でつながりをつくるのは互いに相容れないものではない。店舗とバーチャルの世界を共存させる方法を探るのは、点と点を結びつけることである。わたしはクリス・ブルッツォに対するときと同じように、スティーブンに破壊的な革新を行う許可を与え、彼とアダムはアーヴァインから戻ってそれを実行した。

それから数カ月、アダムはあらゆる種類の企業を訪れ、商品とビジネスモデルについて説明を受けつつ、提携が可能かを探った。すぐにわかったのは、ほとんどすべての会社が、スターバックスとの提携を望み、自分たちの商品をスターバックスのお客様に紹介したいと思っていたことだ。ある意味、これには驚いた。新聞やウォール街からは非難されてばかりだったが、わたしたちはまだ他の企業から提携を望まれるブランドだったのだ。音楽や本に目が肥えたものとしてのわたしたちの役割は、拡大が可能である。もちろん、店の棚を、関連性のない商品で、ふたたびあふれさせるつもりはない。しかし、わたしたちのブランドに対する親しみは、まだ十分に活用されていないということは事実だ。

ある日、オンラインの金融サービスを提供するプロバイダーと話をしているとき、アダムが訊いた——コンテンツをスターバックスの店舗にだけ無料で提供することは可能ですか? 答えは「イエス」だった。点と点が結び付き始めた。

スターバックスは、お客様によって構成されるソーシャルネットワークの一員となっている。わたしたちとオンラインで会いたい理由をさらに提供して、そうした感情の絆を拡大したらどうだろうか。たとえば、ニュースの配信社、出版社、音楽会社と提携して、スターバックス店内のネットワークを使うお客様だけに無料のデジタルコンテンツを提供したらどうだろう。そう、何年ものあいだ、わたしたちは店舗で新しい音楽や本を紹介してきた。しかし、これはそれとは異なり、さらにダイナミックで、多面的な方法であり、お客様の体験に新たな水準の価値を与えるものになる。

たとえば、店でノートパソコンを使う人は、特別につくった映画の予告編を見たり、特別サービスにアクセスしたり、通常は有料か、あるいは読むことができない新聞記事を無料で閲覧したりすることができるのだ。わたしたちのネットワークは地域に密着したものなので、これまで以上にお客様を地域社会《コミュニティ》や地域の活動に結びつけることができるかもしれない。農産物の直売所、レストラン、演劇、献血の予定などを知らせることができるだろう。

その可能性を考えるとわくわくしてきた。お客様のための専用チャネルとなるデジタルネットワークをつくれば、インターネットのバーチャル世界と店舗の物理的世界と店舗がある地域社会とをさらにつなぐことができる。この革新的ツールは第三の場《サードプレイス》の体験を拡大し、変革に向けたアジェンダの〝お客様との心の絆を取り戻す〟に忠実なものになる。

一方、二〇〇九年四月には、興味深い変化が起こっていた。一年ぶりに、アメリカの既存店売上高の数字が上向き始めたのである。まだ大きくマイナスの領域にはあったが、二月の前年比マイナス八・三パーセントから三月のマイナス八・一パーセント、そして四月のマイナス七・二パーセント。お客様がスターバックスでの買い物を少しずつ増やしはじめているのである。まだどんな結論を出すにも早すぎるが、こうして少しずつ改善されているのは励みとなった。お客様

第30章　バランス

ミラノでとびきりお洒落で高級な店が集まっていると言われるモンテナポレオーネ通りの角にある店の狭い入り口から中へ初めてはいったとき、わたしは思わず胸がいっぱいになった。コルテレリア・G・ロレンツィは静かな交響曲のようなものだ。シンプルで、言葉ではない喜びを与えてくれる。手細工のナイフ、剃刀、カトラリーなどが柔らかな明かりに照らされて陳列されていた。様々なはさみもあった。爪の手入れだけで八五品。多くは鋼のもので、いくつかは濃いあごひげをトリミングするもの、ほかは繊細な爪切り用だ。まるで美術館のように何千というアイテムがガラスケースに並んでいる。文字通り、この場所には情熱と技術が注ぎ込まれているのを感じた。尊敬の念に値する。

「これは誰だい？」

わたしはここへ案内してくれた友人のプラシド・アランゴに尋ねた。プラシドは優れた実業家で、わたしの知るなかで最も誠実な人間のひとりである。彼の会社グルポ・ビプスはスペイン全土でスーパックスを展開している。わたしも彼も伝統工芸に関心があった。

「アルド・ロレンツィ氏だよ」。プラシドは言った。「彼の父親が何年も前にこの店を開いたんだ」

わたしはミラノに来るたびにこの店に寄るが、一度もロレンツィ氏に会ったことはなかった。しかし、二〇〇九年、プラシドはイタリア人の友人、アンヘロ・モラッティにアルドを紹介してくれないかと頼んでくれた。

「彼は英語を話せないよ」

「彼はスターバックスについて聞いたことがあると思うかい?」わたしは尋ねた。

「いや、聞いたことがない」

「彼と話ができるかな?」

「無理だと思う」

「彼に会いたいんだ」

「ハワード、彼は会ってくれないよ」。しかし、アンヘロは電話をしてくれた。ロレンツィ氏は戸惑いながらも、なんとか承諾してくれた。

「明日、数分だったらいいそうだ」

わたしとプラシドとアンヘロは、午前一〇時に、モンテナポレオーネ通り九番に着いた。背が高く、スーツを着てネクタイを締めた一分の隙もないエレガントな紳士が、静かにわたしたちをオフィスへ案内してくれた。わたしたちは腰を下ろした。まず、わたしはアンヘロの通訳を通して、時間を割いてくれたことに礼を言った。

二〇分の予定の訪問が午後まで延びた。わたしたち三人は、アルド・ロレンツィの話を聞き、魅了された。彼は、謙遜と敬意を込めて、自分の家族と父親が一九二九年に始めたビジネスについて、そして自分にとって商人であるとはどういうことかを語ってくれたのだ。わたしは小さなノートにメモをとった。

あるとき、彼がわたしに訊いた。「店舗はいくつあるんですか?」

「恥ずかしくて言えません」。わたしは答えた。

「いくつあるんですか?」彼がふたたび言った。

「一万六〇〇〇店です」。イタリア語に通訳された言葉を聞いて、信じられない、というように彼の表情が変わった。「一万六〇〇〇店のコーヒーショップですか?」彼は頭を横に振った。「わたしは二店目さえ持てなかった」


訪問の最後に、ロレンツィ氏はイタリア語から英語に翻訳された灰色のペーパーバック本をわたしにくれた。『モンテナポレオーネ通りのあの店』というタイトルでロレンツィ氏の著書だった。厚い、ざらざらとした手触りの表紙と、クリーム色のページは、まるでガラスケースに並べた手細工のカトラリーのようだった。アメリカに戻る飛行機のなかで、最初の章を読んだ。「わたしは自分たちの店を愛している」という最初の文章には、自分の商売を真に理解している人の信念が表れていた。わたしは引き込まれた。その後、何カ月も、わたしはその本をそばに置いた。わたしが机の上に置き、出張へ行くときに持っていく数少ないもののひとつになった。友人やパートナーたちにも読んで聞かせたが、たいがいは自分ひとりで大きな喜びを感じながら読んだ。しばしば、文章や段落が、わたし自身の哲学と重なるところがあるだけでなく、小売りという仕事について、よりロマンチックに、しかし、現実的に考えさせてくれた。

この本はわたしの仕事や商品の美しさについて書くと同時に、わたしたちの仕事について、正確で有益な情報を提供する実用的な手引き書にしたいと思う。わたしの仕事は時の流れとともに大きく変わりつつも、昔と同じものを残している。

文化や扱う商品や年齢が異なっても、七三歳のひっそりとしたナイフ店の主人は、わたしと同じ言葉を話していた。彼には伝えるものがたくさんあり、わたしには学ぶべきものがたくさんあった。

商人であるということの中心には、感覚的な、感情的な絆をつくって物語を伝えたいという気持ちがある。

一回、二回、そして、一万六〇〇〇回と。

スターバックスのすべての店がコーヒーについて、わたしたちが組織としてなにを信じているかを話すべきだ。その物語は、わたしたちのコーヒーの味や出し方、お客様を取り巻く光景、音、においによって決まる。挽いたばかりの豆の香り。インテリアの色相、質感、家具や備品の形や材質や原産国。壁のアート。音楽。バーから聞こえてくるリズムと、パートナーたちがカウンターの向こうで動き、言葉を交わす声。その内容。

それぞれの店にはテーマがあり、様々な感覚を刺激する体験がスターバックスの特徴でもある。オアシスをみんなで作り出そうとするとき、コーヒーと地域社会に敬意を払いながら、人間同士の絆と心地よさを提供し、お客様の気持ちを明るくするのがスターバックスのパートナーだ。アルド・ロレンツィ氏が理解しているのと同じように、スターバックスの挑戦はこうした体験の創出を無数に繰り返すことである。わたしが好む、近所にあるカフェという魅力と、わたしのビジネスマンとしての野望は相容れないものに思われるかもしれない。しかし、わたしはずっと以前から、スターバックスは利益を求めるグローバル企業であると同時に、お客様一人ひとりのために素晴らしい体験をつくり出せると信じてきた。店舗は大規模に建築可能でありながら、内装はわたしたちの価値を体現するものを施した。バリスタたちには迅速である一方で、心からの笑顔を見せてほしいと望んだ。コーヒーの味と質の一貫性は守りながら、風味と環境には地元の文化を反映してきた。桜の風味をもつラテを提供する日本の店舗で作るドリップコーヒーは、イギリスから訪れたお客様が飲んでも、スターバックスのものだとわからなければならない。

会社の規模が大きくなっても、居心地のよい店はつくれるかもしれない。しかし、効率とロマンチックな雰囲気をどう両立させるのか、という問題は常にわたしに突きつけられ、それを本気で両立できると信じる気持ちを批判されてきた。しかし、両極端なもののバランスをとることで、スターバックスは他の多くのブランドと一線を画してきたのだ。そして、ときにはほかのことに気をとられもしたが、一度として、人間性と収益性のバランスを保ち、社会的良心に基づいて株主たちに価値を提供するのをあきらめたことはない。二〇一一年に、スターバックスは創業四〇年を迎える。わたしはパートナー一人ひとりに、直接的に、そして間接的に、起業家としての熱意と企業に求められる厳しさを両立させてほしいと伝えたかった。

二〇〇九年夏、店舗体験を強化する二つの特別な取り組みが進んでいた。ひとつは店舗の内装、もうひとつはお客様へのサービスとパートナーとの絆を強化することだった。

どちらも社内の一部では、何年ものあいだ、熱望されていたことで、成功すれば劇的な改善が期待できた。しかし、変化は、たとえ良いほうへ変わることであっても、不安なものである。歓迎されないときさえある。パートナーもお客様も市場もショックを受けたようだった。

わたしたちは伝統的な店に誇りに思っているし、長い間その伝統を守り続けてきた。しかし、そのためには常に〝新鮮〟であることが求められるのを忘れてはならない。古いものは美しい。家具や床や調度が古くなるほど、定期的に細部にわたる保守や修繕が必要になる。しかし、それは念入りに手入れをしているからこそだ――アルド・ロレンツィ『モンテナポレオーネ通りのあの店』

それが自分の店だとわたしは気づかなかった。

シアトルのパイク通りと一番街が交差する角にある、魚市場の真正面にあるファースト&パイク店のなかは親しみやすく、それでいて新鮮な感じがした。第一号店を思い出させるが、新しいエネルギーに満ちている。素朴で気取りがなく、それでいて現代的だった。控えめな色が自然な温かさを感じさせる。店のなかに入った。お客様が大きな共用のテーブルで、陶器のマグからコーヒーや紅茶を飲んでいる。グローバル事業部の社長であるアーサー・ルビンフェルドが、わたしがいま目にしているもの、そして、目にしていないものについて説明してくれた。

この店の床、天井、木製の柱、棚、ドアの取っ手は、近所の建物や農場から手に入れたもので、倒木や、洗濯石けんの瓶や古いワインの樽などからのリサイクルだ。長い木製のテーブルは地元のレストランで使われていたもの。もともとはシアトル地域の家にあったらしい。カウンターの向こうに見えるメニューの石板は、シアトルのガーフィールド高校の教室にあったものだ。壁に並んだコーヒー入りの麻袋はワシントン州ケントの焙煎工場から持ってきた。カウンターに敷かれた皮は、靴工場と自動車工場からのリサイクルである。素晴らしい、とわたしは思った。

頭上では、通常の電球よりも消費電力が少ないLEDとコンパクト蛍光灯がついていた。洗面所は、デュアル・フラッシュ式トイレと低流量節水弁のついた蛇口が使われている。ペンキさえ、コーヒーの香りを損なうことがないようにと選ばれ、建築中に出た廃棄物の多くも再利用された。建物全体がLEED認定を獲得できるように設定されている。つまり、環境への影響を軽減するための厳しい水準をクリアしているということだ。

ファースト&パイク店だけが例外なのではない。最終的には、世界中の直営店はすべてLEED認定を獲得する予定だ。そして、二〇〇九年七月の開店で訪れた、ディズニー・ヴィレッジの店は、フランス産ワインの樽とシャンパンのラックを再利用し、携帯電話の部品と飛行機のタイヤをリサイクルしたものを建材として使っている。コーヒーの出しがらは、パークのほうに提供され、堆肥化されるそうだ。

ファースト&パイク店のなかを見て回った。美しい店だ。既存店の延長ではなく、環境に配慮する一方で、コミュニティとの一体感を強化し、コーヒーの伝統を豊かに伝えている。

わたしはアーサーと彼のチームの成果を誇りに思った。彼はわたしの依頼に応えて、店舗デザインを見直すためにスターバックスへ戻ってきてくれたのだ。

「スターバックスが復活することをみんなに知らせよう」。わたしはCEOに復帰する直前にアーサーにそう言った。古い友人である彼にグローバル部門の責任者として戻ってきてほしかった。「アーサー、また一緒にやれる」。わたしは嬉しかった。

改革を進めていくには、最適な人材を最適なポジションに置かなければならない。CEOに戻ってすぐに、アーサーは二つの大きな問題を解決する大切な基軸になると思った。肥大化した店舗網と店舗デザインだ。一九九〇年代に、彼は、斬新で、ブランドを特徴づける美しい店舗を作り出した。それをふたたびビジネスと創造性のバランスがとれた手法で取り戻してくれることだろう。

アーサーが一九九一年に最初にスターバックスへ来たとき、店舗はまだ一〇〇ほどしかなかった。彼は、スターバックスの拡大とブランド確立には、店舗が重要な役割を果たすことをわたしよりもよくわかっていた。建築家であると同時に、ＭＢＡ取得者としての視点と、人の心に響く空間をつくるという心理学者の繊細さをもつアーサーは、優れた店舗開発戦略には互いに連関するいくつかの要素が欠かせないと考えていた。つまり、好ましい他の小売業が近くにある、人通りが多く目立つ場所を借りる、ブランドのイメージを大切にしたデザイン、高品質でありながらコスト効率の良い建設、慎重な資産管理だ。一〇年間、アーサーがこうした要素を融合させてきたおかげで、スターバックスは成長した。

しかし、アーサーが去ったのち、スターバックスの店舗戦略は彼の手法から外れていった。立地を慎重に選ぶこともなくなった。一九九〇年代に開発された店舗デザインを、見直すこともなく、適切に改善したり、変えたりすることもなくほとんどそのまま使っていた。費用を抑えることが最優先で、より合理的な設計をしても報われなかった。小売業界では、スターバックスは、いくつかの〝パレット〟――決まった色、家具、調度、壁の絵――を組み合わせるだけですぐに店ができると羨ましがられていた。しかし、このコアコンピテンシーは、どこにでもある魂のない店という評判をつくってしまった。

一方、ライバルたちはわたしたちから学んだようだった。マクドナルドも独立系カフェも、わたしたちが成功した要素を取り入れ、わたしたちの足りないところを逆手にとって成果をあげた。

アーサーの復帰は、スターバックスのカフェとしての権威を再確立することを意味していた。彼には戻ってくる必要がなかったことはわかっている。コンサルタントとして成功していたし、共著書もあり、ウォール街からのプレッシャーもなく起業家としての暮らしを楽しんでいた。しかし、彼がその気になってくれたのは、スターバックスが失ったものを取り戻したいという思いからだった。復活を信じる前向きな気持ちと意欲が、わたしと同じくらい強かったのだ。成長過程にあるスターバックスに手を貸してくれた多くのパートナーと同じように、アーサーも改革を個人的なものとしてとらえ、復帰後は猛烈な勢いで取り組んだ。

まず最初に、自分のものとしてあてがわれたオフィスを共用のミーティングルームにした。それから、パーテーションを外して、部全体をクリエイティブスタジオにした。何カ月かのうちに六〇人いたコンセプトデザイン部門の人員を九人に減らし、ほかのパートナーを昇進させたり、新しい人材を雇ったりした。

彼がマイク・マランガとともに優先して取り組んだのは、店舗網を最適な規模にすることだった。そのためには、店舗を閉鎖し、賃貸契約を解除するという難しい決断をしなければならなかった。

その一方で、部下のリズ・ミュラー率いるグローバル・デザインチームは、店舗の新デザインに取り組みはじめた。アーサーとリズは、スターバックスと新しいミッション・ステートメントについて検討し、核となる原則を実現し、ふたたび市場で差別化を図れるようにするにはどうすればいいかを考えた。その基礎をトニー・ゲイルが推進し、シェアードプラネットという形で進めてきた持続可能な建築チームがひきついだ。シェアードプラネットとは、コミュニティ、環境保全、倫理的調達というわたしたちの哲学を包括するものだ。

持続可能性。緑。オーガニック。再利用。再目的化。地域。コミュニティ。そして、もちろん、コーヒー。これらがスターバックスの新店舗デザインの合言葉となった。

ファースト&パイク店――さらに、パリ、ロンドン、ニューヨーク、香港、マドリッドなどで建設が予定されている新コンセプトによる店舗――のドラマチックなデザインはほかの店で繰り返し使うのではなく、未来の店舗への道標とするつもりだ。二〇〇九年秋までに、アーサーと彼のチームは、世界中の店舗へ応用される創造的な基準として三つの新しい方向性をもつデザインを完成させた。それぞれが、持続可能性と心地よさと第三の場《サードプレイス》の要素とがうまく均衡を保ち、落ち着いた、シンプルな、より今日的な手法で、コーヒーとコーヒー体験が提供できるようデザインされている。グループが会話を交わすことができる長さのある共用テーブルに、情報を貼ることができる掲示板。色合いは柔らかく、建材の質感を生かし、わずかながら壁にはアートが飾られている。より象徴的で、独創的で、慎重に選んだ作品はこれからの標準となっていくだろう。持続可能性、再利用、再目的化した材料も、よりフォーマルな椅子の並べ方も、子どもに優しいスペースなどもそうなる。また、グローバルデザイン部門のヴァイスプレジデントであるティム・ファイファーのクリエイティブな感化の下、家具や照明はスターバックスのために独自にデザインされた。

新しい店舗デザインの方向性と哲学に、わたしの気持ちは明るくなった。市場でも真の差別化を図ることができるだろう。しかし、やみくもにこうした店をつくるわけにはいかない。世界中の何千という店舗で実行するには、統制のとれた、段階的なやり方が必要だ。ここでもまた、創造と資金的な制約とブランドのイメージを融合させなければならない。

アーサーが行ったことはそれだけではなかった。

大きな宣伝はしなかったが、スターバックスはシアトルにあと二軒の店を開く予定だった。どちらもスターバックスのコーヒーを提供するが、店舗デザインと商品はまったく異なり、地域社会とのつながりをさらに重視する。伝統的なスターバックスとは外観も異なり、スターバックスという名前さえ使わず、通りの名前で呼ぶことになっていた。

一軒目の店、一五番街コーヒー&ティー店は二〇〇九年七月に、以前スターバックスがあった、シアトルのキャピタルヒルにオープンした。いろいろな人たちが集まる落ち着いた通りだ。二軒目のロイ通りコーヒー&ティー店は数カ月後、シアトルで最良の独立系映画館のはす向かいの交差点にオープンした。それぞれの店の内装と家具はオリジナルのもので、店の名前の下に目立たない茶と白の文字で〝スターバックスにインスパイアされた〟と記された。

スターバックス内ではちょっとした緊張が起きた。なぜ外観も名前もスターバックスのアイデンティティから離れたものをつくろうとしているのか、と疑問を呈する人たちがいたからだ。いったい何を隠しているのか。独立系のカフェを装うつもりなのか。スターバックスだけじゃ足りないのか。なにかを隠そうとしていたわけではない。ただ、可能性を探り、学びたかったのだ。コーヒーの権威者としての立場をより確かなものにするために他のコンセプトによる店で実験をしてみようというのは、改革初期のブレーンストーミングで実際に出た意見だった。アーサーと、コーヒーの熱烈なファンであるパートナーのメイジャー・コーヘンによって実現したのである。「ルールを破れ」というのがわたしの指示だった。

多くの都市に豊かなコーヒーハウスの伝統がある。しかし、過去一五年の間に、アメリカには独立系のカフェが増えた。より深い知識をもつ、より熱烈なコーヒーの消費者が増えたのは、スターバックスの影響だとわたしは信じている。多くの独立系カフェがわたしたちの成功から学んだし、わたしも彼らの成功は素晴らしいと思う。しかし、改革と同じで、異なるアイデアや手法を探り続け、スターバックスは慣れ親しんだやり方だけでなく、異なる水準でもコーヒー体験を提供できるのだということを、市場に対してだけでなく、わたしたち自身に証明するべきだと思ったのだ。

この二つの商店《マーチャントストア》――社内ではこう呼ばれた――は、独立した事業であると同時に学びの場でもあり、実際に小売りの場で実験をする機会を提供し、好みが進化したお客様がなにを望むのかを知ることを可能にしてくれるだろう。これは研究であり、創造であり、また楽しみでもあった。

この二つの店は、スターバックスの伝統的な市場とサプライチェーンと一万六〇〇〇店舗が機能し、成功するために決められたルールにしばられなかった。店長もバリスタも社内のデザイナーも、通常のスターバックスの店舗ではできないことを試すことが許された。たとえば、一五番街では、ペストリーはシアトルのエッセンシャル・ベーキング社から直接買い、スープは地元の料理店主トム・ダグラスが作ったものだった。ワインとビールを地域のワイナリーやビール会社から仕入れ、サーモン、チーズ、イワシなども提供したことで夜の来客も増えた。

また、タゾティーの茶葉や、注文に応じて袋に詰めるコーヒー豆も販売した。稀少なコーヒーは、クローバー、コーヒープレス、あるいは、バリスタが熱湯を回しながら注ぐハンドドリップなどの方法のどれかで一度に一杯ずつ用意された。バリスタはエプロンではなく、なにを着てもいい。一五番街のテーブルと椅子はリサイクルの洒落たもので、壁紙には本のページが使われていた。ロイ通りの店では、赤いビロード張りの椅子が無秩序に置かれ、厚いカーテンが二〇〇〇平方フィート（約一八六平米）の場所を区切って、心地いい場所をつくっていた。どちらの店も、コーヒーの試飲、詩の朗読、映画鑑賞などを行い、お客様が持ってきたCDをかけるときもあった。わたしは、個人的に、この二軒の店が好きだった。通常の店より良いというのではなく、ただ、違っていたからだ。スターバックス体験の別バージョンである。わたしたちは学び、新しいものをつくり出し、創造的な商人であることを楽しんだ。その商店的な要素が世界中の店舗に取り入れられることもあるかもしれない。

二〇〇九年七月、一五番街の店が静かにオープンしたとき、シアトルでは多少の注目を浴びるだろうとは思った。そして、国営テレビのニュース番組のトラックがやって来てもそれほど驚かなかった。スターバックスがなにか動きを起こせば、人々の関心を集める。エスプレッソ研修のために七一〇〇店舗を一度に閉鎖したときのように、最初の報道と批評家は、スターバックスが伝統的なシンボルである緑のエプロンをしていないだけで、まるで自然の法則を破壊したかのようなショックを伝えていた。バリスタがリスクをとったことを褒めるのではなく、疑いの目で見たのである。

それでも、一年前のように、何百店もの店を閉めることについて話すのではなく、一店舗をオープンすることについて話をするのは胸が躍ることだった。ようやくここまでこられたのだ。

わたしは店員がお客様のために体験と（専門技術を）を捧げれば、店は存在する価値があると信じる。これはありふれた謳い文句ではない。仕事に対する情熱を伝えることだ……思い上がった態度は、商品を売ることによって得た知識を同僚に伝えるチャンスを奪い、お客様と関わりをもつことで起こる貴重な情報の交換を阻害する。一人ひとりが大切なのである。店のなかで孤立することはマイナスでしかない――アルド・ロレンツィ『モンテナポレオーネ通りのあの店』

州間高速道路二〇五号を降りて、ワシントン州バンクーバーの、スターバックス・コマース・センター店へ着いたのはもう日も暮れかけたときだった。わたしは店長のエイミーと握手をした。「スターバックスで働いて何年になる？」わたしはエイミーに訊いた。

「約七年です」。エイミーは小さな投資会社で働いたあと、パートタイマーのバリスタとしてスターバックスに入社した。親しみやすく、誠実な彼女は、真面目に仕事に取り組み、すぐに昇進した。店長になって二年だった。

わたしは彼女とドライブスルーの窓口やカウンターでお客様にドリンクを出している一一人のパートナーたちを見た。わたしが毎月訪れている何十という店とはどこか違う気がした。どこか落ち着きがあるように感じられ、商品や備品の置き方が少し異なる。それでも、すべてが正しい場所にあるように見えた。

その日は朝早くシアトルからやって来て、お客様へのサービスとパートナーとの絆を強化する実験を行っているポートランド地区の店をいくつか訪れたところだった。

わたしは、いわゆる「リーン」（無駄とり）と呼ばれる手法に疑いを抱いていた。スターバックスにとっては新しいものだが、ビジネス界ではそうではない。余剰と無駄を省き、労働者が働きやすい環境をつくるとともに、商品と顧客サービスの質を向上するための経営と労働管理の手法とされる。自動車工場の組み立てラインから生まれたもので、何十年もの間、他の業界で使われてきた。

二〇〇二年にマッキンゼー&カンパニーから北アメリカの戦略責任者としてスターバックスへやって来たスコット・ヘイドンが、二〇〇五年、リーンについて学び、様々な場面で活用するようになった。スコットを最も引きつけたのは、リーンの哲学が、仕事のやり方と環境を改善するためにどうしたらいいかという意見を従業員に求めることだった。スコットは、リーンは従業員にどうやって仕事をするかを指示するのではなく、仕事のやり方を任せることによってパートナーたちに敬意を示すスターバックスの文化と同じものだと考えた。

何年ものあいだ、小規模ながら、スコットはこれを実践し、素晴らしい結果を出してきた。本社では販売促進のためのワークブックを定期的につくってまとめて各店舗に送っているが、二三週間かかっていたこの作業が、リーンの採用によって一三週間になり、三〇〇頁だったものが四〇頁以下にまとめられた。しかし、スターバックスではリーンが優れたアイデアだとは認められなかった。それでも、スコットは彼の通常の仕事の一部として取り組み続け、やがて、その原則のいくつかを店で使い始めた。

正直なことを言えば、わたしは、製造業者の手法は冷淡で非人間的で、人間同士のつながりを大切にする企業には合わないと思っていた。スコットやほかのパートナーたちとポートランドへやって来たのは、リーンを店舗のパートナーたちの視点から見てみたかったからである。

わたしはエイミーのあとをついて奥の部屋へ入った。補充品が入った箱を背に、エイミーは手短に、スコットと彼のチームがリーンの基本的な考え方を彼女に紹介し、問題を解決する自由を与えてから、彼女の店でどのような改善が行われたかを話してくれた。

エイミーの店は何年ものあいだ決まった手順に従って、ミルク、シロップ、予備のカップなどを、会社のマニュアルや写真どおりに並べてきた。また、その日のドリップコーヒーに使う豆を、朝まとめて挽いた。それが一番良い方法だとスターバックスでは考えられていたからだ。

「たくさんのコーヒーを無駄にしました」。エイミーは言った。しかし、スコットとディストリクトマネジャーに好きなように解決していい、と言われるまではなにもしなかった。

エイミーは一瞬、言葉を切って、それから言った。「申し訳ありません」。わたしはなんのことかわからなかった。エイミーは説明した。「リーンに取り組み始めたとき、まず最初に、一歩距離を置いて、チームが働くのを観察したんです。いつもはカウンターのなかにいて、お客様にドリンクを出すのを手伝っていました。しかし、店のほうから見ていると、あまりに多くのことが正しくないのに気がつきました。ドリンクを間違えて作ったり、ストローを渡すのや、冷たいドリンクを振るのを忘れたりといったことです」。彼女は話し続けた。「わたしたちは一生懸命やっていました。でも、わたしはお客様にサービスを提供する機会を失っていたんです。それを申し訳ないと思っています」

わたしは彼女の仕事に対する熱意に胸を打たれた。「気がついてくれてありがとう」。わたしは笑って言った。彼女がわたしと同じように、お客様を大切に思っていることが嬉しかった。

エイミーはそれから嬉しそうに、リーンに取り組んだ結果を話した。店のパートナーたちは備品室内の配置を変え、補充の必要が多いものを部屋の奥からドアの近くに移し、手が届きやすいようにした。冷たいドリンクを作る場所では、誰が作っても均質のものができるように色分けした指示書を貼った。最も大きな改善は、朝にドリップコーヒー用の豆を全部挽くのをやめて、抽出する直前に挽くようにしたことだ。「そのほうが時間もかからないんです」。エイミーは言った。「それに店がコーヒーの香りでいっぱいになります」。お客様が、コーヒーがおいしい、とバリスタに言ってくれるようになったという。

パートナーたちも楽しく働き、忙しい時間もストレスが減った。リーンによって仕事のやり方を見直した結果、お客様の満足度と質が改善された。従業員の回転率も、六〇パーセントとかつてないほど高くなっていたのに、今はゼロになったそうだ。六カ月間、四〇人のパートナーの誰ひとりとして店を辞めていないのだ。

二〇分間の予定の訪問が一時間に延びた。わたしがエイミーと彼女のチームを質問攻めにしたからだ。「仕事はどのように変わった？」「働くのが楽しくなった理由は？」「ほかにはどんな改善が見られた？」店のなかの変化にも感銘を受けたが、さらに素晴らしいと思ったのは、パートナーたちの言葉が誇りに満ちていたことだ。

エイミーの店は例外ではなかった。

ポートランドでは、ジョシュ・ハウェルという店長がリーンに試験的に取り組んでいた。彼は、カフェイン抜きや、強い味《ボールド》のコーヒーを注文したお客様が一日に何度こう言われるかを調べて驚いた。「申し訳ありませんが、すぐには用意できません。少しお待ちいただけますか？」たまにこうしたことが起こるのは知っていた。しかし数えてみると、一日に一〇回から三〇回こうしたことが起こっていたのだ。一日に三〇回も、バリスタは気まずい思いをしてお客様の注文を断っていた。三〇回も、スターバックスはお客様を失望させ、二度と店に来てもらえなくなるリスクを冒していたのである。同じことがほかの店でも起こっているとしたら、スターバックスは毎年何百万ドルもの売り上げを失っていることになる。

ジョシュと同僚のパートナーたちは、この問題を解決しようと決意した。まず、現在の状況を考えた。他の店と同じように、ドリップコーヒーのマシン二つと四つのコーヒーシャトルがあり、それぞれに別々のコーヒーを作ることになっていた。シャトルと保温用パッドを増やすのが一番簡単だが、店の予算もカウンターのスペースも限られている。

チームは様々な方法を試したが、どれもうまくいかなかった。しかし、何人かのパートナーたちが、じっくりと腰を据えて数字を弾き、コストも、備品も、バリスタの仕事も増やさずに済む解決策を思いついた。まず、四つのシャトルは、「ボールド」「パイクプレイス」「デカフェ」のどのコーヒーでも抽出できることにする。次に、いろいろと計算を重ねた結果、八分ごとに新しくコーヒーを抽出することになった。交代でそれを実験してみたのがうまくいったのである。パートナーたちはそれを八分間カデンツァと呼んで、ジョシュは同じ問題に悩んでいた他の店のマネジャーにやり方を教えた。それをそのまま実行する店もあったし、自分たちの状況に合うように調整した店もあった。

ついに、スコットはジョシュをシアトルに呼んだ。そして、お客様へのサービスを改善する手始めとして、リーン・チームがそのシステムを正式に紹介するのに力を貸してほしい、と頼んだ。バリスタにとって、自分たちと同じバリスタがみずから進んでそのやり方を思いつき、率先して開発して、それが重役や技術者たちに支持されているとあれば、新しいやり方も受け入れやすくなるだろう。

二〇〇八年夏、クリフはリーンのもつ可能性を認め、スコットに専任として取り組むよう頼んだ。リーンは簡単に成功を収められるものではない。シアトルの本社にいる多くのパートナーが、いかに問題の解決を本社に頼るのではなく、店舗のパートナーに委ねて新しいやり方を受け入れるかを模索した。

仕事の流れと考え方を変えるのは現場のパートナーに圧力と不安を与えることになりかねない。しかし、リーンの効果を目の当たりにしたことで、わたしのように疑いを抱いていた者も信じるようになった。マネジャーやバリスタが毎日、細かいことにもっと気を配り、足りないところにもっと気づき、声を上げ、解決すれば、お客様へのサービスはもっと改善する。わたしにもそれがわかった。

シカゴでは、リージョナルディレクターのクリステン・ドリスコールがリーンの考え方をコーチングに取り入れたところ、店長たちが様々な問題に取り組むのを見て驚いた。ある店では、アメリカーノを作るのに必要以上に時間がかかっていた。他の店では、お客様用のミルクが使われず捨てられていた。床は、パートナーたちが何度きれいにしても、すぐに汚れた。ドリップコーヒーを淹れるとき、パートナーがお客様に対して背中を向けている。レジ担当のパートナーが様々な理由でマシンから離れなければならず、会計の待ち時間が長くなる。そして、どの店でも、何ポンドものコーヒーを挽いただけで使わずに捨てていた。こうした問題が、それぞれの店長の粘り強さと創造力でついに解決したのだ。

クリステンはリーンの利点をこうまとめている。「わたしたちはその場で問題を解決しようと一生懸命やってきました。しかし、汚れた床をモップで拭いても、その場限りの満足感が得られるだけです。時間をかけて、どうしたら床が汚くなるのかを考え、問題を解決し、最後には問題が起こらないようにするのです」

あちこちの店舗で、リーンによって仕事のやり方が変わり、お客様の満足度が改善され始めた。すべての店に八分間カデンツァのような手法が適していたというわけではない。しかし、パートナーたちはいかに働き、協力して環境を変えていくかを積極的に考えることによって、実は、店のオーナーや起業家のように、一人の商人のように行動したのである。

経営陣がリーンを正式に実行するときに直面した問題は、それを奨励し推進することによってパートナーたちをより独立させた場合、お客様が期待する高い水準のサービスと、株主たちにふさわしい価値を維持することができるかどうかということだった。

わたしは世界中で行われるオープンフォーラムで、こうした疑問を提示するようになった。「これがあなたの店だったら、どんなふうに経営するでしょうか?」もし、その答えがスターバックスの価値やミッションや質の水準に合致するものであれば、わたしはそれを実行するように言う。スターバックスでは、リーンがとても大切な考え方になった。

六カ月で本当に大きな変化が起こった。

二〇〇九年六月、改革の成果が目に見えて表れてきたのだ。

新しい店舗デザインが正式に取り入れられ始めた。

店舗では、より多くのパートナーたちがリーンの原則を受け入れ——まだまだ学ぶことはたくさんあったが——サービスと満足度に関する顧客調査の数字は著しく改善した。パートナーの親しみやすさは六パーセント上がり、サービスの迅速性は一〇パーセント、全体的な顧客満足度は、直近の最低値よりも八パーセント上昇した。

テスト販売中のヴィアは期待を上回り、少人数の担当チームは全国販売に向けて集中して取り組んでいた。

ネット上では、スターバックスは、フェイスブック、ツイッター等のおかげでソーシャルネットワーク活動に最も積極的な企業に選ばれた。

プランBによるコスト削減は四半期の目標を上回り、営業利益は拡大した。

月間の既存店売上高の伸びは引き続き改善し、四月のマイナス七パーセントから、六月はマイナス四パーセントになった。月末の株価は一三・八九ドルで年初より四一パーセント値上がりした。

そして、嬉しいことに、レストランガイド、ザガット・サーベイの評価において、コーヒー部門ではスターバックスが一番になったのである。

多くのアナリストや評論家がいまだにスターバックスを評価していないのは事実だが、わたしの気持ちは明るくなった。そして、一年半ぶりに、業績発表を行うのが楽しみに思えた。多くの意味で、二〇〇九年七月は、スターバックスにとって、大きな喜びと驚きに満ちた記念すべき月になりそうだった。

第31章　良心

六月後半の朝のことだった。ルワンダは乾季に入っていたが、首都キガリの外れにある丘のあいだに広がるコーヒー農園はまだ緑豊かに見えた。地上では農場で働く何千人かの人々とその家族がわたしたちを待っていた。

ルワンダを訪れるのは、二〇〇四年にスターバックスがコーヒー豆の調達を始めてから三回目だった。コーヒー農家の共同体にわたしたちを迎えてくれる人々に笑みを返しながら歩いていると、忘れることはできないが、一五年前にここで恐ろしい部族間抗争と大虐殺が起こったことが想像できなかった。隣人同士が争い、コミュニティ内の人々が殺し合い、家族が崩壊し、わずか一〇〇日間で八〇万人の男性と女性と子どもの命が奪われたのだ。わたしはルワンダの悲惨な歴史を本で読んで、現在の大統領ポール・カガメが集団殺戮を終結させ、国を立ち直らせようと努力していることを知った。彼の努力は、人類の歴史のなかで最も感動的な再生に向けた行為である。

アフリカの他の国も訪れた。それぞれ胸に迫るものがあった。しかし、ルワンダは特別だった。人々の顔が、とくに子どもたちの目が、そして母親たちの姿がわたしの心を摑んだ。前へ進み国を再建しよう、憎み続けるのではなく許すための努力をしようという彼らの意志は、わたしにはとうてい理解が及ばないが、人間が内に秘めた力の証明である。彼らとともにいて、一緒に事業を行うことを誇りに思った。とくにコーヒーは、この国の経済と人々の心の傷の快復に重要な役割を果たしているからだ。

スターバックスは、およそ三〇カ国の何万という栽培農家からコーヒーを調達している。大半がほんの数十エーカーの畑しかない家族経営の農家だ。コーヒーの栽培は、大変な重労働である。また、収益性のあるビジネスを維持するのは、スターバックスが誕生するずっと以前から、彼らにとって大きな課題だった。

まず、高品質のコーヒーの生豆を収穫するには、何代にもわたって伝えられ、長い時間をかけて獲得しなければならない独自の技術が必要だ。コーヒーの栽培は専門技能なのである。

次にコーヒー農家は、適切な支払いを受けられない、あるいは栽培を続けるために借金をしてそれに法外に高い利子を要求されるという歴史があった。また、消費者がコーヒーに払うお金は決して栽培農家には届かず、不当にも仲介者の間で分配されていた。約三〇年間、スターバックスのコーヒーバイヤーは、コーヒー農家が公正に扱われ、支払いを受けられるようにするための取り組みに大きな成果を挙げてきた。これは、品質に始まり品質に終わるループである。スターバックスがコーヒー農家にプレミアム価格を払うためには、お客様がプレミアム料金を喜んで払ってくれる、プレミアムなコーヒーを作ってもらう必要がある。そのため、スターバックスは高い品質水準を設けた。すべての農家がこの基準を満たすことはできないし、満たそうとしないところもある。

見返りに、スターバックスはあらゆる面で栽培農家を支援している。

コーヒー部門とグローバル・レスポンシビリティ・チームは、さらに拡大しつつあるフェアトレードやコンサベーション・インターナショナルとの提携によって、農家を支援する取り組みを改善しつつあった。また、二〇一五年までに、コーヒー農家に貸し付けることができる資金を現在の年間一二五〇〇万ドルから二〇〇〇万ドルに増やす予定だ。最近、ルワンダに二つ目の支援センターを設立した。一つ目は二〇〇四年にコスタリカに設立されて、スターバックスのパートナーが農家の収穫拡大や質の改善の手助けをしている。

わたしに同行してきたのはヴィヴェック、イギリスでスターバックスを経営しているダーシー・ウィルソン＝ライマー、スターバックスのコーヒーサステナビリティの責任者ピーター・トレビアルテ、今回の出張のコーディネートを行った広報部の責任者クリスティナ・マクファーソンだった。また、イギリスのフェアトレード財団のハリエット・ラムがいた。シェリも、スターバックスのパートナー、ローラ・モイックス・ヴァーとともに来ていた。シェリは、フォトジャーナリストのジョナサン・トーゴヴニクとジュールス・シェルが一九九四年の大殺戮時にレイプされた女性から生まれた子どもたちに教育の機会を与えるために設立したルワンダ財団に協力している。ジョナサンも一緒に来て、わたしたちが共同体を見学し、栽培農家の人たちに会い、エイズのための新しい診療所を訪れるのを撮影した。

わたしたちは、斜面に建てられた煉瓦や木やブリキでできた家へ案内された。ボタンダウンの黄色の縦縞のシャツにカーキのズボンをはいたギルバートという若い男性が、わたしたちが見ているものを説明してくれた。彼の話を聞きながら、大量の白いコーヒーの生豆を乾燥させている木のテーブルが並ぶあいだを歩いた。見事だ。一八〇〇の農家が協力して円滑に共同体を運営しているのだ。

見学が終わったあと、楽しい歌や踊りを見せてもらった。そして、なにか話をしてほしいと頼まれたとき、わたしはなにを言っていいかわからなかった。目の前の丘の斜面に座っている何千人というルワンダの人たちに、わたしの敬意を伝えるのは不可能に思えた。わたしは彼らの経験した苦しみをほんの少し理解しかけたにすぎない。彼らの重労働と献身に対する尊敬の念でいっぱいだった。人と利益に同じ重さを与える等式のうち、スターバックスを導いてきた人の部分が、これほどはっきり見えたのは初めてだった。わたしから五〇フィートも離れていない場所にいる何千人もの人たちは、スターバックスによって助けられたり、傷ついたりするのである。マイクを前にして、青と緑と黄色の縞から成るルワンダの国旗の横に立ち、わたしは心から言った。

皆さんを前にして、わたしが言えるのは、皆さんの役割がスターバックスにとってどれだけ大切かを伝える言葉を見つけるのがとても難しいということです。皆さんのほとんどはスターバックスの名前を聞いたことがないかもしれません。そこで、少しわたしたちの会社について話をさせてください。

わたしたちの顔を覚えてもらいながら、スターバックスの原点を語りたかった。そうすれば、栽培農家の人たちや家族が、毎日の仕事が価値と目的をもつ大きな企業の一部だということをわかってもらえるかもしれない。わたしは、ときどき言葉を切ってルワンダ語に訳されるのを待ちながら、スピーカーを通して、スターバックスの歴史を数分間話した。

未来を見ると、そして、とくに皆さんを見ると、皆さんが公正な対価を確実に手にできるようにしなければならないと、これまで以上に大きな責任を感じます。最後に、わたしたちは皆さんの頼れるパートナーであり、皆さんとご家族を支援するためにできるだけのことをすると約束します。

その日、わたしは少人数の栽培農家のグループと内輪の話し合いをしていた。現状を直接聞きたかったからだ。二〇人ほどの人が、狭い、屋根のない部屋に集まり、わたしは煉瓦の壁際のベンチに座った。わたしの左にはギルバートが座り、農家の人たちの言葉を英語に訳してくれた。

部屋も農園もとても静かで、発言者のほかには、鳥のさえずりが聞こえるだけだった。わたしは白い襟のあるシャツとグレーのスポーツジャケットを着た、こざっぱりとした男性の質問に耳を傾けた。「栽培農家が直面する問題を解決するために、スターバックスはなにをしてくれますか？」彼の質問にはルワンダだけでなく、どの国の栽培農家の人たちにも理解してほしいことが含まれていた。「わたしたちが成功しているのは、世界で最高品質のアラビカ種のコーヒーを調達することができるからです」。わたしは質が何よりも大切なことを強調しながら答えた。「ここルワンダでわたしたちがやりたいのは、いまの栽培方法をより効率化するのに手を貸すことです」。わたしは支援センターを監督するピーター・トレビアルテのほうを見てから、C．A．F．E．プラクティスが世界中で実施されていることを説明した。詳細は彼のほうから話してもらうことにして、発言権を譲った。

スターバックスは最も良いコーヒーには最も高い代金を払わなければならないことを認識しています。しかし、支援はお金だけではありません。わたしは、祖父の代からコーヒー栽培を行っていますが、支援センターとともに、同様の問題に取り組む世界の優れた栽培農家から学んだことを皆さんに伝えることによって、皆さんが収入を増やすのに手を貸します。わたしたちはコーヒー焙煎家であり、栽培農家ではありません。しかし、より良い、より費用のかからない解決策を提供し、より品質の高いコーヒー豆の収穫を可能にして、皆さんの収入を増やす手伝いをします。最初の支援センターで支援した農家では、肥料にかかる費用を八〇パーセント削減し、収穫を二〇から三〇パーセント増やしました。つまり、収入が増えたということです。

最終的な目的は、皆さんがより質の高い、均質の、費用効率の高いコーヒーを作る手助けをして、皆さんが作物を売る心配をせずにコーヒー栽培に専念し、より多くのコーヒーをスターバックスの店に提供できるようにすることです。

ピーターが話すのを聞いて、わたしは、栽培農家の人たちがもっと幸せになれるよう力を貸したい、と伝えずにはいられなかった。「スターバックスはここルワンダにいます」。わたしは簡潔に言った。「ルワンダのコーヒーとルワンダを大切にしています。ルワンダのコーヒーをずっと買い続けるつもりです」。公正さと質を確かなものにし、わたしたちが買い付ける量と、支払う代金と、栽培農家が手にする利益を増やすのは、スターバックスと栽培農家の両方の責任だ。「わたしたちは未来への可能性を信じています」。わたしはさらに言った。「ここにいる皆さんの心と精神には、なにか大切なものが感じられます。それを世界中のわたしたちの店舗に持っていきたいのです」

ミーティングの終わりに、フェアトレード財団のハリエットが笑顔で、部屋のなかにいた六人の女性に訊いた。

「将来の夢はなんですか？」良い質問だった。ルワンダの女性――虐殺を生き延びて、一人で自分自身や子どもたちの生活を支えている女性が大勢いた――は、この国にとってなによりも大切だからだ。わたしは熱心に耳を傾けたが、通訳を通して聞いた最初の答えは期待していたものとは異なった。その女性は、いつか、男性の手を借りずに自分だけの手でコーヒーを育てて、忍耐力と細かい配慮をすることによって、女性でも男性と同じように、ときには男性よりも立派な仕事ができることを証明したい、と言ったのだ。部屋にいる数人が拍手をした。

ハリエットは、耳たぶから青いハートのイヤリングを下げた若い女性に最後の質問をした。「あなたは家族のためにどんな夢をもっていますか？」ムカムウィザ・イマクラテという名のその女性は、はっきりと静かに言った。通訳をするギルバートが少し驚いたのを、わたしは見てとった。「収入を得て、フリージアン牛を飼い、家族にもっとミルクを飲ませたい」。わたしも驚いた。「教えてください」。わたしは身を乗り出し、女性のほうを向いて言った。「牛がなんの役に立つのですか？」

ギルバートが説明した。「牛があれば乳を搾ることができます。そうすれば子どもたちはもっと栄養を摂れます。しかし、この地域の牛は、フリージアン牛ほどミルクを出さないのです。フリージアン牛なら、家族が飲む分を搾ることができ、余分を売ることもできます。ミルクは家族にとってさらなる収入になるんですよ」

牛――。わたしは静かにつぶやいた。この女性の暮らしはとても苦しいに違いない。わたしは最後にひとこと言った。

「今日ここで聞いて、ここで見たことに対して、わたしたちすべてに責任があると強く感じました。皆さんの言葉を聞き、皆さんの問題や直面する課題も知りました。わたしたちは忘れません。理解し、思い出し、皆さんのために取り組みます」。わたしはギルバートが通訳してくれるのを辛抱強く待った。それからムカムウィザに向かって言った。「そして、あなたのために牛を手に入れます」

牛一頭は、のちに聞いたところ、五〇〇ドルだという。わたしたちに同行していた政府の役人が言った。

「彼女を助けるのは素晴らしいことですが……」。

「ほかにもたくさんいるので」

この思いはアメリカに戻る長いフライトの間、わたしに重くのしかかっていた。ひとりの人間が、あるいは一つの会社が本当にどれだけできるのだろうか。答えはわからなかった。ただ、何もしないのは良心が許さなかった。


シアトルに戻ってくると、別の世界へ降り立ったような気がした。精神的に、感情的に、切り替えるには時間がかかった。しかし、わたしはルワンダで見て聞いたことを、伝えずにはいられなかった。オープンフォーラムで、共同体を訪れたことを話し、いつものように質問を受け付けた。うしろのほうで、女性が手を挙げた。

「わたしはリンダ・オブライエンです」。彼女は言った。「五カ月前、仕事が無くて困っていたときに、スターバックスで働くことができました。わたしはその女性に牛を買ってあげたいです」

リンダが牛を買う金を寄付してくれた。しかし、それ以上のことが起こった。彼女の発言に刺激されて、スターバックスは世界中の貧困にあえぐ人々に家畜を提供する非営利団体へイファー・インターナショナルと協力を始めることになったのだ。ヘイファーを通してスターバックスのパートナーとスターバックス基金は、フリージアン牛をルワンダへ送る資金を寄付した。また、ヘイファーは家畜を買い、輸送し、維持し、家畜を受け取るムカムウィザのような人たちが牛を育てていけるように指導するのを引き受けてくれた。

パートナーたちがルワンダを支援しようとするのを見て、どんなに困難な状況にあっても、スターバックスはみずからの価値と責任に忠実でありたいという思いを、わたしはさらに強めた。

スターバックスの株価は一〇ドルを下回り、景気は沈んでいた。わたしは、あるファンドマネジャーから電話をもらった。スターバックスの株を保有する機関投資家のひとつで、経営陣はわたしの古い知り合いだ。

「ハワード、わたしたちは君の会社の株をずっと保有してきた。君には大きなプレッシャーがかかっているだろう。健康保険をやめるべきときが来たと強く思う」。彼は続けた。「新聞の記事にもなっているし、誰も君を責めない。ほかに選択肢がないことはわかってもらえるはずだ」

この電話は長くならないだろうことがすぐにわかった。もちろん、選択肢はある。

スターバックスを特徴づけるものとなった健康保険のコストが増大し続けているのは確かだった。まるで逃げる電車を追うように感じられるほどだ。二〇〇九年、すべてのパートナーに健康保険を提供する費用は二億五〇〇〇万ドル。一人当たりの費用は二〇〇〇年と比べて五〇パーセント近く上がっている。

従業員の健康保険を停止しろ、あるいは大幅に削減しろ、という圧力がかかったのは、これが初めてではない。廃止か削減をすれば、収益性はすぐに改善されるだろう。しかし、それはあまりにも大きなツケになる。スターバックスの基盤、真の競争力は、企業文化と従うべき原則にある。パートナーたちとのあいだに築いた信頼の貯水池は、既にいくぶん枯れかけているのに、そんなことをすればあっという間に干上がってしまうだろう。増大し続ける健康保険の一部負担は願わなければならないかもしれないが、廃止は考えられない。

同時に、世界中のパートナーのためにもっとやらなければならないことがあると感じた。これまでの一年半の多くを、お客様とアメリカ事業の安定のために費やしてきた。しかし、社内に注意を向け、報酬、福利厚生、奨励策など従業員にとって大切な体験を改善し、再投資を行わなければならない。オールデンもまもなく一時的に引き受けてくれた人事責任者の職を退くことになるだろう。豊富な経験をもっと同時にわたしたち独自の資産の価値を理解してくれる人に、その重要な地位を引き受けてもらわなければならない。

リーダーが信じる価値をいかに体現するかが、従業員の行動の基調や期待を決定づける。わたしはCEOとして、社員に株を供与するとか、健康保険制度を維持するとかいった大規模な決定の責任を負っている。しかし、わたしはただひとりの人間にすぎない。スターバックスの価値を実現するのは、パートナー一人ひとりの力だ。ときにはそれがわたしの想像以上に大きく発展し、ヘイファー・インターナショナルとの提携や、二〇〇九年の夏に受け取ったメールのようにわたしの感情を揺さぶることもある。

カリフォルニアのディストリクトマネジャー、スージー・ウォルフォードからきたメールは、パートナーたちが積極的にスターバックスの価値を店舗で実現していることを示している。

ハワードへ

昨日、わたしたちの店では（ＲＥＤ）フライデーを行いました。南部の皆さんのことから思いついたものです。店のコーヒー豆の売り上げが望んでいたよりも悪かったので、楽しいやり方でパートナーたちの関わりを強化し、売り上げを伸ばして、意味のある寄付をできないかと。パートナーたちは赤いＴシャツ、赤いエプロンを着用し、店を赤く飾ることにしました。その日の目的はなんでもいいから（ＲＥＤ）のものを売ろうということでしたが、とくに（ＲＥＤ）のコーヒー豆に注力しました。

店長たちはこのアイデアが気に入って、店を赤い風船や赤いリボンやテーブルクロスで飾りました。店に入ってきたお客様を迎えるためのレッドカーペットまで敷いたのです。（ＲＥＤ）が訴える現実を店内に貼って知らせました。パートナーたちは、お客様と会話をし、コーヒー豆や商品について説明しました。店内は、これまでに感じたことがなかったほどの熱気と感動に満ちていました。お客様はいつもより長く店にいて雰囲気を楽しんでくれました。人と人との関わりや情熱やエネルギーは本当に素晴らしいもので、胸がわくわくします。

どんなことが起こったと思いますか？　全店舗で、一六六六ポンド（約七五六キロ）のコーヒー豆を売り上げたのです。たった一日で！　いまほど、スターバックスのパートナーであることを誇りに思ったことはありません（今朝この結果を知ったときは、本当に言葉を失いました）。昨日、パートナーとお客様が示した誇りと情熱は実に感動的で、サンディエゴではスターバックス精神が健在だということを教えてくれました。

こうした物語が与えてくれる達成感は、株価の上昇や業績が改善したときと同様の喜びをわたしにもたらしてくれる。スターバックスは生き残りを賭けた戦いを続けている。しかし、財務上の健全性を取り戻そうとしつつも、良心や魂は失っていないのだ。この両方を達成することこそが成功だとわたしは考えている。

第32章　勝利

わたしはニューヨークにあるケクスト・アンド・カンパニーのオフィスにいた。およそ二年前、ここでスターバックスの低迷について話した。そして今、株式公開以来、最も重要な決算発表をするときを待っていた。スターバックスがふたたび増益に転じたのだ。

二〇〇九年第３四半期の業績はすべての人の期待を裏切り、利益は二〇〇八年第１四半期以来の伸びを示し、一億五二〇〇万ドル。一年前のマイナス七〇〇万ドルと比較して大きな増益となった。前年はマイナスだった一株当たり利益は二〇セントになった。アナリストはこうした急増を予想していなかったし、わたしたちも電話会議で言うつもりはないが、これはアナリストのコンセンサスを五セント上回っていた。

スターバックスの改革が進んでいることを考えると、この四半期はより多くの伸びが期待できるサインだということを明確に示している。わたしたちの仕事はもちろん終わらないが、危機は脱した。それは、批評家を驚かせ、投資家を喜ばせ、一生懸命働き続けたパートナーたちの心を明るくした。

わたし自身は、久々に、勝利感を味わっていた。闘いは終わったわけではない。しかし、苦しい状況にもかかわらず、スターバックスとパートナーたちに弾みがついたのだ。
ただ、公には、熱意と自尊心のバランスを注意深く保たなければならなかった。
業績発表は東部標準時で午後五時きっかりに始まった。

過去一六カ月、スターバックスも例に漏れず世界経済後退の荒波と、当社固有の課題に直面してきました。今日、業務改革の様々な取り組みにより第３四半期の業績が良好であったことを報告します。しかし、取り組むべき課題はまだたくさん残っています。これからどうなるかは三カ月だけではわかりません。しかし、この結果はわたしたちの取り組みが財務と業績に反映されたものだと自信をもって、言えます。

全体では、売り上げは前年の二六億ドルから減少して二四億ドルだった。既存店売上高は、前年比マイナスではあるが、二〇〇八年一二月のマイナス一一パーセントよりは着実に改善している。重要なのは、とくにアメリカで運営経費を削減したことによって、固定費が大幅に減少したことだ。今後、お客様を重視した取り組みを続けることによって売り上げが徐々に伸びていけば、最終利益は増え続ける。

改善が急務だったアメリカでは、既存店売上高は月ごとに改善され、営業利益率は継続的な業務改善によって、前年の八・八パーセントから一三・四パーセントに急伸した。反対に、わたしたちの息の根を止めるだろうと言われていたライバル企業の業績はあまり芳しくなかった。

ご存じのように、ファストフード・チェーンは、コーヒーの消費者を引きつけようと法外な広告費を使ってきました。批評家や業界ウォッチャーの皆さんは、これがスターバックスを苦しめるだろうと考えていました。

ところが、様々な宣伝や報道記事によって、かつてないほどコーヒーに注目が集まり、スターバックスにはプラスの結果をもたらしたのです。

おかげでスターバックスが攻勢に転じることになったのだ。二〇〇九年五月、広告会社ＢＢＤＯとともに、新聞の全面広告、広告用掲示板、ＣＮＢＣ放送との独占契約によるニュース番組「モーニング・ジョー」などを使ったマルチチャネルの広告キャンペーンを始めた。フェイスブックの三〇〇万人のファンとの対話――これによりスターバックスはソーシャルネットワークの世界でトップ企業となった――に加えて、お客様にわたしたちの物語を直接語ることによって、ブランド認知度を高め、ロイヤルティーを強化し、来客数を増やした。

この電話会議は単なる四半期の収支報告ではなく、この瞬間にわたしたち全員を導いてくれた一八カ月の選択と取り組みの総括だった。大規模なコスト削減とプロセスの改善、エスプレッソ研修による飲み物の改良、マストレーナ、パイクプレイス・ロースト、クローバー、そして、まもなく販売されるヴィア。価値の提供とロイヤルティープログラム、顧客サービスの改善、よりおいしく健康的なフード、戦略的ソーシャルネットワーキング、自然発生的な販促イベント、伝統的広告、リーンの導入、新しく、今日的な意味のある店舗デザイン。

そして、変革に向けたアジェンダ。創造のための集中的研修、新しいミッション・ステートメント、オープンフォーラムに数々のメモ、ニューオーリンズでのリーダーシップ会議、シェアードプラネットの取り組み。さらに、最も重要な、何万という店長とバリスタたちが店舗に、そしてお客様に対してスターバックス体験を提供しようとする献身や心配りや才能。ウォール街や皮肉屋は、貢献を測ることが難しい、あるいは不可能な活動や無形の資産を軽視するが、わたしは、スターバックスが過去一年半の重荷に耐え続けることができたのはこうしたもののおかげだと思っている。

スターバックスが問題に陥った原因が一つではなかったのと同じように、復活に向かうことができた理由も一つではない。ソルベットなどの失敗でさえ、わたしたちに、わたしに、前へ進むために必要な教訓を与えてくれた。わたしはリーダーとして、おそらくこれまで以上に、多くを学び続け、起業家的なビジョンを持ちながら辛抱強く時を待ち、店頭業務だけでなく、後方支援業務にも注意を払った。しかし、それを一人で行ったわけではない。スターバックスの経営陣は、これまでにないほど強力なものになろうとしている。

この四半期の業績自体はたいしたものではないが、スターバックスの未来にとっては大きな意味があった。それは未来が見えてきたということだ。

トロイに発言権を渡す前に、わたしは自分のコメントを次のようにまとめた。

スターバックスの改革がうまくいっていることを報告できて嬉しく思います。一六カ月前に策定した変革に向けたアジェンダによって、最も重要な成功の要因に注力する一方で、ブランドを育てて構築してきました。しかし、先週、取締役会で話したように、この四半期の業績を喜び、来客数の増加に励まされる一方で、この勢いを大切にして取り組むべき問題があり、改善を加速していかなければならないことを理解しています。世界の景気回復を見据える一方で、景気回復の恩恵を十分に受けられるように確実に位置どりをしていくつもりです。それまでは、スターバックスにとって一番重要なこと、すなわち、良質のコーヒー、お客様、パートナー、価値、それから大きな問題となっている業務の改善に注力していきます。

質疑応答の時間になると、アナリストたちは四半期報告の数字が何を示すかを理解しようと、熱心に質問を投げかけてきた。ウォール街に会社の業績を讃えてもらおうなどと期待はしていないが、何人かが「おめでとう」と言ってくれた。そんな言葉を金融界のメンバーから聞いたのは、本当に久しぶりに思えた。

会議ののちに発行されたアナリストレポートは、もう少し穏やかだった。スターバックスの売り上げにほっとし、事業を安定させたことに感銘を受けたと述べ、競争を制し、景気後退に対応していく能力は期待以上だった、と認めていた。つまり、収益の改善は認めるが、将来の成長については慎重に見極めようということだ。

株価が判断基準である投資家たちは喜んだ。その週の終わり、七月二四日金曜日の終わり値は一七ドルをわずかに超えた。業績発表前と比べて一七パーセントの急騰だった。

しかし、暗い影を落としているのは、いまだに癒えない解雇と店舗の閉鎖の痛みだ。スターバックスの歴史において、最も残念な出来事だった。残ったパートナーたちの犠牲と献身は多大なものである。わたしは彼らに言葉以上のもので報いたいと思った。そして、収支報告を行った次の月曜日にある発表を行った。わたしはそれを個人的な勝利と考えている。

二〇〇八年一二月、４０１Ｋの年金基金に対する年間の折半負担の拠出をそれまで一定だったものから、拠出ゼロの可能性も含め、自由裁量に変更するという難しい決定を行った。予測を超えた景気後退を乗り切るために多くの企業が同じような選択をしていた。わたしも、財務的にそれは正しいことだと思っていたが、業績が改善すれば、二〇〇九年にはふたたび拠出をしたいと願っていた。それを実行できなければ、わたしにとっては、敗北と同じだった。パートナーたちが未来を築き、家族の面倒を見るのに手を貸すのは、起業家として、雇用主として、父親の苦境を見てきた息子としてのわたしの、核となる価値である。二〇〇九年七月、資格を有する従業員のために拠出をするのが可能だと決定したときには、とても誇らしかった。新聞の見出しにはならないし、株主にとっても大きな意味はないかもしれない。しかし、わたしにとって、この年に達成したほかのことと同じように大きな意味があった。

さらに、多くの企業が昇給を凍結しているのに対して、スターバックスは、従業員の給料を、評価に応じて上げることを発表した。昇給幅はそれぞれの働きぶりによって異なるが、パートナーに報いることができるのが嬉しかった。しかし、それだけでは足りない。わたしたちはもっとやらなければならないのはわかっていた。

業績発表のあと、新聞の見出しの論調が、久しぶりに変わったのが感じられた。「スターバックス増益へ」「スターバックス、コスト削減で予想を上回る利益」「スターバックス株第３四半期の増益を受けて急騰」また、この結果がわたし個人にとってどれほど大きな意味があるかを知っている一握りの人たちからメールを受け取った。

「素晴らしい日でした。スターバックスにとって、株主にとって、あなたにとって。これからも頑張ってください」。ジム・フィンガロスからだ。彼はＣＥＯへ復帰する準備をするときコンサルタントとして力になってくれた。「流れを変えるのは簡単なことではありませんが、達成できれば満足感も大きくなります」

取締役のメロディ・ホブソンはハリエット・ビーチャー・ストウ夫人の言葉を引用して送ってくれた。彼女の鋭い視点はわたしに何度も力を与えてくれている。

進退きわまって四方八方敵だらけとなり、もう一刻も持ちこたえられないという気持ちになっても、決してそこであきらめてはいけない。情勢が一変するのは、まさにそれからなのだから。

この言葉でわたしは思い出した。二〇〇七年一二月に既存店売上高が日に日に落ち込むのを見ていたときのことを。アナリスト会議の前夜、不安に苛まれながらニューヨークでビリーと食事をしていたときのことを。あれほどの恐怖に見舞われたことはほかになかった。

スターバックスにとって流れは変わった。業績が改善し続けることをわたしはまったく疑っていなかった。これは頂点ではない。新しい企業を築き上げるための山を登り始めたのだ。

今度はアメリカ以外の地域に、直営店以外に目を向けなければいけない。新しい収益のルートの育成は、わたしたちの基盤を変えなければ、望めないからだ。

スターバックスはもはや修繕が必要な壊れかかった家ではない。ふたたび成長を目指す、安定したグローバル企業だ。そして、リスクもあれば、ビジネスチャンスもある。

第33章　ニイハオ

わたしは、自分がリーダーとしての本領を発揮できるのは、スターバックスが生き残りを賭けて闘っているときだと思うようになってきた。それに満足しているし、岩だらけの、急な上り坂も楽しんでいる。これはわたしの生まれついての性質だ。常に分の悪い闘いをしたいわけではないが、ほかの人ができないと考えるようなことを達成したときや、人々を導き無理だと思われていた目標を超えるときの喜びはとても大きい。

それでも、ときに立ち止まり、節目を祝うこともある。これもまたわたしの性質で、次になにが来るかを見渡すのだ。

二〇〇九年の秋、第3四半期の業績を発表したあとも、わたしは業績が改善し続けることに確信を抱いていた。週ごとに、アメリカの既存店の売り上げの伸びと収益は大きくなり、第4四半期の業績は第3四半期よりも良くなることが見えてきた。ふたたび業績発表が楽しみになった。

会計年度の終わりが近づくにつれ、成功したという気持ちよりも、プレッシャーが過去一年半に比べて強くなくなったことにほっとしていた。負け犬であることに甘んじてきた分、生き残りから成長へと流れが変わったことを嬉しく思った。成長を見越した取り組みができるのは、アメリカ事業を好転させた結果であり、今後は決して特権とは思わないことに決めている。

「スターバックスが低迷を脱出したのは〝A〟の評価に値する。しかし、首位をキープするためには、もっと努力が必要だ」。《ウォールストリート・ジャーナル》紙の「スターバックス成長への挑戦」というタイトルの八月のコラムはそう警告していた。その通りだ。スターバックスを統制のとれた、収益性の高い成長路線へ戻すのが、わたしの次の重要事項だった。そして、わたしが最初に、そして緊急に取り組むべきは、スターバックス・コーヒー・インターナショナル、つまりアメリカ以外の店舗と消費財ビジネスを含む組織の改革だった。

海外事業は、最も刺激的で、大きな可能性を含んでいた。わたしが二〇〇九年九月初めに中国を訪れたのもそのためだ。未来への火をともしたかったのだ。

嬉しい衝撃。ヘレン・フェイの顔にはそれが表れていた。

わたしは中国の深圳で、現地の二〇〇人のパートナーたちを集めてオープンフォーラムを開いた。九月の恐ろしいほど暑く、じめじめした日だった。到着直後から、午前中はスターバックスの店舗を訪問して過ごした。三カ国を訪れるこの出張で行う予定の、数回のフォーラムの一回目だったが、まだ、時差ぼけに悩まされていた。深圳とシアトルの時差は一五時間ある。しかし、部屋に満ちたエネルギーがわたしを元気づけてくれた。

部屋の奥では、緑のエプロンを着けた六人のバリスタが小さな紙のカップを載せたトレーを持ち、中国第三の都市深圳にある他の三四の店舗から集まったバリスタたちが椅子の列を埋めていた。

わたしは立ち上がり、パートナーたちに向かって話しはじめた。最初に何を言うべきかはわかっていた。

率直であることは、わたしにとって大切です。そして、皆さんには謝らなければなりません。一年半、中国に来ることができませんでした。その間、アメリカ事業の再興に注力していました。それに時間とエネルギーのすべてを注いできたのです。そのため、中国の急成長と発展に、あまり注意を払うことができませんでした。それを本当に申し訳なく思っています。

しかし、それも終わりました。アメリカは好転し、これからは中国のスターバックスの成長と発展と加速を確実にするために、わたしたちの力と注意を注ぎ込みます。

質疑応答を終えてから、わたしは前の列に腰を下ろした。中国側のイベントがあったので、通訳を通して聞いていると、四半期の店長の表彰が行われるらしい。

「ヘレン・フェイ！」誰かが発表した。

わたしはうしろを振り向き、部屋を見回して、黒い髪をうしろで束ねた黒い半袖のポロシャツ姿の女性を見た。彼女は立ち上がり、両手で口を押さえて、どこか恥ずかしそうに部屋の前に出てきて、額に入った賞状を受け取った。彼女が驚いているのはその表情からわかった。大きな拍手が起こった。彼女がみんなから好かれ、尊敬されているのは明らかだった。わたしも彼女が前へ出てくるときに拍手をした。

のちに、ヘレンが三〇歳で、結婚をしていて、息子が一人いるのを知った。二〇〇三年、深圳のスターバックスでバリスタとして働くために、小さな村から出てきたという。二年後、家庭の事情で家に戻らなければならなかったが、スターバックスの同僚たちと連絡を取り続け、街に戻ってくることができたときに、ふたたび店で働きはじめた。

それから、さらに予想外の発表があった。ヘレンはパートナーたちの前で、四半期の最優秀店長に選ばれたことに加えて、ディストリクトマネジャーへの昇進が発表されたのだ。彼女の目がみるみる涙でいっぱいになった。ヘレンにとって、スターバックスで働くことは、仕事以上の意味があるのだ、とわたしは感じた。

「おめでとう」。わたしは数秒後に言った。

「謝謝《シエシエ》」。彼女は言って、わたしたちは一緒に写真を撮った。わたしがステージを降りると、ほかのパートナーたちが彼女の背中をぽんぽんと叩いた。ヘレンの同年代の多くの同僚が、彼女のように——そして、わたしもそうだったが——家族を離れて、都会へ出て、みずからの道を歩いているのだろう。ときに成功するために。中国の若者がスターバックスで働きたいと思ってくれることを、わたしは誇りに思った。ここは活気と興奮で満ちている。この部屋だけでない。わたしが訪れた中国の都市のほとんどすべてで、とくに若者たちの間に、期待のようなものが感じられた。中国には起業家精神が健在で、訪れるたびに前回の訪問より大きく変わっていることに驚かされる。

中国は、もちろん、世界で最も速く成長している大国で、まるでゴールドラッシュの時代のように、世界中の企業が集まり、一三億の消費者に手を伸ばそうとしている。中国のスターバックス一号店は、一九九九年に北京で開店した。その後、毎年、既存店売上高は前年比プラスを記録し、利益も拡大している。そして、いま、一〇年目の年を迎えた。中国の七〇〇店舗は、市場の大きさと比べれば、まれるだろう。わたしたちにとって、最優先事項の市場である。

近い将来、中国は、アメリカ国外で最大の市場になるはずだ。

中国の人々は、スターバックスを、わたしたちの店舗がある他の五二カ国のお客様と同じ理由で受け入れてくれている。端的に言えば、絆をつくることで、コーヒー体験を高めるわたしたちのやり方がどこの国でも認められているのである。中国では、お客様はコーヒーを楽しむだけでなく、家や仕事場の延長にあるものと考えている——この気持ちはおそらく西洋の国より強いだろう。中国は家が小さく、アパートは狭いので、スターバックスの清潔で、広くて、安全で、心地よい環境は、ありがたい場所なのだ。とくに午後や夜は、大勢のお客様が来てくれる。また、新しい店を開店したときは、お客様の列が店のドアから通りまで延びてしまうことも珍しくない。

アメリカで育てた第三の場《サードプレイス》という体験は、オマーン、ヨルダン、ダブリン、アイルランドなどでも大きな意味があるものだ。また、ブラジルのサンパウロでも、パリでも。スターバックスは既にもう西洋のブランドではない。世界中で認められ、世界中の人のニーズを満たしているのだ。

海外で直面している課題は、もちろん、アメリカやカナダとは異なるものだ。スターバックスもいまでは、成長のための成長は失敗を招くということをよく知っている。細部への注意と配慮を忘れずに、拡大していかなければならない。また、海外では、細部とは、地域と関わり、地域に敬意を払って、その文化を反映することである。ブランドを希薄化せずに、地域と意味のある関わりを構築するのは今後も大切であり、これまで以上に熱心に取り組むべき課題だ。改革で学んだことの多くは、世界中の事業や店にも活用できる。地域の味や伝統に敬意を払った商品を作るのは、シアトルで作り上げて輸出するのが最善だというわけではない。地域に意味がある商品を作り、お客様の共感を得るのは、地域の才能ある人々やリーダーたちが行うべきことだ。

「スターバックスのイノベーション店へようこそ」――。

明るい手書きのチョークの文字がわたしたちを迎えてくれた。中国のすべての店舗を支援する事業部につくられた模擬店へ、わたしたちは案内された。昼食の時間で、わたしたち少数のグループは、白いテーブルクロスをかけた長く四角いテーブルに着いた。

なにが起こるのかわからなかった。空腹だった。目の前にある小さな陶器の皿とナイフやフォークを見た限り、スコーンやブルーベリー・マフィンやブレックファスト・サンドイッチが出てくるのではないらしい。わたしはテーブルに身を乗り出し、頬杖をついて、地元のパートナーがメニューの説明をするのを微笑みながら聞いた。くつろいだ気分だった。次々と問題を解決した一八カ月が終わり、腰を下ろして、耳を傾け、パートナーたちの自発的なイノベーションを見せてもらうのを楽しみにできるのは、とても嬉しかった。

中国のチームは何カ月も前から、地元の風味を盛り込んだ、新しいフードとドリンクの開発に取り組んでいた。いつか、中国の店舗でそれを提供することができるかもしれない。新しいドリンクとフードがわたしたちの前に次から次へと並べられた。多くは、スターバックスが使ったことがない材料を利用していた。

ピーナッツモカ・フラペチーノ

冷たいアロエ入りドリンク、オリエンタルビューティ

濃い緑のドリンク、黒ゴマと緑茶のフラペチーノ

一口飲んでみた。おいしかった。日本で生まれた人気商品であるグリーンティー・フラペチーノに地元の風味を加えたものだ。

「緑茶は中国文化に欠かせないものです」。わたしのすぐ右にいる女性が言った。「そして、黒ゴマも中国では料理によく使われます」。わたしは頷いた。アニー・ヤング＝スクリヴナーは新しく経営陣に加わったグローバル・チーフ・マーケティング・オフィサーだ。スターバックスにやって来てまだ一週間だったが、とても存在感があった。それ以前は、ペプシコでチーフ・マーケティング・オフィサーおよびクエーカーフーズ&スナックスのヴァイスプレジデントを務めていた。賢い、カリスマ性のあるリーダーである。わたしが急いで身につけるべきだと取締役会が考えている、グローバルなマルチブランドの経験と、中国を中心とした深い国際的な視点を持ち込んでくれるだろう。

アニーは中国で生まれ、小学生のときに、両親とともにアメリカに渡った。中国語が堪能で、ペプシコの中国支店長として上海で暮らしたことがあり、また二七の国で働いたことがある。彼女ほど分厚いパスポートを持っている人は見たことがない。アジアの市場と文化については、現在、シアトルにいる誰よりもよく理解している。アニーは言った。「中国では、黒ゴマは薬効があると考えられています。美肌づくりに効果があり、黒ゴマを食べれば年をとっても白髪になりにくいと女性は信じています。また、多くのパンやペストリーに使われ、香味としても使われます」

次はメインディッシュだった。小さな皿が出てくるたびに、パートナーたちがこれまでとはまったく違う枠組みで考えていることがわかった。ゴマのヌードルサラダ、スパイシーなタイ風ビーフ春巻

き、スープ。ラザニアまであった。どれも、新鮮で、おいしかった。おそらくアジアの店で麺類を出すことはないだろう。調査によって中国のお客様は、スターバックスでは街角で簡単に買えるものを提供してほしいと思っていないことがわかっていたからだ。それでも、わたしはいま体験している創造性に感銘を受けた。

わたしの左に座っているミシェルもそうだった。彼女もこの出張に同行してきたが、真にスターバックスの立場からではなかった。数週間前に、わたしはもう一つのブランド、シアトルズベストコーヒー（SBC）を発進させることを決定した。五五〇店舗での小売りと袋詰めされたコーヒー豆を販売する事業で、スターバックスが買収したのち、静かに営業を続けていた。わたしはミシェルを社長に任命し、つかみどころがない命令を出した。それは、SBCを解き放て、というものだった。ミシェルは、中国で、SBCがどんなことができるかを調査しに来ているのだ。

最後はデザートだった。アイスクリームに黒ゴマのソースをかけたアフォガートである。テーブルの中央にはフルーツ・ケバブ、小さなチョコレートのかかったペストリー、小さなサンドイッチもあった。注目すべきは、これらは、小さなグループの集まりや、最近はやっていなかった食事の提供などの人が集まる機会で、みんなで一緒に食べるときに使うのが目的だということだ。最近スターバックスのフードでは提供していなかったようなものだ。一緒に食べるというのはおもしろいアイデアだと思った。とくに上海のようにアジアの都市は人口密度が高いので、個人的なスペースはあまり望めず、人々はスターバックスのような場に集まってくる。

地域のライフスタイルや味覚に敏感であることは、スターバックスが世界で抜きん出るためにとても重要な要素となる。しかし、そうしたものと立ち向かわなければならないこともある。二〇〇一年、スイスに店を開いたとき、地域で愛飲されているカフェクリームをメニューに載せるように圧力がかかった。ところが、開店の日、フラペチーノは何十杯と売れたが、カフェクリームはほとんど売れなかった。海外のお客様が求めているのはスターバックスの味であって、隣の店のものではないのだということが、わたしたちにもわかってきたのだ。その一方で、お客様はスターバックスが地域の特色を取り入れたものを作ると喜んでくれる。台湾では、コーヒーゼリーを使った商品を作った。冷たいドリンクは、アジア内に広がり、夏の人気商品となっている。

その日、わたしたちが上海で試したフードとドリンクは中国のスターバックスで販売されることはないかもしれないが、オフィスを出るときは励まされた気持ちになった。おそらく、スターバックスがある国では、どこにもこうした起業家的気質があるのだろう。いつかメニューに、別のコーヒーゼリーが、別のフラペチーノが、あるいはヴィアが現れる日が来るかもしれない。

わたしは、リーダーの能力とは、他の人に自信を与えることだと思っている。そして、スターバックスの業績が改善し始めた節目に中国を訪れたことで、会社の安定を不安視する気持ちは緩み、パートナーたちが未来の可能性に向かうための刺激を与えることができた。大きな夢を見るように。そして、その夢をさらに大きく膨らませるように、と。

また、スターバックスの試練から学んだことを植え付けたいとも思った。初期の頃は、スターバックスのミッションとブランドの一貫性を会社全体に刻み込むことがわたしの役目だった。しかし、いまは、この経験から学んだ知恵を伝え、経営陣の新しい考え方を理解しやすい言葉で伝えていかなければならない。アメリカでやったような失敗を、中国や他の国でやってはいけないことは強く自覚している。そして、新しい戦術やテクニックを積極的に共有するべきと考えている。

時間とリソースがあれば、新しいＰＯＳシステムとマストレーナを別の国にも広げようと思っている。クローバーもだ。シアトルの本社からエキスパートを派遣し、店舗デザイン、リーンによる改善、ソーシャルネットワーキングの知識をマネジャーや提携先の企業にも伝えるようにしたい。新たなレベルでのコストの抑制や世界中の物流を改善するためのより効率的なサプライチェーンの構築にも取り組みたい。また、これからも、バリスタ一人ひとりが確実に完璧なエスプレッソを作れるようにするつもりだ。

どの企業や組織にも記憶がある。その記憶が人々が歩く道をつくる。改革はスターバックスの歴史にとって短い、限定的な期間だったが、集団で学んだ記憶は、わたしたちに未来を告げてくれる。また、わたしにはリーダーとはなにかを教えてくれた。

規律のある成長。直感と厳格さのバランス。核となる価値を中心としたイノベーション。現状に満足しない。新しい視点を見つける。特効薬を期待しない。泥にまみれ、手を汚す。相手の立場になって聞き、自分を隠さずに気持ちを通じ合わせる。物語を語る。他人に自分を定義させない。実体験を利用してやる気を起こさせる。価値を大切にする（自分の基盤となる）。説明責任を課すときは成功のためのツールを与える。困難な選択をする（大事なのはどう実行するかである）。危機においては決断力が大切。迅速に動く。試練のうちに真実を見つけ、過ちに教訓を見つける。目にし、耳にし、行うことには責任をもつ。信じる。

杭州では、ふたたびバリスタと店長とディストリクトマネジャーの前に立った。約一年前、スターバックスの株価は二〇〇一年以来最安値の七・一七ドルに落ち込んだ。しかし、その週、八〇週間で最高値の二〇ドル超をつけたのである。わたしはあまり株価の話はしないのだが、このときは杭州の一三の店舗のひとつの二階に集まったパートナーたちにそれを告げた。

今日皆さんの前に立って言いたいのは、アメリカのスターバックスは好調を維持し、二〇〇九年会計年度は堅調に終わり、これまで以上に強い自信をもって二〇一〇年に向かうことができるということです。

しかし、中国で必要な勇気、創造性、起業家精神は皆さんから生まれるものです。わたしたちは、スターバックスの歴史と伝統、そして中国の文化との健全なバランスを確立しなければなりません。どうか現状を打破し、今日的な意味のある企業になるためになにができるかを考えはじめてください。この会社を偉大なものにした渇望、興奮、起業家精神を見せてください。ただし、スターバックスを、人々から尊敬されない、認められない企業にすることはできません。バランスのとれたやり方でやらなければなりません。

スターバックスの改革が達成できたのは、単に景気、技術、社会的課題に効率的に取り組んだおかげでも、みずからつくってしまった問題を修正したからでもない。パートナーたちが問題を解決しようとしたからこそ達成できたのだ。

スターバックスが、わたしの父が誇りを感じながら働いたであろう会社であり続けるために、わたしの妻や子どもたちやパートナーの家族に尊敬される会社であり続けるために、わたしたちは様々な面でバランスを維持していかなければならない。感情と規律、内なる本能と外からの情報、グローバルと地域、個とプロ意識、そして、もちろん、利益と人間性だ。

ブランドと事業を世界に拡大していくにつれ、これはますます難しくなっていくことだろう。しかし、スターバックスがもつ本物の力は、わたしが最初の店を開いたときと同じように、一〇〇〇万の人々――パートナー、彼らの家族、お客様、栽培農家、株主――を勇気づけてくれるはずだ。

その後、移動した上海を離れる前に、道路とオフィスビルに囲まれた、緑豊かなオアシスである人民広場の美しい店舗を訪れた。その店を出て、じめじめとした暑い午後の広場を歩いていくと、店長のリー・ヤンがうしろからわたしたちを追って走ってきた。手になにかを持っている。彼女はわたしたちに追いつくと、平たい包みをわたしにくれた。わたしは包みをその場で開けた。ラミネート加工を施こした中国語の文書が箱に入っていた。それがなんであるかわからなかった。リーの説明を誰かが通訳してくれた。

「これは影響力の大きい新聞、人民日報の四つの切り抜きです」

それから、リーはそのうちのひとつの日付を指さした。わたしは、彼女が示しているものを見ようと目を細めた。一九五三年七月一九日。わたしが生まれた日だ。彼女はわたしが生まれた日の新聞をプレゼントしてくれたのである。ほかの三つもスターバックスの歴史にとっては特別な日のものばかりだった。株式を公開した日（一九九二年六月二六日）、台湾に最初の店を開いた日（一九九八年三月二八日）、そして上海に最初の店を開いた日（二〇〇〇年五月四日）。リーは、これはパートナーみんなからのプレゼントだ、と言った。わたしは胸が熱くなった。わたしのためにこうした贈り物を思いつき、手間をかけてくれたことに心底驚いた。「謝謝」とわたしは言った。彼女もわたしに礼を言って店に戻った。

なぜわたしがＣＥＯとして復帰したのか、そして、なぜＣＥＯを続けているのかを不思議に思う人がいる。「そんな必要はないはずだ。なにが彼をやる気にさせるのだろう」と。答えは簡単なことだ。この会社を愛しているからである。そして、それに伴う責任も。

これからもずっと《オンワード》……。

記念の日

こうして長い年月が過ぎても、コーヒーはわたしをまだ驚かせてくれる。

二〇一〇年一月、わたしはコーヒー部門のダブ・ヘイとアンドリュー・リンネマンに、スターバックスの四〇周年を記念して特別なブレンドを作ってほしいと頼んだ。わたしたちの歴史の本質をとらえ、企業として、コーヒー提供者としてのユニークな質を讃え、忠実なパートナーとお客様の心に響くコーヒーがほしかった。スターバックスらしく、それでいてこれまでになかったものを求めた。パイクプレイス・ロースのような飲みやすいものでも、クリスマス・ブレンドのような風味の濃いものでもなく、はっきりとした個性があるものがいい。

豆を選択するためのブレーンストーミングが始まった。

まず、コーヒーチームは熟れたスマトラを選んだ。スギ科の植物の刺激的な香りを引き立てるために熟成《エイジング》させるのは、スターバックスのコーヒーの特質である。次に選ばれたのが、コロンビアのコーヒーだ。南ナリニョ地域で栽培される高地産の濃厚なコーヒーは、スターバックスで一番人気の高いコーヒーに不可欠であると同時に、コロンビアは、栽培農家の人たちの生活向上のためにスターバックスがはじめて社会的活動に取り組んだ国である。それから、当然、エチオピアの天日乾燥によるコーヒーだ。強い香りが、飲む前から、他のコーヒーとはまるで違うことを主張する。最後に遠くパプアニューギニアからの深い味わいのする豆。わたしたちのメニューに最初からあったものだ。

リスクの大きい組み合わせだった。とくにエチオピアの豆は、二〇一一年初めに世界中で焙煎し流通させるには、スピード的にも量的にも質的にも調達が難しい。また、熟成させた豆と天日乾燥の豆をブレンドしたことはなかった。味が衝突してしまうかもしれないという恐れがあった。しかし、五カ月にわたって少量ずつ試したところ、コーヒー部門のパートナーたちは適切なプロセスを見出した。

まず最初にエチオピアの豆を焙煎し、その後、パプアニューギニアの豆をバランスをとりながら必要なだけ加えるのである。二〇一〇年一〇月、エチオピアから出荷された豆が届いた。わたしたちの高い水準に合致する良質のものだった。

　わたしはオフィスの向かいにあるカッピングルームで、新しいブレンドを初めて試飲した。熟成したスギ科の樹木の豊かな風味がしたかと思うと、豊かでフルーティな味が広がり、バランスのとれた酸味が舌を刺激した。

「こんなコーヒーが欲しかったんだ」。わたしは開発チームを率いたダブ、アンドリュー、ダグ・ラングワーシーに向かって言った。「大きく、力強く、ずしんとくるね」。本当に素晴らしいコーヒーだった。わたしたちは抱き合い、握手をした。わたしはサンプルを家に持ち帰った。シェリとわたし用にフレンチプレスで淹れるためである。次の朝、そのコーヒーを飲みながら、これはわたしがまさしく求めていたものだと思った。こんなコーヒーは初めてだった。

「わたしはこの二四時間で素晴らしいコーヒーを二杯飲みました。昨日、テイスティングルームで、そして、今朝五時半に」。わたしは感謝を示す電子メールをコーヒー部門と経営陣に送った。「祝賀行事にふさわしい特別なコーヒーをつくるために費やされた努力に敬意を払うと同時に、それを誇りに思います」

　そして、そのコーヒーにふさわしい名前をつけた。記念《トリビュート》ブレンド、と。

　二〇一〇年秋、トリビュートブレンドを試飲して何週間かたった頃、スターバックスとわたしはまさに波に乗っていた。

まず、わたしたちの変革期を記した本書の原稿ができあがった。わたしは、過去二年間を振り返りながら、まさしくジェットコースターのような日々を思い起こした。本書に記したことが、読者の皆さんの組織や皆さん自身のなかに眠っている潜在的な可能性を刺激してくれることを願う。

そう、良いときもあれば、悪いときもあり、ふたたび良いときがやってくる。大切にするものを手放すことなく、失った夢を取り戻し、さらに大きな夢を見て、変化し続ける複雑な世界で成功することは可能なのだ。スターバックスが最も大切にしているのは、従うべき指針とその実現を可能にする文化である。

わたしたちは、創造性と規律、起業家精神とプロセス、さらに徹底した技術革新《イノベーション》が健全なバランスを保つ文化を取り戻した。しかし、この二年間で一番重要なことは、困難に直面しても、わたしたちの価値を守り抜いたという自信である。激動のなかにあってもわたしたちの価値とわたしたちのやり方を忘れずにいることで、パートナーたちはこれからも誇りを失わず、絆を確かなものにしながら成長していくだろう。

人材はスターバックスの競争力にとって、最も重要な資産である。だからこそ、四〇周年を迎える二〇一一年を前に一番先に考えたのは、パートナーたちに敬意を払う形でこの機会を記念すべきものにしたいということだった。トリビュートブレンドの開発は、そのひとつなのである。

利益ある成長のための新しい青写真

二〇一〇年会計年度において、スターバックスの収益は過去最高の一〇七億ドルを記録した。営業利益は、二〇〇九年度の五億六二〇〇万ドルから八億五七〇〇万ドル増加し、一四億ドルとなった。

一年間の営業利益率は一三・三パーセントで、これまでに達成した二〇〇五年の一二・三パーセントを上回り、創業以来、連結で最大となった。この結果、店舗と焙煎工場のパートナー約一〇万人に特別賞与を支給することができた。

二〇一〇年第4四半期の記録的な業績は、単なる好調な一年の締めくくりではなく、スターバックスの歴史を決定づける重要なものである。わたしはこれまで以上にパートナーたちを誇りに思っている。本来、祝賀行事にそれほど関心がないわたしも、この業績のおかげでほっと一息つき、日常の業務を一歩離れて、これまで選択してきたこと、学んだこと、それが未来にどのような意味をもつかということを考えられた。今、わたしたちの行く先には新しい可能性が見える。それは、わたしたちの会社を成長させ、文化を強化し、スターバックスを比類のない形で進化させてくれるだろう。

成長は戦略ではない。戦術である。それをわたしたちは十分に学んだ。規律のない成長を戦略としたために、スターバックスは道を見失ってしまったのだ。しかし、過去の過ちはもう繰り返さない。

今日、スターバックスは類い希な企業になろうとしている。

もちろん、最高品質のコーヒーを調達し、焙煎し、提供するのがわたしたちの中核である。店舗とスターバックス体験創出への投資は続ける。店舗はわたしたちの基盤だからだ。しかし、わたしたちは、スターバックスにしかできないやり方で、それ以上のことをやろうとしているのだ。

二〇年以上の間、わたしは、企業は現状を打破し続け、自己再生と改革を推し進めなければならないと言ってきた。スターバックスにとって、それは、大きな心で、大きな夢を見て、これまで通ったことのない道をふたたび歩き出すことだ。わたしたちの中核にふさわしく、わたしたちのコーヒーに値する革新的成長の基盤を築くことはなによりも重要で、二〇〇八年三月に発表した変革に向けたアジェンダで示した七つの目標の一つだった。今日、それが達成されつつあるだけでなく、店舗の内外で新たな形でコーヒーが提供されると同時に、商品イノベーションも行われている。すべてがわたしたちの成長の鍵となる。

スターバックス・ヴィアを開発した経験を通して、わたしたちが質の向上を図りながら、新たな商品カテゴリーを創出するのが可能であるのを示すことができた。ヴィアは米国で発売後、わずか一〇カ月で一億ドルの売り上げを記録している。小売りと消費財を専門とする調査コンサルティング会社シンフォニーＩＲＩによると、アメリカで発売された新商品で最初の年に五〇〇〇万ドルを売り上げるのは三パーセント、一億ドルは〇・三パーセントにすぎないらしい。

しかし、ヴィアは、単なる商品ではなく、新しいブランドプラットフォームである。二〇一〇年九月までに、カフェイン抜きやアイスコーヒー用に加え、バニラ、モカ、キャラメル、シナモンスパイスなどのフレーバーも発売されている。おそらく驚くべきは、お客様が、家でドリップコーヒーを淹れるかわりとして、一袋使い切り《シングルサーブ》のヴィアを熱烈に受け入れてくれたことだ。シングルサーブはスターバックスが出遅れていたカテゴリーだったが、いまでは市場で大きな役割を果たすまでになった。それはヴィアに限ったことではない。

わたしの友人ドン・バレンシアに先見の明があったのは間違いない。しかし、彼でさえ、かつてＪＡＷＳ《ジョーズ》と呼んでいた商品が、世界中で一〇億ドルの売り上げを誇るようになるとは思っていなかったはずだ。

これからも、ヴィアのような商品が生まれるだろう。スターバックスには、シアトルズベストコーヒー（ＳＢＣ）を含め、一〇億ドルのブランド・ポートフォリオがある。ＳＢＣは二〇〇九年の再スタート後、ブランドイメージや戦略の見直しを行った。ミシェルの指揮によって、小売りコンセプトとパッケージ入り商品により力を入れ、販路を拡大している。現在、サブウェイ、バーガーキング、AMCの映画館といった五五〇の小売店など、四万以上の場所で商品を提供している。その数は、二〇〇九年秋と比較して一〇倍である。

SBCの可能性は今後も探るが、その一方で、スターバックスにも多くの可能性がある。たとえば、袋入りコーヒー、そのまま飲めるコーヒー《レディ・トゥ・ドリンク》、プレミアム・アイスクリーム、タゾティーなどの消費財の分野では、スターバックスはまだ主導権を発揮していない。

二〇一〇年の消費財部門の売り上げは、世界全体で七億ドル。立派な数字ではあるが、目指すべき規模にはほど遠い。二〇一〇年六月に社長に任命されたジェフ・ハンズベリーの指揮のもとで、消費財部門はこれまで以上の速さと規模で拡大を図っている。E&Jガロ・ワイナリーおよび一七年間のプロクター&ギャンブルでキャリアを築いてきたジェフにより、スターバックスはようやく、小売業としてのわたしたちの能力、活動範囲、消費者理解の深まりといった足跡を残すことができるグローバルな消費財部門を築いているところなのだ。

しかし、重視すべきは、いかに消費財ビジネスを、店舗、お客様との絆を結ぶツール、経営資源と統合していくかである。

ある企業は巨大な小売店ネットワークをもっている。たとえば、スターバックスだ。

また、世界中の食料品店で商品を売っている企業もある。スターバックスもそうだ。

少数ながら、お客様と豊かな絆を結んでいる企業が存在する。スターバックスもそれを学んできた。

この三つすべてを大規模に行っているのはスターバックスだけである。そして、それぞれが他を補

スターバックスのユニークな成長モデル

完し、好循環を引き起こすことによって独自の形で成長していくことがわたしたちが描く未来なのだ。

何千という店舗で働くパートナーを通して築いたお客様との絆――さらにインターネット上のサイトやロイヤルティーカードによってできたつながり――のおかげで、店舗や食料品店などで新商品の導入や催しがあるのをお客様に知らせることができるようになっている。

これもまた、ヴィアで示されたことだ。わたしたちのコーヒーやパートナーたちに対するお客様の信頼――そして、インターネットやロイヤルティープログラムを通じてできたブランドとのつながり――のおかげで、お客様は店や食料品店でヴィアを試し、受け入れ、購入してくれた。

ヴィアは複数のチャネルで、一斉に販売されたのだ。

中核となる店舗以外の場所で、複数のチャネルにはっきりとした足跡を残すことができるブランドは少ない。しかし、スターバックスにとって、これは運命なのである。

スターバックスの次の物語は、こうした戦略的ビジョンで始まる。しかし、新しいページをめくるには、まずアメリカの小売りビジネスとブランドを安定させなければならない。成長は常にそこからがスタートだ。

変革の実現

スターバックスの未来を決めるのが、一つの商品やひとりの人間や一つの取り組みではないのと同じように、過去最大の成長を達成できるほどの変革を実現できた理由は一つではない。わたしがCEOに復帰して以来、持続可能な成長を維持するための数々の取り組みは根を下ろし、花を咲かせた。それぞれが二〇〇八年初期に表明した変革に向けたアジェンダでの目標を達成する助けとなった。

本書を締めくくるにあたり、この目標を振り返り、それを支えた取り組みについて記しておきたい。そうすることで、スターバックスの物語は完全なものとなり、わたしたちの計画したことや実行したことが変革をもたらしただけでなく、わたしたちが目標とする持続的な、利益のある成長を追求する力を確かなものにし続けているのを示すことができるだろう。

また、こうした取り組みを思い出すことは、様々な才能を有するパートナーたちの努力にふさわしい記念になると思う。彼らがいるからこそ、今日のスターバックスがある。

コーヒーの権威としての地位を揺るぎないものにする

第一日目から、中核事業で他社より秀でて先を行くことができなければ、変革は実現できないことがわたしにはわかっていた。エスプレッソ・エクセレンス研修から始まった目標は進化し、革新的な商品の開発と、コーヒーとエスプレッソベースのドリンクの質と提供の仕方を継続的に改善することにつながった。

今日、お客様は、わたしたちのコーヒーとエスプレッソベースのドリンクの味が、二年前と比べてよりおいしく、一貫性が感じられると評価してくれている。スターバックスがコーヒーの権威であることは、常に提供するコーヒーで示していくつもりである。

●パイクプレイス・ロースト

パイクプレイス・ローストは、スターバックスの特徴を示すと同時に飲みやすいブレンドである。二〇〇八年四月に発売されて以来、一〇億杯を提供してきた。今日、コーヒー豆のなかで一番人気のある商品だ。

また、挽いて粉にしたコーヒーを店舗へ配送するのをやめ、強い味《ボールド》のものも、カフェイン抜きのものも、ドリップ直前に豆を挽くことにしている。それにより、スターバックスのコーヒーはより新鮮な味がするようになった。商人としてのわたしは、挽き立てのコーヒーの豊かな香りが、一日中、わたしたちの店を満たすことになったのをとても嬉しく思っている。

●マストレーナ

この優雅なエスプレッソマシンはアメリカの直営店の七〇パーセントに設置され、世界中でも本格的な展開が続けられている。バリスタは抽出や泡立てをこれまで以上に管理することができ、カウンターの向こうで待つお客様と目を合わせたり、言葉を交わしたりすることによって、ふたたびつながりをつくることができるようになった。

●クローバー

シアトルのバラード地区で生まれたこの小さな優れたコーヒーマシンが作るコーヒーは、アメリカやカナダの都市にある一〇〇を超える店舗で五本の指に入る売り上げを誇っている。クローバーは、スターバックスの伝統的なブレンドや、エキゾチックで稀少なスターバックスリザーブなどの繊細な味わいを楽しむ機会をお客様に提供している。

お客様との心の絆を取り戻す

お客様はスターバックスへコーヒーと人間的なつながりを求めてやって来る。スターバックスのブランドに合致する価値を提供しながらお客様のニーズを満たし、忠実なお客様に報いるためのプログラムを開発することによって、お客様をふたたびスターバックス体験の中心へと据えた。

●スターバックスのロイヤルティープログラム

お客様に感謝するこのプログラムを、スターバックスのお客様はありがたく思ってくれている。二〇〇九年一二月、リワードカードとゴールドカードを統合したマイ・スターバックス・リワードが始まった。このプログラムのおかげで以前より頻繁に来店するようになった、と言うお客様もいる。今日までに、一五億ドルがスターバックスカードに課金された。お客様にとって、スターバックスにとって、ロイヤルティープログラムの価値はとてつもなく大きい。さらなる発展を計画中である。

●マイスターバックスアイデア・ドットコム

二〇〇八年三月に公開以来、サイト登録者は二五万人。一〇万の提案が寄せられている。遠くにいる人へドリンクをプレゼントできるようにする、再利用可能なホットドリンク用スリーブの販売、塩キャラメルホットチョコレートの再販売などを含め、一〇〇の提案を採用した。お客様が意見をくださる限り、耳を傾け、対応するつもりである。

●ソーシャルメディア

世界中に二七〇〇万人のファンを持つスターバックスは、フェイスブックでは、現在、トップブランドになっている。ツイッターのフォロワーは一〇〇万人。毎月、一二〇〇万人がわたしたちのウェブサイトを訪れている。近くにあるスターバックスの店舗、栄養成分、支払い金額を知らせる携帯デバイス用アプリケーションは、多くの人にダウンロードされている。インターネットは、マーケティング用のツールとなるだけでなく、わたしたちの成長モデルを推し進めていくために不可欠なお客様とのつながりを強化してくれる。

●デジタル事業

二〇一〇年秋、ヤフー！との提携により、スターバックス・デジタル・ネットワークが開設された。この巨大なＷｉ‐Ｆｉネットワークを利用して、アメリカの店舗では、ノートパソコンや携帯端末を通じて、地域の情報や無料のプレミアムコンテンツをお客様に提供できるようになった。すでに、《ウォールストリート・ジャーナル》《ニューヨーク・タイムズ》《ＵＳＡトゥデイ》の各紙、ｉＴｕｎｅｓの無料音楽ダウンロード、ニコロデオンの学習ゲーム、大手出版社の書籍の抜粋、リンクトインからの求人情報、ザガット・レストラン案内による地域のレストランの評価、健康のためのアドバイスなど、厳選されたプロバイダーが情報を提供してくれている。お客様のためのスターバックス体験を劇的に強化するための重要なツールである。

●リーン方式

店舗では、リーン方式の実践によって、優れた業務の実践が可能になり、コストを抑え、パートナーのやる気を刺激する一方で、完璧な飲み物と世界一流の顧客サービスとを提供する新たな道を開くことが可能になった。バリスタたちのアイデアを正式に採用し共有すると同時に、バリスタたちは問題の解決に取り組み、アイデアを交換している。お客様の待ち時間が短縮され、業務がより円滑に行われるようになったために、パートナーがお客様と関わりをもつことができる時間が増えた、という店舗からの報告もある。二〇〇九年、パートナーたちが選んだ最も価値が高い取り組みがリーン方式だった。

海外市場でのシェアを拡大する——各店舗はそれぞれの地域社会の中心になる

スターバックスは海外市場でのシェアを伸ばしていく一方で、それぞれの店舗を取り巻く地域社会や文化とのつながりを確立しようとしている。

●スターバックス・コーヒー・インターナショナル

北米以外の全世界に展開するスターバックス・コーヒー・インターナショナルの事業は、今後も将来の成長のための大きな源となる。さらに新店舗をオープンし、ビジネスモデルをより規律のとれた収益性の高いものへと磨きをかけることによって、新たな一〇億ドルの事業が期待できる。将来的には、スターバックスの店舗の半分は、北米以外のものになるだろう。おそらく、海外事業を成功させるためにわたしが果たした最も重要な役割は、二〇〇九年一二月に、スターバックスにやって来て八年になるジョン・カルヴァーにスターバックス・コーヒー・インターナショナルの社長として海外進出を監督してほしいと頼んだことだ。ジョンは、わたしたちの海外市場をよく知っているうえに、香港で何年も働いたことがある。また、文化の違いを越えて、人との関わりを築く類いまれな才能をもっている。ジョンが社長に就任した最初の年に、海外事業の収益と営業利益率は目標を大きく超えた。彼のリーダーとしてのスキルと仕事への献身の証明である。

●中国での事業拡大

二〇一〇年九月、スターバックスは人口六〇〇万の長沙に新たに二店舗をオープンした。比較的小さな都市だったが、雨が降っていたにもかかわらず、お客様の列は店を出て次のブロックまで伸びた。

中国には、今後、何千という店舗がオープンすることだろう。スターバックスにとって、間違いなく、もうひとつのホームマーケットになる。すでに、中国は二年前の業績を大きく超え、店舗の大半は二桁台の利益率を達成していている。

多くの分野で地域社会と関わり合うという長期戦略の一部として、まもなく、中国最初の研究開発センターが新設される予定である。中国政府との提携と、地元の大学との密接な協力によるコーヒー栽培が、美しい雲南地域ですでに始まっている。上海のイノベーション店でわたしが試飲した黒ゴマの緑茶フラペチーノは、中国全地域のスターバックスで販売が開始され、ヒット商品となっている。

●新しい店舗デザインとコンセプト

世界中で新デザインによる店舗がつくられ続けている。地域で調達した材料を使い、地元の職人との共同作業によってつくり上げられる思いやりある空間は、様々な文化をもつ人々が地元の店でゆっくりとくつろぐ一方で、世界中から訪れた人々が発見の喜びを体験できるようになっている。

●商店（マーチャントストア）

シアトルの二店舗では、ビールやワインといった新しい商品とともに、手作業で淹れたコーヒーを提供している。これはカフェイン抜きのコーヒーを淹れる方法の一つになっていて、売れ残ったコーヒーを捨てる無駄を省く助けになっている。こうした店で学んだことを生かして、シアトルのイーストオリーブウェイに、持続的店舗づくりによる、マーチャントストアの最もすぐれたデザインと商品――午後四時以降のワインやビールの提供も含めて――を取り入れた特別店をオープンした。シアトトルを訪れたパートナーやお客様にはぜひ見ていただきたい。パイクプレイス店がわたしたちのルーツへの敬意を表すものであると同じように、この三つのユニークな店舗は、わたしたちが将来を見越したリスクを進んで負うつもりがあることを示している。

コーヒー豆の倫理的調達や環境保全活動に率先して取り組む

スターバックスはフェアトレードやコンサベーション・インターナショナルとの協力関係を拡大し、現在、わたしたちの店が環境に与える影響を軽減しようとしている。また、ほかの人たちと協力することでこの分野での取り組みの効果をあげようとしている。

●調達

二〇〇九年、スターバックスが買い付けたコーヒーは、二〇〇八年の七七パーセントから増加し、八一パーセントがC．A．F．E．プラクティスの基準を満たすものだった。また、同年、スターバックスは、四〇〇〇万ポンド（一八トン）のフェアトレードのコーヒーを買い付け、世界最大のフェアトレードのコーヒーの購入者となった。ルワンダでは、栽培農家支援センターが完成し、東アフリカの栽培農家を積極的に支援している。わたしがルワンダを訪問して五カ月後、パートナーたちは栽培地域の人々へ牛を寄付するために五万五七〇〇ドルを集めた。二〇一〇年夏、首都キガリに三〇頭の雌牛が届けられ、ムカムウィザ・イマクラテを含む家族に贈られた。牛を適切に飼育するための研修も行われた。八月以降、三匹の子牛が生まれている。

●地域への奉仕

二〇〇九年、世界中のスターバックスのパートナーとお客様は、およそ一八万六〇〇〇時間を地域への奉仕活動に費やした。これをいつか一〇〇万時間にするのがわたしたちの目標だ。ニューオーリンズのことは常に頭にある。わたしたちは五年間で五〇〇万ドルを贈るという約束を守り、現在も、復興の努力に協力している。二〇一〇年、お客様の提案に従い、三つの非営利団体に一〇〇万ドルを寄付した。

●環境への影響

直営店を環境により優しいものにする努力は続けられている。場所と地方自治体の規制と地元のリサイクルサービスの事情が許す限り、店舗では、紙、紙コップ、堆肥、ガラス瓶、プラスチックをリサイクルし、コーヒーの出し殻を園芸用としてお客様に無償で提供している。二〇〇九年以来、スターバックスは地元の政府、カップ製造業者、リサイクル業者、さらにライバルである小売企業とともに、二回の〝カップ・サミット〟を開き、紙コップをリサイクルするにはどうすればいいかを話し合った。こうした協力により、二〇一〇年一一月三〇日、スターバックスと供給業者は、使用済み紙コップをリサイクル方法を発見したことを発表した。二〇一五年までに、スターバックスの紙コップをすべて再利用、あるいはリサイクル可能なものにするという目標に、一歩近づいたことになる。

また、二〇一一年には、新規開店するすべての直営店をLEEDの基準に合致するものにするための取り組みを続けている。現在まで、二〇〇店舗以上が合格あるいは認証を待っているところである。また、全店舗に高効率照明を取り付け、水の使用料を二〇一五年には二五パーセント削減しようとしている。さらに、二〇一〇年に、店舗で使う電気の五〇パーセントに当たる再生可能エネルギーの証明書を購入した。スターバックスの何千という合弁企業や世界中のライセンス店も、持続可能性のためのこうした取り組みを行うことになるだろう。

持続可能な経済モデルを提供する

スターバックスは、コストを減らし、世界一流のサプライチェーンを築き、質とスピードの向上とともに継続的にコストを管理することで、業務改善を行った。

●コストの削減

二〇〇八年一二月にウォール街に向けて、二〇〇九年度は四億ドルのコスト削減を目標とすることを発表したが、結果的に五億八〇〇〇万ドルを削減することができ、金融界もわたしたち自身も驚いた。コスト削減は永久の課題であり、二〇一〇年も取り組みを続け、その結果、営業利益率が改善された。コストを抑える取り組みは終わることがない。今後は、パートナー、成長、イノベーションに賢く投資しつつも、削減したコストを維持し、さらに縮小していくことが重要である。

●サプライチェーン

二〇〇八年当時、一〇の注文のうち正しく店舗に届けられるのは三つのみだった。今日では、一〇のうち九の注文が、一万六五〇〇の店舗に時間どおりに、間違いなく配達されている。一流のサプライチェーンで学んだ人材を採用したことにより、安全実績は九〇パーセント改善し、過去二年間で四億ドルのコストを節約できた。

●店舗技術

二〇〇九年秋、アメリカの店舗のマネジャーには、スケジュール調整、雇用、パフォーマンス評価といった煩雑なプロセスを自動化あるいは簡素化するためのソフトウェアがインストールされたノートパソコンが支給された。また、二〇一〇年、アメリカとカナダの直営店には、操作しやすいPOSシステムが導入され、海外店舗では試験的な使用が計画されている。本格的な使用が始まれば、お客様が列に並ぶ時間を、アメリカだけで年間七〇万時間削減することが可能になる。お客様のライフスタイルに合わせ、新しいシステムを携帯デバイスにも対応できるよう最適化し、将来的には、スマートフォンや携帯電話による注文や支払いなどができるようになるだろう。

●シニアリーダー・チームづくり

現在の一二人の経営陣《シニアリーダー》のうち、大半はわたしがCEOに復帰してからスターバックスにやって来た人たちである。二〇〇九年秋以来、アニー・ヤング＝スクリヴナー、ジョン・カルヴァー、ジェフ・ヘンズベリーを選んだことに加え、一一月にスターバックスへやって来たカレン・ホームズを人事部門の責任者にした。カレンは人事分野での経験が二〇年以上あり、最近までマイクロソフトで働いていた。二〇一〇年六月、ボストン・コンサルティング・グループにいたメアリー・イーガンがグローバル戦略のシニア・ヴァイスプレジデントとして、SYパートナーズのダーヴァラ・ヘンリーがコーポレート・イニシアチブ・アンド・プランニングのヴァイスプレジデントとして新たに経営陣に加わった。わたしたちは、毎週、そして毎月顔を合わせ、チームとして共通の認識を確立し、創造的な緊張感を受け入れ、過去から学ぼうとしている。

今日、スターバックスの経営陣は、創業以来なかったほどの、才能ある人材が集まった協力的なグループである。

●二年に一度のアナリスト会議

二〇一〇年一二月、わたしたちが必死の努力を続けるなかでウォール街に向けて行った前回の会議から二年ぶりに、経営陣とわたしはニューヨークのステージに立ち、これまでとは違う話をした。変革についての予想ではなく、反論の隙のない決算報告である。スターバックスの業績について、「見事としかいいようがない」とドイツ銀行のマーク・グリーンバーグは書いた。「正直に言って、これほど素晴らしい回復を実現した企業は見たことがない」。会議の翌日、スターバックスの株価は、二〇〇八年一二月から四〇〇パーセント上昇し、三二ドル七六セントで引けた。

＊＊＊

経営陣は巨大な焙煎機のまわりに集まった。全員が黄色い安全ベストとゴーグルを着け、緑の帽子をかぶって待った。背後には、わたしたちのオフィスから三〇分のところにあるワシントン州ケントの焙煎工場で働く一六三人の従業員のうち、およそ五〇人がいた。わたしは、この特別な日に、月例の経営会議をここで開きたかったのだ。

四〇年間で初めて、スターバックスは、エクアドルだけでなく、ガラパゴス諸島――様々な驚くべき動物たちの生息地である火山の島々――から来たコーヒー豆を焙煎していた。その日、焙煎したのは、サンクリストバル島で栽培されたものだった。自然の肥料で日陰栽培された、鳥たちにもやさしい稀少な豆。「ガラパゴス」と名づけられたそのコーヒーは二〇一〇年秋に、スターバックスの七〇〇店舗のみで販売される予定である。ガラパゴスは、少量を焙煎した期間限定販売のプレミアム・コーヒー豆の商品ライン、スターバックス・リザーブの第一号となるのだ。

毎年、およそ六五〇〇万ポンドのコーヒーの生豆を工場へ運ぶパレットが向こうに見える。わたしは、自分のオフィスが以前の焙煎工場にあった創業当時を思い出した。あの頃は、毎日、仕事が終わり帰宅する前に、焙煎工場のなかを歩いた。パートナーたちはわたしを待っていてくれた。工場内を歩き回ったわたしが、たいがい冷却トレイのところで立ち止まり、手でコーヒー豆をかき集め、指のあいだをこぼれ落ちる感触を楽しんだあと、みんなに感謝の言葉を言うのを知っていたからだ。当時、会社はまだ小さかったので、わたしは従業員全員の名前を覚えていた。彼らの家族のことも知っていた。当時からスターバックスのために働いてくれている人が二人いる。マイケル・マクナルティとデイヴ・シーモアだ。

ケントの焙煎工場を訪れると、しばしばほろ苦い気持ちになる。わたしにはもう毎日、工場内を歩き回る時間がないし、来たいと思っても頻繁に来ることさえできない。しかし、コーヒーに命を吹き込むために働いている焙煎工場のパートナーたちを忘れたことはない。栽培農家で育てられたコーヒー豆一粒一粒がカップへ注がれるまでの旅路をつなぐのは彼らだ。彼らの知識、情熱、優れたコーヒーをつくるための日々の献身がなければ、スターバックスの成功は望めない。

「このケントの工場で焙煎職人が最終的な仕上げをしなければ、リザーブは生まれないし、生まれることができない」。グローバルコーヒー部門のバイスプレジデント、トム・バーが言った。トムはスターバックスで働いて一〇年。リザーブの豆の調達は彼のチームが行なった。

この日、経営陣がケントに来たのは、新しいコーヒーの誕生を祝うためだったが、実際は、焙煎職人、機械工、操縦士、技術者、管理者、コンテナ出し（遠くから運ばれてきた豆を最初に扱い、準備する）のパートナーを讃えるのが目的だった。ケントの工場には、変革の最も苦しい時期もスターバックスに残ってくれた、勤続一〇年以上になる従業員が大勢いる。

「ここでは、コーヒー豆の独特な焙煎と風味の特徴に適した一一の異なる焙煎曲線を使っています」。ルーベン・マグラヤが説明した。ルーベンはスターバックスで一八年間働いている。わたしは握手を求めて、彼に手を伸ばした。

とうとうそのときがやって来た。サイロのなかのコーヒー豆が、回転する大きな焙煎機へと勢いよく落ちていく。豆がゆっくりとかき回されると、コーヒーの豊かな香りがあたりを満たした。

わたしはこうした瞬間が大好きだ。過去と現在が重なり合う。スターバックスの心臓部がここにある。思わず頬が緩んだ。舞台裏で行われるマジックを、わたしはいま目撃しているのだ。

こうして、互いを家族のように思う人々に囲まれながら、わたしは思った。スターバックスにとって最上の日々は、まだこれからやって来るのだ、と。

謝辞

本書を記すのは、会社を築くのと同じように、共同作業《コラボレーション》であった。スターバックスの物語を語るのに協力してくれた人に感謝する。

とくに、わたしの妻シェリとふたりの子どもたち。みんなの愛がなければすべて不可能だった。

調査、執筆、編集は、才能ふれるジョアンヌ・ゴードンがすべてのページにあふれるわたしの思いを汲み取って行ってくれた。彼女は常にわたしの忙しいスケジュールに合わせてくれた。彼女の助けがなければこの本は決して完成しなかっただろう。

ロデール社の全員に、とくに最初のときからこのプロジェクトに情熱を傾け、献身してくれたマリア・ロデールに感謝する、コリン・ディッカーマンとカレン・リナルディは真の編集パートナーである。読者が必要とするものと執筆者の意図とを賢く、敬意とユーモアをもって両立させてくれた。また、スティーヴ・マッデンにも協力してもらった。ウィリアム・モリス・デンデヴァー・エンターテインメントのジェニファー・ルドルフ・ウォルシュは、常にわたしたちを正しい方向へ導いてくれた。

スターバックスの歴史を正確に再現するために、一五〇人以上のパートナーが思い出や経験を話してくれた。スターバックスの挑戦の物語を公にすることによって、わたしたちがより強い企業になるというわたしの決定を信じてくれた経営陣や取締役のみなさんにも感謝する。

わたしのオフィスでは、ナンシー・ケント、ティム・ドンラン、キャロル・シャープが、毎日、わたしの依頼に対して笑顔で応えてくれた。クリス・ゴーリーはすべての言葉に思慮深く正確に注意を払い、ゲイル・レズニックは法律的な面から助言をしてくれた。ジーナ・ウッズの指導力と助言と創造性と率直さのおかげで本書の複雑な制作とマーケティングのプロセスがうまく管理された。ヴィヴェック・ヴァルマ、コリー・デュブロワ、ダーヴァラ・ヘンリーも編集の時点で有益な助言をくれた。ハイジ・パイパー、トリナ・スミス、クリスチャン・マクファーソン、デブ・トレビノは制作の過程で調べ物に協力し、細部まで注意を払ってくれた。本書のエレガントなデザインは、ＳＹパートナーズのクリストファー・リグズ、ケリー・クラーク、ニコール・ガイ、リサ・モルハートによるものである。また、初稿や最終版を読んで意見を聞かせてくれたジェフリー・ホッフェルド、ベティ・スー・フラワーズ、リチャード・テイト、スザンヌ・サリヴァン、ビル・ブラッドレー、マイク・アルマン、メロディ・ホブソン、ビリー・エトキン、レオン・カーシュ、ナンシー・カーシュに感謝する。

ロデール社のベス・ラム、アリー・モステル、エレナ・ネズビット、およびエデルマン・アンド・マーク・フォーティアのチームにも感謝する。

また、プラシド・アランゴ、アナ・マリア・フォン・パランド、ウォレン・ベニス、ウォルター・ボブは本書に登場してくれただけでなく、長い友人としていつもわたしを支えてくれた。エイミー・カヴァノー、ビル・キャンベル、トニー・ラ・ルッサ、ティム・イングラシア、ダニエル・オーバッハ、ケニー・G、シャロン・ワクスマン、ジョン・ヤミン、スティーヴ・カーシュ、コリン・キャメロン、いとこのアラン・コーヘン、妹のロニー・シュルツ、弟のマイケル・シュルツにも感謝する。また、母はわたしの人生に常に大きな影響を与えてくれた。

本書はおもにスターバックスの改革についてのことであり、アメリカの事業のことが中心になっているが、わたしたちの成功は世界中の合弁先、提携先のパートナーたちのおかげである。多くはわたしの長い知り合いで友人だ。日本はサザビーリーグの角田雄二、スペインはグルポ・ヴィプスのプラシド・アランゴ、メキシコはグルポ・アルセアのアルベルト・トラド、スターバックス・ミドルイースト、トルコ、ロシアの提携先であるＭ・Ｈ・アルシャヤのモハンムド・アルシャヤ、フィリピンはラスタン・グループのオーナーであるジュン・ロペスとメンチュウ・ロペス、ギリシャ、キプロス、オーストリア、スイス、ルーマニアはマリノポウロス・グループのパノス・マリノポウロス、香港と中国の一部はマイケル・ウーとマキシム・グループ、台湾と中国の残りの地域はユニプレジデント・グループのジョン・スー、インドネシアはＰ・Ｔ・ミトラ・アディペルカサのＶ・Ｐ・シャルマ、ペルーはデロッシ・グループのアルフレッド・デ・フェラーリ・モレロ、中央ヨーロッパの提携先であるアムレストのヘンリー・マックゴヴァーン。さらに、バハマのジョン・ブル・グループのフレッド・ヘイゼルウッド、韓国は新世界のＩ・Ｃ・フー、ニュージーランドのレストランブランドであるラッセル・クリーディ、マレーシアはベルジャヤのフランシス・リー。

　最後に、スターバックスを支えてくれる何万人というパートナーに。彼らの努力と不屈の精神があってわたしたちの基盤は再生した。彼らが毎日の仕事で見せてくれる価値、情熱、アイデアがスターバックスを特別な組織にした。心からの感謝を捧げる。

ハワード・シュルツ

共著者から

わたしの両親、デヴィッド・ゴードンとヴァージニア・ゴードンへ、小さな青いタイプライターと無条件の愛をくれたことに感謝する。息子のテオはいつも笑顔で我慢をしてくれた。そして、いつもわたしたちの生活を支えてくれるマシューにも。

愛する妹スーザンと夫のハワードは、わたしがバランスよく働く手助けをしてくれた。ケイティ・ベドフォードとシェリ、トム、マギー・ブラザーズ。友人のキム・B、エイドリアン・K、キャロライン・R、ジュリー・Z、メアリ・アン・S、リン・H、ロリ・S、ジェイミー・K、カリ・S、リンゼー・P、レイ・G、サム・K、カテ・H、ベン・D、ダン・M、ロイス・W、イリサ・G、そして約束通りエレン・A。プロントのトンヤ・キンブローは笑顔でわたしの気持ちを明るくしてくれた。

著作権代理人のスチュアート・クリチェフスキーの長年にわたる助言、優れた作品づくりへの献身、理解に感謝する。彼は出版界の真のプロフェッショナルである。

最後にハワードの誠実さ、集中力、心の広さ、他人への思いやり、わたしへの信頼に感謝を。正しくスターバックスの物語を語りたいという意欲に力を貸すことは、わたしのキャリアにおいても最も有意義なものになった。ハワードのおかげでスターバックスのパートナーに自由に話を聞くことができた。彼らは高い規範をもち、賢明で、親切だった。リーダーであるハワードの影響を受けているのだろう。一年以上かけて、ハワードの現在と過去を書き表してきた。結びに、ハワードの最初の本を執筆したドリー・ジョーンズ・ヤングの言葉を借りたい。
ハワード・シュルツは彼の理想を真に体現している。

ジョアンヌ・ゴードン

[著者紹介]
ハワード・シュルツ Howard Schultz
スターバックスコーヒーカンパニー会長兼CEO
ニューヨーク育ち。1982年、まだ4店舗しかなかったスターバックスコーヒーカンパニーにマーケティング責任者として加わり、シアトルへ移る。その後、スターバックスを買収し、同社を高い企業倫理で知られる世界的なコーヒーチェーンへと育て上げた。タイム誌の「世界でもっとも影響力のある100人」に選ばれるなど受賞歴多数。妻シェリとシアトルに住み、2人の子どもがいる。

ジョアンヌ・ゴードン Joanne Gordon
元『フォーブス』誌記者、編集者。長年にわたり企業やビジネスリーダーを取材している。

[訳者紹介]
月沢 李歌子 つきさわ・りかこ
津田塾大学卒業後、外資系証券会社勤務を経て翻訳家に。主な訳書に『フォールト・ラインズ』（共訳、新潮社）『ラテに感謝！』（ダイヤモンド社）『ディズニーが教えるお客様を感動させる最高の方法』（日本経済新聞社）『営業の赤本』（日経BP社）などがある。

スターバックス再生物語 つながりを育む経営

第一刷	2011年4月30日
第六刷	2017年7月25日
著者	ハワード・シュルツ、ジョアンヌ・ゴードン
訳者	月沢李歌子
発行者	平野健一
発行所	株式会社徳間書店
	東京都港区芝大門2-2-1　郵便番号105-8055
	電話　編集（03）5403-4344　販売（048）451-5960
	振替　00140-0-44392
印刷	本郷印刷株式会社
カバー印刷	真生印刷株式会社
製本	ナショナル製本協同組合

ISBN978-4-19-863150-5